"生态文明建设是关系中华民族永续发展的千年大计。必须践行绿水青山就是金山银山的理念,坚持节约资源和保护环境的基本国策,坚持节约优先、保护优先、自然恢复为主的方针,坚定走生产发展、生活富裕、生态良好的文明发展道路,建设美丽中国。"

——摘自《中共中央关于坚持和完善中国特色社会主义制度、推进国家治理体系和治理能力现代化若干重大问题的决定》

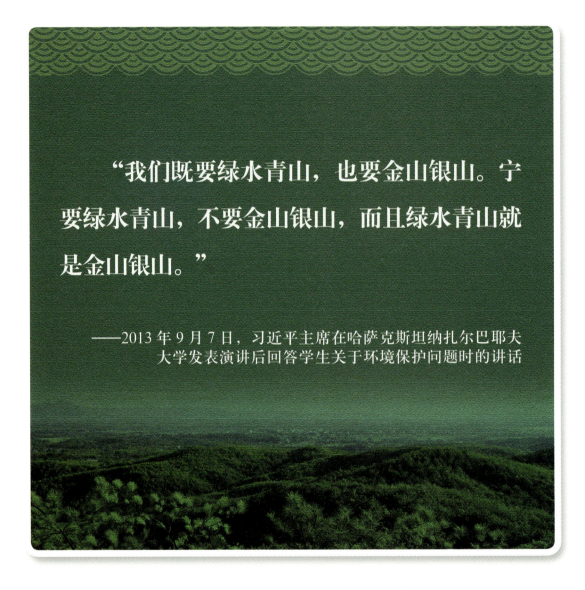

"我们既要绿水青山,也要金山银山。宁要绿水青山,不要金山银山,而且绿水青山就是金山银山。"

——2013年9月7日,习近平主席在哈萨克斯坦纳扎尔巴耶夫大学发表演讲后回答学生关于环境保护问题时的讲话

生态文明建设文库

陈宗兴　总主编

推进绿色发展 实现全面小康

——绿水青山就是金山银山 理论研究与实践探索

第2版

陈建成　等著

中国林业出版社

图书在版编目（CIP）数据

推进绿色发展　实现全面小康：绿水青山就是金山银山理论研究与实践探索／陈建成等著．－2版．－北京：中国林业出版社，2019.11

（生态文明建设文库）

ISBN 978-7-5219-0204-4

Ⅰ．①推… Ⅱ．①陈… Ⅲ．①绿色经济－经济发展－研究－中国 Ⅳ．① F124.5

中国版本图书馆 CIP 数据核字（2019）第 172623 号

出 版 人	刘东黎
总 策 划	徐小英
策划编辑	沈登峰　于界芬　何　鹏　李　伟
责任编辑	何　鹏　刘香瑞
美术编辑	赵　芳
责任校对	梁翔云

出版发行	中国林业出版社（100009 北京西城区刘海胡同7号）
	http://www.forestry.gov.cn/lycb.html
	E-mail:forestbook@163.com　电话：（010）83143504、83143543
设计制作	北京捷艺轩彩印制版有限公司
印刷装订	北京中科印刷有限公司
版　　次	2018年6月第1版
	2019年11月第2版
印　　次	2019年11月第2次
开　　本	787mm×1092mm　1/16
字　　数	368千字
印　　张	19
定　　价	130.00元

"生态文明建设文库"
总编辑委员会

总主编

陈宗兴

主　编

彭有冬

委　员

（按姓氏笔画为序）

王国聘	王春益	王德胜	卢　风	刘东黎	刘青松	李庆瑞	余谋昌
宋维明	张云飞	张春霞	陈宗兴	陈建成	金　旻	周宏春	郇庆治
赵良平	赵建军	胡勘平	费世民	徐小英	黄茂兴	黄采艺	常纪文
康世勇	彭有冬	蒋高明	廖福霖	樊喜斌	黎祖交	薛伟江	欧阳志云

执行主编

王春益　黄采艺　黎祖交　刘东黎

"生态文明建设文库"
编撰工作领导小组

组　长

刘东黎　成　吉

副组长

王佳会　杨　波　胡勘平　徐小英

成　员

（按姓氏笔画为序）

于界芬　于彦奇　王佳会　成　吉　刘东黎　刘先银　杜建玲　李美芬　杨　波
杨长峰　杨玉芳　沈登峰　张　锴　胡勘平　袁林富　徐小英　航　宇

编辑项目组

组　长：徐小英

副组长：沈登峰　于界芬　刘先银

成　员（按姓氏笔画为序）：

于晓文　王　越　刘香瑞　李　伟　李　娜　肖基浒　何　鹏
张　璠　范立鹏　周军见　赵　芳　许艳艳　梁翔云

特约编审：刘　慧　严　丽

总 序

　　生态文明建设是关系中华民族永续发展的根本大计。党的十八大以来，以习近平同志为核心的党中央大力推进生态文明建设，谋划开展了一系列根本性、开创性、长远性工作，推动我国生态文明建设和生态环境保护发生了历史性、转折性、全局性变化。在"五位一体"总体布局中生态文明建设是其中一位，在新时代坚持和发展中国特色社会主义基本方略中坚持人与自然和谐共生是其中一条基本方略，在新发展理念中绿色是其中一大理念，在三大攻坚战中污染防治是其中一大攻坚战。这"四个一"充分体现了生态文明建设在新时代党和国家事业发展中的重要地位。2018年召开的全国生态环境保护大会正式确立了习近平生态文明思想。习近平生态文明思想传承中华民族优秀传统文化、顺应时代潮流和人民意愿，站在坚持和发展中国特色社会主义、实现中华民族伟大复兴中国梦的战略高度，深刻回答了为什么建设生态文明、建设什么样的生态文明、怎样建设生态文明等重大理论和实践问题，是推进新时代生态文明建设的根本遵循。

　　近年来，生态文明建设实践不断取得新的成效，各有关部门、科研院所、高等院校、社会组织和社会各界深入学习、广泛传播习近平生态文明思想，积极开展生态文明理论与实践研究，在生态文明理论与政策创新、生态文明建设实践经验总结、生态文明国际交流等方面取得了一大批有重要影响力的研究成果，为新时代生态文明建设提供了重要智力支持。"生态文明建设文库"融思想性、科学性、知识性、实践性、可读性于一体，汇集了近年来学术理论界生态文明研究的系列成果以及科学阐释推进绿色发展、实现全面小康的研究著作，既有宣传普及党和国家大力推进生态文明建设的战略举措的知识读本以及关于绿色生活、美丽中国的科普读物，也有关于生态经济、生态哲学、生态文化和生态保护修复等方面的专业图书，从一个侧面反映了生态文明建设的时代背景、思想脉络和发展路径，形成了一个较为系统的生态文明理论和实践专题图书体系。

中国林业出版社秉承"传播绿色文化、弘扬生态文明"的出版理念，把出版生态文明专业图书作为自己的战略发展方向。在国家林业和草原局的支持和中国生态文明研究与促进会的指导下，"生态文明建设文库"聚集不同学科背景、具有良好理论素养的专家学者，共同围绕推进生态文明建设与绿色发展贡献力量。文库的编写出版，是我们认真学习贯彻习近平生态文明思想，把生态文明建设不断推向前进，以优异成绩庆祝新中国成立 70 周年的实际行动。文库付梓之际，谨此为序。

十一届全国政协副主席
中国生态文明研究与促进会会长　陈宗兴

2019 年 9 月

序 一

生态环境是人类赖以生存与发展的基础。改革开放以来，我国在获得经济快速增长的同时，也给生态环境带来了巨大压力，环境问题已经成为当前我国全面建成小康社会的一个核心短板。对于生态环境保护与经济发展之间的辩证关系，习近平同志早在2005年便提出了"绿水青山就是金山银山"的重要论断，并且一以贯之地不断深化。这一论断既强调了绿水青山的重要性，又意味着通过绿水青山获得金山银山的必要性。从发展方式来看，过去常常是"以破坏环境获得经济收入"，"两山"论断很大程度上意味着需要"通过保护环境获得经济收入"。从发展实践来看，已经出现了不少通过保护环境获得经济发展的案例，但是，其理论基础、实践条件等还需要进一步研究和提升。

该书从理论解析和实践探索两个层面对"两山"论断进行了有益探索。理论上，该书从哲学、价值、福利、经济、制度等视角对"两山"论断进行了解析，揭示了"两山"论断要求正确认识生态环境的价值、正确认识人与自然的关系，分析了"两山"之间的关系，从理论上探索了"两山"共赢发展的模式。实践上，该书从"两山"视角对浙江、云南、福建、山西等地的发展实践进行了深入剖析，总结提升了"两山"共赢发展的模式与条件。总体而言，该书对习近平"两山"论断进行的理论解析和实践探索，不仅具有一定理论价值，而且对于更好践行"两山"、切实推进生态文明建设具有重要的现实意义，也希望该书能带动相关的思考和实践，进一步推动我国生态文明建设。

2017年11月8日

美丽乡村——浙江省杭州市临安区板桥镇锦兴农庄（新华社记者 涂昱 摄）

序 二

习近平总书记"绿水青山就是金山银山"的治国理论,是我国生态文明建设的指导思想。保护生态环境就是保护生产力。生态环境日益成为生产力发展的重要源泉和保障,为人类提供了生产力三大要素中的各种自然要素。无节制地消耗资源、污染环境将导致自然资源难以支撑、生态环境不堪重负,就是破坏生产力;反之,合理利用资源、不污染环境、不破坏生态将实现可持续发展,就是节约发展成本。

经济发展与环境保护是一个永恒的话题。进入新时代,满足人民群众日益增长的美好生活需求,必须解决群众关心的紧迫环境问题。在这样的背景下,有必要深入阐述"绿水青山就是金山银山"的内涵、理论,并应用到我国经济社会发展实践中,从而切实推进生态文明建设。

该书基于生态文明建设的战略目标,以两山理论的具体含义为切入点,以保护与发展的关系为主线,首先根据习近平总书记关于"绿水青山就是金山银山"的著名科学论断,梳理两山理论的发展历程;运用理论分析方法,从哲学、经济学、制度等多个视角,深入剖析两山理论的丰富内涵和理论基础,并提出中国发展走"两山"之路的制度体系构建;其次通过实地调研与案例分析,系统梳理了各地践行两山理论的实践历程,总结可以推广的实践模式和成熟经验,一方面可以检验本书所构建的理论体系,另一方面也可以更好地用于指导社会经济发展实践。该书研究视角独特、内容鲜活全面、论述科学准确,总结出的六种实践模式具有典型性和代表性,有助于进一步深入领会习近平总书记两山理论的意蕴。该书的出版发行,不仅对从事林业与生态文明建设相关工作的学者、管理者和企业经营者有所启迪,也将对生态文明建设、践行两山理论具有重要推动作用。

2019 年 8 月 6 日

黑龙江大兴安岭九曲十八弯（贾达明 摄）

前 言

2015年，在习近平总书记提出"绿水青山就是金山银山"思想10周年之际，北京林业大学校长宋维明教授以高度的政治觉悟和敏锐的学术观察力，建议设立了校级"两山论断的理论解析与实践模式研究"课题组；北京林业大学经济管理学院院长陈建成教授任组长，林业经济系副教授姜雪梅、王会、吴娟、袁畅彦和人文社会科学学院教授张秀芹等教师为主要研究人员；北京大学中国持续发展研究中心主任叶文虎教授、国务院发展研究中心周宏春研究员、中国自然资源学会政策研究专业委员会委员办公室主任臧红印专家为课题组顾问。之后，陈建成教授主持的中共中央宣传部"四个一批"人才项目"两山理论与林业市场经济研究"获批，不仅提升了课题层次，而且更有力地推动了课题研究的深入。本书第1版于2018年6月出版，获得"第四届全国党员培训教材奖""北京市哲学社会科学优秀成果一等奖"。

本书在认真梳理两山理论发展历程的基础上，从哲学、经济学和产权等多个视角，深入解析和全面阐释了两山理论的深刻内涵和完整体系。自2005年8月15日，时任浙江省委书记习近平同志在安吉余村考察时，首次明确提出了"绿水青山就是金山银山"的重要思想；到2015年3月24日，习近平总书记主持召开中共中央政治局会议，通过了《关于加快推进生态文明建设的意见》，正式把"坚持绿水青山就是金山银山"的思想写进了中央文件。这10年间，两山理论不断丰富完善，对我国的生态文明建设起到了重要的指导作用。时至今日，"绿水青山就是金山银山"已经成为习近平生态文明思想的根本基调和基本内核，已经成为推动党和国家生态文明建设事业发展的强大思想武器和根本遵循。本书在解析、阐释两山理论的同时，提出了科学认识人与自然、经济发展与生态保护之间的辩证关系，得出了自然资源产权对经济可持续发展、人力资本积累以及环境保护有着重要积极意义等结论，将进一步促进对习近平总书记两山理论的理解和深入实践。

本书结合课题组在全国各地的实际调研情况，系统总结了浙江、河北、山东、云南、黑龙江、山西、陕西、福建和四川等地践行两山理论的鲜活典型材料，从中提炼总结出了两山理论实践的六种主要模式：绿色种植产业模式、乡村旅游产业模式、家庭经营模式、合作社＋NGO＋农户经营模式、企业＋政府＋合作社经营模式、自然恢复或人工恢复与经济发展兼顾模式；并进一步提出两山理论实践模式的推广，要把握观念、市场、产业、政府这四个维度的转变。只有这四大转变同时推进，才能从根本上改变农村生态保护与经济发展之间的紧张关系，真正实现"绿水青山就是金山银山"。这为深入推进和践行两山理论提供了宝贵经验。课题组建议在生态脆弱区、革命老区和贫困地区，加紧建设两山理论试验区。这对于推进生态修复工程、打赢生态产业脱贫攻坚战、转型绿色发展、创造绿色财富、助力绿色福祉、实现生态惠民等，具有十分重要的意义。

各地政府特别是林业部门以两山理论为指导，把践行两山理论作为建设生态文明的重要载体。践行两山理论已经成为塑造地方形象的重要路径，创新两山理论实践模式的重要探索，优化国土空间开发格局、推进绿色城镇化和美丽乡村建设的重要举措，推进供给侧结构性改革、建立绿色循环、低碳发展产业体系的重要抓手，实现精准脱贫、全面实现小康社会的重要保障，革命老区率先脱贫、实现"中国梦"的重要途径，全国生态脆弱区、敏感区实现生态环境保护、治理和合理利用、实现产业转型发展的重要示范。各地通过工程带动、精准提升、多学科合作、多产业融合，正在为全面贯彻落实习近平总书记特别强调的"要通过改革创新，让贫困地区的土地、劳动力、资产、自然风光等要素活起来，让资源变资产、资金变股金、农民变股东，让绿水青山变金山银山，带动贫困人口增收"而奋力前行。

本书在撰写中，姜雪梅副教授做了大量组织工作，参与撰写的主要人员包括陈建成、姜雪梅、王会、吴娟、袁畅彦、张秀芹、臧红印、王平、杨长峰及林业经济系部分研究生，田阳博士参与了部分文稿的编辑，李铁铮教授最后审阅了全书并提出了很好的建议。

感谢中国林业出版社编辑在申报、完成国家出版基金项目时所付出的努力和辛勤工作。感谢国家林业和草原局宣传办公室、中国绿色时报社等单位有关人员提供的大力支持。在本书实践篇的撰写中，提供资料和撰写案例的还有（排名不分先后）：浙江省的王凌峰、胡春华、邱少春、盛文明、潘文革、李宗仁、褚雪松、方旭东、张宏亮、赖建红、祝冬、楼成、朱永军、王安国、夏玉云、潘国荣、杨有发等同志；云南省的邓仪、和玉忠、姚因全、李忠福、熊春红、刘世诚、施奇院、段柱贤等同志；山西省的康鹏驹、任晓红、李强、周来群等同志；河北省的孙保祥、李国亮、王龙等同志；福建省的李强、蔡光信、吴联派、陈先中、鄢金灼、叶峰、郭祥泉等同志；湖北省的李江、李克文等同志；丽江健康与环境研究中心等单位。还有许多由于调研仓促而未能留下姓名的基层干部和热情农户，也给予了大力支持和帮助，在此一并表示感谢！

参加本书第 2 版修订工作的有北京林业大学陈建成、吴娟、余吉安、方宜亮，中国农业大学李婷婷，山西省芮城县张建军、王碧霄、姚兴茂，四川省夹江县龚德勤、商咏梅、覃章健，山东省原山林场孙建博、高玉红等。在此也同样表示感谢！

给予本书支持和指导的专家有：宋维明、王前进、徐晋涛、戴广翠、徐小英、沈月琴、吴伟光、尉文龙、赵萱等。

课题组在研究和撰写报告中，无论是起步阶段的讨论策划会，还是进程中的理论研究与实践总结，都得到了各领域专家、当地政府负责同志的大力支持，在此一并致谢！

特别感谢叶文虎教授、周宏春研究员两位前辈对我们的厚爱，不仅给予指导，还在百忙中为本书作序。

习近平总书记的两山理论博大精深、意义深远。本书虽然是集体智慧的结晶，但由于我们理解有限，仍需继续深入学习。书中定有不足，企望诸位批评指正！

陈建成

2019 年 8 月 8 日

目 录

总　序／陈宗兴
序　一／叶文虎
序　二／周宏春
前　言

理论篇

第一章　绪　论 ··· 3
　　一、研究背景 ··· 4
　　二、研究内容 ··· 6
　　三、两山理论的基本概念 ··· 6
　　四、研究意义 ··· 8

第二章　两山理论的发展历程 ··· 10
　　一、准备阶段 ··· 11
　　二、提出阶段 ··· 12
　　三、深化阶段 ··· 12
　　四、升华阶段 ··· 15

第三章　两山理论与五大发展理念的关系 ··· 18
　　一、两山理论与创新发展理念 ··· 19
　　二、两山理论与协调发展理念 ··· 22
　　三、两山理论与绿色发展理念 ··· 25
　　四、两山理论与开放发展理念 ··· 27
　　五、两山理论与共享发展理念 ··· 30

第四章　基于哲学视角的两山理论的解析 ··· 33
　　一、唯物辩证法维度的哲学意蕴 ··· 34
　　二、系统论维度的哲学意蕴 ··· 36

三、马克思主义生态观维度的哲学意蕴 ……………………………… 37
　　四、环境伦理观维度的哲学意蕴 ………………………………………… 39
　　五、生态福祉论维度的哲学意蕴 ………………………………………… 41
　　六、保护生产力维度的哲学意蕴 ………………………………………… 42
　　七、人的需求的全面认识维度的哲学意蕴 ……………………………… 44

第五章　基于经济学视角的两山理论解析 …………………………………… 47
　　一、两山理论经济学视角解析的研究基础 ……………………………… 48
　　二、区域视角两山理论的经济解析 ……………………………………… 50
　　三、微观个体视角两山理论的经济解析 ………………………………… 59
　　四、结论与政策启示 ……………………………………………………… 63

第六章　基于产权视角的两山理论解析 ……………………………………… 65
　　一、两山理论产权视角解析的研究基础 ………………………………… 67
　　二、基础模型设定 ………………………………………………………… 70
　　三、经济增长路径分析 …………………………………………………… 71
　　四、自然资源产权视角的经济增长路径分析 …………………………… 75
　　五、结论与政策启示 ……………………………………………………… 83

第七章　基于两山理论的制度体系构建 ……………………………………… 85
　　一、基于两山理论的制度体系的构建思路 ……………………………… 86
　　二、基于两山理论的制度体系的构建 …………………………………… 87

实践篇

第八章　浙江省安吉县余村两山转型发展 …………………………………… 97
　　一、基本概况 ……………………………………………………………… 100
　　二、发展模式 ……………………………………………………………… 101
　　三、总结与思考 …………………………………………………………… 106

第九章　河北省塞罕坝机械林场的转型发展 ………………………………… 109
　　一、基本概况 ……………………………………………………………… 110
　　二、发展模式 ……………………………………………………………… 111
　　三、总结与思考 …………………………………………………………… 116

第十章　山东省原山林场改革实干铸就两山理论现实样板 ………………… 120
　　一、绿起来：凿石造林，牢记使命不忘本 ……………………………… 122
　　二、富起来：锐意改革，多业并举求发展 ……………………………… 124
　　三、强起来：统筹兼顾，绿色发展立新篇 ……………………………… 126

第十一章　浙江省临安市白沙村两山转型发展 ……………………………… 128

一、基本概况 …………………………………………………………… 129
　　二、发展模式 …………………………………………………………… 130
　　三、总结与思考 ………………………………………………………… 134

第十二章　云南省玉龙县利苴村生态环境保护及经济建设项目 …… 138
　　一、基本概况 …………………………………………………………… 139
　　二、发展模式 …………………………………………………………… 140
　　三、特色产业 …………………………………………………………… 142
　　四、总结与思考 ………………………………………………………… 143

第十三章　云南省玉龙县河源村产业转型发展 ……………………… 147
　　一、基本概况 …………………………………………………………… 148
　　二、发展模式 …………………………………………………………… 149
　　三、特色产业 …………………………………………………………… 151
　　四、总结与思考 ………………………………………………………… 154

第十四章　云南省玉龙县黎明村旅游产业发展 ……………………… 158
　　一、基本概况 …………………………………………………………… 159
　　二、发展模式 …………………………………………………………… 160
　　三、存在问题 …………………………………………………………… 163
　　四、总结与思考 ………………………………………………………… 164

第十五章　云南省丽江市森林健康项目 ……………………………… 167
　　一、基本概况 …………………………………………………………… 168
　　二、发展模式 …………………………………………………………… 169
　　三、项目发展成效 ……………………………………………………… 176
　　四、总结与思考 ………………………………………………………… 180

第十六章　四川省夹江县推动绿色发展 ……………………………… 184
　　一、基本概况 …………………………………………………………… 185
　　二、主要措施 …………………………………………………………… 186
　　三、总结与思考 ………………………………………………………… 191

第十七章　黑龙江省的冰天雪地也是金山银山 ……………………… 192
　　一、基本概况 …………………………………………………………… 193
　　二、发展模式 …………………………………………………………… 195
　　三、总结与思考 ………………………………………………………… 201

第十八章　山西省吕梁山生态脆弱区两山理论试验区 ……………… 203
　　一、基本概况 …………………………………………………………… 204
　　二、总体思路 …………………………………………………………… 208
　　三、规划布局与建设内容 ……………………………………………… 210
　　四、总结与思考 ………………………………………………………… 212

第十九章　山西省安泽县连翘产业助推生态脱贫 ············ 214
一、基本概况 ············ 215
二、发展模式 ············ 216
三、总结与思考 ············ 220

第二十章　山西省芮城县花椒产业助推生态脱贫 ············ 221
一、基本概况 ············ 222
二、花椒产业发展情况 ············ 223
三、发展模式 ············ 224
四、总结与思考 ············ 226

第二十一章　陕西省宁陕县猪苓产业发展 ············ 229
一、区域自然地理概况 ············ 230
二、区域社会经济概况 ············ 233
三、区域林业产业概况 ············ 233
四、两山转型发展历程 ············ 235
五、总结与思考 ············ 237

第二十二章　河北省巨鹿县美丽乡村建设 ············ 239
一、基本概况 ············ 240
二、发展模式 ············ 241
三、总结与思考 ············ 246

第二十三章　福建省长汀县水土保持治理促发展 ············ 250
一、基本概况 ············ 251
二、发展模式 ············ 252
三、总结与思考 ············ 256

第二十四章　福建省三明市森林资源发展 ············ 258
一、基本概况 ············ 259
二、发展模式 ············ 261
三、总结与思考 ············ 265

第二十五章　结　语 ············ 270
一、两山理论实践模式总结 ············ 271
二、两山理论实践模式的推广 ············ 273
三、践行两山理论的障碍与制度启示 ············ 275

参考文献 ············ 277

理论篇

第一章

绪 论

初秋林海——黑龙江省伊春市五营国家森林公园(刘俊 摄)

一、研究背景

我国已经进入生态文明建设新时代。研究"绿水青山就是金山银山"相关理论，是当前推进生态文明建设和贯彻落实习近平生态文明思想的迫切需要。2005年8月15日，时任浙江省委书记习近平到安吉余村考察。在座谈会上，村干部介绍关停污染环境的矿山，然后靠发展生态旅游借景发财，实现了"景美、户富、人和"。习近平听了高兴地说："我们过去讲，既要绿水青山，又要金山银山。其实，绿水青山就是金山银山。" 9天后，习近平在《浙江日报》的"之江新语"栏目发表《绿水青山也是金山银山》的评论，明确提出，如果把"生态环境优势转化为生态农业、生态工业、生态旅游等生态经济的优势，那么绿水青山也就变成了金山银山"。十年后的2015年3月24日，习近平总书记主持召开中央政治局会议，通过了《关于加快推进生态文明建设的意见》，正式把"坚持绿水青山就是金山银山"的理念写进中央文件，成为指导我国加快推进生态文明建设的重要指导思想。时至今日，生态文明建设从中华民族永续发展的千年大计上升为根本大计，以绿水青山就是金山银山为根本基调的习近平生态文明思想成为推进党和国家生态文明建设事业的根本遵循和行动指南。

保护生态环境就是保护生产力。生态环境日益成为生产力发展的重要源泉和保障，它为人类提供了生产力三大基本要素中的各种自然要素，比如土地、森林、矿藏等。显然，无节制消耗资源、污染环境将导致能源资源难以支撑、生态环境不堪重负，就是破坏生产力；反之，有效减少消耗、降低污染、治理环境努力实现循环经济的可持续发展，就是节约发展成本。

改善生态环境就是发展生产力。目前，我国的环境承载能力已达到或接近上限。单纯保护生态环境已经不能满足经济发展对生态环境的需求。只有大力改善、治理生态环境，才能激发生态环境的生产力要素功能，从而实现生产力的发展。这也是经济发展新常态下发展方式转变、产业结构转型的必然要求。当前形势下，必须改变资源利用方式、能源结构，推动形成绿色发展、循环发展、低碳发展的绿色低碳循环发展新模式。要树立正确发展思路，因地制宜选择发展产业，切实做到经济效益、社会效益、生态效益同步提升。合理利用现有的绿水青山发展生态农业、生态工业、生态旅游，绝不走"先污染后治理"的老路，变绿水青山为金山银山，让绿水青山源源不断地带来金山银山。

党的十九大提出了坚持人与自然和谐共生,坚持推动构建人类命运共同体,构筑尊崇自然、绿色发展的生态体系等重要论断。人是自然界的产物,也是自然界的一部分,人类生存须臾离不开自然环境,保护好自然,就是保护好人类自身。习近平总书记指出,"人与自然是生命共同体,人类必须敬畏自然、尊重自然、顺应自然、保护自然",提出了"人与自然和谐共生""山水林田湖草是生命共同体"等理念。要求把生态环境保护放在更加突出的位置,像保护眼睛一样保护生态环境,像对待生命一样对待生态环境,统筹兼顾、整体施策、多措并举,全方位、全地域、全过程开展生态文明建设。敬畏自然、尊重自然、顺应自然、保护自然,谋求人与自然和谐发展的价值理念和发展理念。天阴阳变化,地刚柔变化,人天地之物,人与自然的生命共同体是构建人类命运共同体的坚实基础。

在我国社会经济发展过程中,仍然存在着经济下行压力加大、资源环境威胁加剧的整体局面,经济发展与环境保护仍然是其中的一个基础性问题。在这样的背景下,有必要深入研究"绿水青山就是金山银山"的内涵、理论,并应用到我国社会经济发展实践中,从而切实推进生态文明建设和绿色发展,为实现中华民族的伟大复兴作出贡献。

皖南秋色——安徽黟县(晋翠萍 摄)

二、研究内容

本书的主要内容分为理论篇与实践篇。理论篇主要包括三方面的内容：首先，根据习近平同志关于"绿水青山就是金山银山"（简称"两山"）的科学论断，梳理两山理论的发展历程；其次，运用理论分析的方法从哲学、经济学和产权视角深入剖析两山理论的内涵、理论基础，并构建两山理论的基本体系；最后，根据理论分析的结论，提出中国发展走两山之路的制度体系如何构建。

本书的实践部分主要是通过实地调研与案例资料收集的方式，通过梳理各地践行两山理论的历程，总结可以推广的实践经验，一方面检验构建的理论体系，另一方面可以更好地指导社会经济发展实践。

本书创新点主要包括：

第一，首次对两山的理论基础进行深入剖析，并构建两山理论体系。目前，学术界已经对两山理论进行了多方面、多视角的讨论，这些阐述从哲学层面、理念层面进行了较多研究。相对而言，对两山理论体系的构建尚需要进一步研究，以从理论上形成一个较为完整的体系，也可以更好地指导社会经济发展实践。为此，本研究在从哲学、经济学、生态学等视角进行阐释的基础上，进一步对两山理论的理论体系进行构建。

第二，首次对两山理论的实践进行调研，并提炼为多种模式。在 2005 年两山理论提出之后，浙江省已经进行了较多实践；在其他地方，也有不少探索。目前，关于这些探索的研究散见于一些文献之中，并未从理论层面进行阐释，也没有总结出其中的共性特点。为此，本书在构建的理论指导下，对两山实践进行调研与文献资料的收集，并试图总结出几种典型的模式，以更好地指导两山理论实践。

三、两山理论的基本概念

（一）"绿水青山"与"金山银山"的含义

两山理论中的"绿水青山"就是指良好的生态环境，"金山银山"实际是指经济发展。同时，"绿水青山"还可以表示为我们可以直接消耗的物质资源，也可以表示为我们间接消费的精神层面的环境；"金山银山"也可以有两层意思：一层是直接的财富，更高一层可以代表值得我们珍惜的健康以及审美等。两山理论的核心思想就是"良好的生态环境是最普惠的民生福祉；保护生态环境就是保护生产力；以系统工程思路抓生态建设；实行最严格的生态环境保护制度"。两山理论是一种思想意识，是一种发展理念，是可持续的发展方式，是一种制度安排和发展的必然结果。

具体来说，绿水青山具有两个含义。其一，严格来说，绿水青山是生态环境，而且是经济系统利用之前的生态环境。也就是说，绿水青山所属的范畴是生态环境本身而非经济系统利用下的生态环境。其二，直观上的绿水青山通常是生态环境质量较好的地方，这通常对应于更多的非货币化的生态服务价值。后续讨论主要基于绿水青山的第一个含义。金山银山也具有两个含义。其一，广义的金山银山是生态环境提供的各类生态系统服务的价值。其二，狭义的金山银山则主要指经济系统从利用生态环境中得到的净收益即经济收入。为了讨论绿水青山与金山银山的关系，这里主要基于金山银山的第二个含义即狭义的含义。

（二）两山理论的本质

两山理论既与生态文明建设的精髓一脉相承，又是生态文明建设创新路径的体现。党中央、国务院在重视生态建设的同时，也高度重视脱贫攻坚和生态建设结合的问题。习近平总书记指出"脱贫攻坚要与生态建设相结合，增加重点生态功能区转移支付，扩大政策实施范围，让有劳动能力的贫困人口就地转化为护林员等生态管护员"；总书记特别强调："要通过改革创新，让贫困地区的土地、劳动力、资产、自然风光等要素活起来，让资源变资产、资金变股金、农民变股东，让绿水青山变金山银山，带动贫困人口增收。"国家要确保到2020年农村贫困人口实现脱贫，这是全面实现小康社会最艰巨的任务。

绿水青山就是金山银山，深刻揭示了社会发展与生态保护、环境保护和财富增长的本质关系，指明了实现发展和保护内在统一、相互促进和协调共生的方法论。保护生态就是保护自然价值和增值自然资本的过程，保护环境就是保护经济社会发展潜力和后劲的过程，把生态环境优势转化成经济社会发展的优势，绿水青山就可以源源不断地带来金山银山，实现财富增长。可以说，两山理论是我国智慧"天人合一"的时代体现，是统筹推进"五位一体"总体布局的内化表达，是绿色发展的通俗回答，是孟子"义利兼得"观的最佳示范，是传统生态经济的市场化战略推动。

"绿水青山就是金山银山"是人与自然双重价值的体现，有着丰富的哲学内涵和实践价值，充分体现了发展阶段论、生态系统论、敬畏自然论、民生福祉论和综合治理论，是建设生态文明的根本遵循，实现生态惠民的重要指导，是决胜全面小康社会的有效途径，是开启社会主义现代化国家建设的根本保障，是新时代人类文明生活和命运共同体构建的根本基调。

（一）

绿林长青千姿翠，水清月明初心醉，
青山着意万物兴，山蒸烟云何时归？
金绣湖光景象伟，山花草木硕果累，
银鹭白鹤戏水前，山田堂前富饶美。

（二）

两山孕育大智慧，天人合一铸灵魂；
义利兼得乃正道，美好生活有遵循。

绿水青山替河山装成锦绣，把国土绘成丹青；金山银山助祖国繁荣昌盛，使中华伟大复兴。

四、研究意义

（一）两山理论符合党的十八大有关生态文明建设的要求

中国共产党继承和发扬了中华民族优秀的生态文明思想，高度重视生态文明建设。党的十七大明确提出要建设生态文明。党的十八大将生态文明建设纳入中国特色社会主义事业总体布局，首次把生态文明建设与经济、政治、文化、社会建设并列，构成全新的"五位一体"总体战略布局。十八大以来，我们的生态文明建设真正进入快车道，进入大发展时期。习近平同志坦言："我们在生态环境方面欠账太多了，如果不从现在起就把这项工作紧紧抓起来，将来会付出更大的代价。""我国生态环境矛盾有一个历史积累过程，不是一天变坏的，但不能在我们手里变得越来越坏，共产党人应该有这样的胸怀和意志。"

党的十八大报告指出："建设生态文明，是关系人民福祉、关乎民族未来的长远大计。面对资源约束趋紧，环境污染严重、生态系统退化的严峻形势，必须树立尊重自然、顺应自然、保护自然的生态文明理念，把生态文明建设放在突出地位，融入经济建设、政治建设、文化建设、社会建设各方面和全过程，努力建设美丽中国，实现中华民族永续发展。"

（二）两山理论正确反映了生态文明建设的客观规律

生态文明以尊重和维护生态环境为主旨，以可持续发展为根据，以未来人类的继续发展为着眼点。生态文明突出生态的重要,强调尊重自然规律和保护自然环境,强调人类在建设发展的同时必须尊重和爱护自然,要树立尊重自然、顺应自然、保护自然的理念,发展和保护相统一的理念,而不能随心所欲,盲目蛮干,为所欲为。这些也正是两山理论的基本内涵。可以说,两山理论是生态文明建设理论的大众化、通俗化解读。

生态文明的核心要素是公正、高效、和谐和人文发展。公正,就是要尊重自然权益实现生态公正,保障人的权益实现社会公正;高效,就是要寻求自然生态系统具有平衡和生产力的生态效率,经济生产系统具有低投入、无污染、高产出的经济效率,人类社会体系制度规范完善运行平稳的社会效率;和谐,就是要谋求人与自然、人与人、人与社会的公平和谐,以及生产与消费、经济与社会、城乡和地区之间的协调发展;人文发展,就是要追求具有品质、品味、健康、尊严的崇高人格。公正是生态文明的基础,效率是生态文明的手段,和谐是生态文明的保障,人文发展是生态文明的终极目的。

从制度属性的角度看,生态文明是社会主义的本质属性。生态问题实质是社会公平问题,受环境灾害影响的群体是更大的社会问题。资本主义制度的本质使它不可能停止剥削而实现公平,只有社会主义才能真正解决社会公平问题,从而在根本上解决环境公平问题。因此,生态文明的未来是属于社会主义的,生态文明是社会主义文明体系的基础,是社会主义基本原则的体现,只有社会主义才会自觉承担起改善与保护全球生态环境的责任。

(三)两山理论是生态文明建设理念、路径层面的形象化表达

在理念层面,两山理论要求重视生态环境的价值,这也正是生态文明建设在理念层面的要求;在路径层面,两山理论为生态建设中如何协调好生态环境保护与经济发展之间的关系提供了指导;在目标层面,两山理论和生态文明建设都要求经济、社会、生态协调发展。两山理论是对马克思主义生态观的中国化、时代化的最新成果,是习近平总书记生态思想的重要组成,是具有中国智慧的生态文明理论的集中体现,是建设中国特色生态文明的重要指南。

"生态兴则文明兴,生态衰则文明衰",两山理论已经成为一些地区发展的一张靓丽名片。研究两山理论,是新时代实现循环经济与生态经济统一协调发展的本质要求,对于深刻领会习近平生态文明思想具有现实意义,对于深入推进各地绿色发展具有指导意义,对于进一步完善生态文明建设理论体系具有推动意义。

第二章

两山理论的发展历程

湖南张家界国家森林公园鹞子寨（段又升 摄）

习近平同志从在福建工作时开始，就已经有了两山理论的思想萌芽与行动。两山理论发展到现在，不论是从理论还是实践来看，都有了更丰富与深入的完善。从时间维度和相关论述的层次上来看，两山理论的发展历程大致可以分为四个阶段。

一、准备阶段

习近平同志长期以来对"绿水青山就是金山银山"的理念有着深刻的认识，在河北、福建、浙江等地工作期间，他将自己的想法付诸于地方工作的实践，用行动和事实带动干部群众一起干，改变过去经济发展的老路，使得绿色发展观念深入人心。

1985年，习近平在担任河北省正定县委书记期间，主持制订了《正定县经济、技术、社会发展总体规划》，其中强调："保护环境，消除污染，治理开发利用资源，保持生态平衡，是现代化建设的重要任务，也是人民生产、生活的迫切要求。"这份文件还特别强调："宁肯不要钱，也不要污染，严格防止污染搬家、污染下乡。"

1989年1月，时任福建省宁德地委书记习近平便提出，闽东经济发展的潜力在于山，兴旺在于林，"森林是水库、钱库、粮库"。把振兴林业摆上闽东经济发展的战略位置，作为推动闽东经济发展的一个重要载体、抓手，体现了习近平同志实现闽东经济、社会、生态三种效益高度统一的发展观。

在福建长汀，习近平对长汀水土流失治理格外倾注心力，开启了大规模治山治水的新篇章。长汀是客家人重要的聚居地，历史上山清水秀，林茂田肥，人们安居乐业。由于近代以来森林遭到严重破坏，长汀成为当时全国最为严重的水土流失区之一。1985年，长汀水土流失面积达146.2万亩，占全县面积的31.5%，不少地方出现"山光、水浊、田瘦、人穷"的景象。

绿水青山没了，何谈金山银山？在福建工作期间，习近平五下长汀，走山村、访农户、摸实情、谋对策，大力支持长汀水土流失治理。经过连续十几年的努力，长汀治理水土流失面积162.8万亩，减少水土流失面积98.8万亩，森林覆盖率由1986年的59.8%提高到现在的79.4%，实现了"荒山－绿洲－生态家园"的历史性转变。

二、提出阶段

2005年8月15日,时任浙江省委书记习近平到安吉县天荒坪镇余村考察。在座谈会上,村干部介绍关停污染环境的矿山,然后靠发展生态旅游借景发财,实现了"景美、户富、人和"。习近平听了高兴地说:"我们过去讲,既要绿水青山,又要金山银山。其实,绿水青山就是金山银山。"这是习近平首次明确提出"绿水青山就是金山银山"的重要理论。

2005年8月24日,习近平同志在《浙江日报》的"之江新语"栏目中发表了《绿水青山也是金山银山》的评论,就生态文明建设提出了著名的"两座山论",他指出:"我们追求人与自然的和谐,经济与社会的和谐,通俗地讲,就是既要绿水青山,又要金山银山。"习近平接着写道:"我省'七山一水两分田',许多地方'绿水逶迤去,青山相向开',拥有良好的生态优势。如果能够把这些生态环境优势转化为生态农业、生态工业、生态旅游等生态经济的优势,那么绿水青山也就变成了金山银山。绿水青山可带来金山银山,但金山银山却买不到绿水青山。绿水青山与金山银山既会产生矛盾,又可辩证统一。"在这一阶段,习近平在对经济快速发展中经济增长与环境保护关系深刻思考的基础上,提出了"绿水青山就是金山银山"的重要理论,并为绿水青山变成金山银山提出了实践路径。

三、深化阶段

在提出两山理论后,习近平同志又进一步对"绿水青山"与"金山银山"的辩证关系进行了深入思考和详细阐述,这是两山理论的深化阶段。

2006年3月23日,习近平同志在《浙江日报》发表了题为《从"两座山"看生态环境》的专栏文章,进一步阐述"绿水青山"与"金山银山"的内在关系。他指出:"我们追求人与自然的和谐、经济与社会的和谐,通俗地讲,就是要'两座山':既要金山银山,又要绿水青山。可以说,在实践中对这'两座山'之间关系的认识经过了三个阶段:第一个阶段是用绿水青山去换金山银山,不考虑或者很少考虑环境的承载能力,一味索取资源。第二个阶段是既要金山银山,但是也要保住绿水青山,这时候经济发展与资源匮乏、环境恶化之间的矛盾开始凸显出来,人们意识到环境是我们生存发展的根本,要留得青山在,才能有柴烧。第三个阶段是认识到绿水青山可以源源不断地带来金山银山,绿水青山本身就是金山银山，我们种的常青树就是摇钱树，生态优势变成经济优势，形成了浑然一体、和谐统一的关系。这一阶段是一种更高的境界，体现了科学发展观的要求，体现了发展循环经济、建设资源节约型和环境友好型社会的理念。以上这三个阶段，是经济增长方式转变的过程，是发展观念不断进步的过程，也是人与自然关系不断调整、趋向和谐的过程。把这'两座山'的道理延伸到统筹城乡和区域的协调发展上，还启示我们，工业化不是到处都办工业，应当是宜工则工，宜农则农，宜开发则开发，宜保护则保护。这'两座山'要作为一种发展理念、一种生态文化，体现到城乡、区域的协调发展中，体现出不同地方发展导向的不同、生产力布局的不同、政绩考核的不同、财政政策的不同。"

2006年7月29日，习近平同志到丽水调研时，在称赞丽水良好生态环境的同时，谆谆告诫当地干部："绿水青山就是金山银山，对丽水来说尤为如此"，丽水"守住了这方净土，就守住了金饭碗"。

在一些国际场合，习近平也抓住机会生动讲述两山理论的辩证关系。2013年9月7日，习近平主席在哈萨克斯坦纳扎尔巴耶夫大学发表演讲时再次阐述"两座山"的辩证关系。他指出："我们既要绿水青山，也要金山银山。宁要绿水青山，不要金山银山，而且绿水青山就是金山银山。"演讲后，他回答学生提问时坚定地说，"我们绝不能以牺牲生态环境为代价换取经济的一时发展。""绿水青山"就是优质的生态环境，就是与优质生态环境关联的生态产品；"金山银山"就是经济增长或经济收入，就是与收入水平关联的民生福祉。因此，践行"绿水青山就是金山银山"，一方面要生态经济化，另一方面要经济生态化。

中国最美梯田——云和梯田（浙江丽水）（大海 摄）

党的十八大报告指出，必须树立尊重自然、顺应自然、保护自然的生态文明理念。十八大以来，习近平多次强调，要常怀敬畏之心。发展必须是遵循自然规律的可持续发展。

2013年5月24日，习近平总书记在中央政治局第六次集体学习时指出，"要正确处理好经济发展同生态环境保护的关系，牢固树立保护生态环境就是保护生产力、改善生态环境就是发展生产力的理念"。

在另一次重要会议上，他进一步指出："如果破坏了山、砍光了林，也就破坏了水，山就变成了秃山，水就变成了洪水，泥沙俱下，地就变成了没有养分的不毛之地，水土流失、沟壑纵横。"

这些重要论述，深刻阐明了生态环境与生产力之间的关系，是对生产力理论的重大发展，饱含敬畏自然、尊重自然、谋求人与自然和谐发展的价值理念和发展理念。过去很长一段时间，我们片面强调人对自然的主体作用，才有了"人有多大胆，地有多高产"，"战天斗地"，毁田造房、毁林造厂、填海造地等。须知每次对自然的破坏，最后大自然都报复了我们。其实，人是自然界的产物，也是自然界的一部分，人类生存须臾离不开自然环境。保护好自然，就是保护好人类自身。

2013年11月，习近平总书记在党的十八届三中全会作关于《中共中央关于全面深化改革若干重大问题的决定》的说明时，深刻揭示了这种"天人合一"的生态关系，他说："山水林田湖是一个生命共同体，人的命脉在田，田的命脉在水，水的命脉在山，山的命脉在土，土的命脉在树。"由此使我们认识到，山、水、林、田、湖作为生态要素，与人存在极为密切的共生关系，共同组成了一个有机、有序的"生命共同体"，其中任何一个生态要素受到破坏，人类都难以生存和发展。

红土地上的农业奇观——广西融安县东起乡长丰村的油菜花地（新华社记者 张爱林 摄）

四、升华阶段

十多年来，习近平同志无论主持地方工作，还是主持中央工作；无论到全国各地考察，还是到国外出访；无论是负责党的十八大报告起草，还是在一系列有关会议上；多次论及"绿水青山就是金山银山"的道理，形成了一套科学完整的理论体系。

2015年3月24日，习近平总书记主持召开中央政治局会议，通过了《关于加快推进生态文明建设的意见》，正式把"坚持绿水青山就是金山银山"的理念写进中央文件，成为指导我国加快推进生态文明建设的重要指导思想。

2015年8月，是习近平同志提出"绿水青山就是金山银山"这一重大科学理论十周年。8月12日，由浙江省委宣传部、省委政策研究室等部门主办的"绿水青山就是金山银山"理论研讨会在安吉县召开。

2016年3月7日，"两会"期间，习近平总书记参加黑龙江省代表团审议时再次明确"绿水青山是金山银山，黑龙江的冰天雪地也是金山银山"；2016年5月23日，习近平总书记在黑龙江省伊春市考察调研期间提出了"守着绿水青山一定能收获金山银山"的观点。在这一阶段，习近平关于两山的重要理论升华为推进生态文明建设的指导思想，并开始在战略制定、政策出台、发展实践中贯彻实施。

2016年9月3日，习近平总书记在二十国集团工商峰会开幕式上发表主旨演讲，强调"在新的起点上，我们将坚定不移推进绿色发展，谋求更佳质量效益。我多次说过，绿水青山就是金山银山，保护环境就是保护生产力，改善环境就是发展生产力。这个朴素的道理正得到越来越多人们的认同。而我对这样的一个判断和认识正是在浙江提出来的"。

2016年12月2日，全国生态文明建设工作推进会议在浙江湖州召开。习近平总书记对生态文明建设作出重要指示，强调生态文明建设是"五位一体"总体布局和"四个全面"战略布局的重要内容。各地区各部门要切实贯彻新发展理念，树立"绿水青山就是金山银山"的强烈意识，努力走向社会主义生态文明新时代。

2016年史上最大规模环保督察启动，把贯彻落实习近平总书记关于生态文明建设系列重要讲话精神作为行动指南，牢固树立"绿水青山就是金山银山"理念，以推动解决党中央高度关注、人民群众普遍关心的突出环境问题为重点，聚焦环境资源领域法律贯彻实施情况开展专题宣传。围绕人民群众反映强烈的大气污染防治、水污染防治、清洁能源替代、流域生态环境保护、湿地生态保护等开展专题宣传报道。

2017年世界环境日中国主题即是"绿水青山就是金山银山",旨在动员引导社会各界牢固树立"绿水青山就是金山银山"的强烈意识,尊重自然、顺应自然、保护自然,自觉践行绿色生活,共同建设美丽中国。改善环境质量,补齐生态环保短板,必须坚持"绿水青山就是金山银山"理念,加强生态文化的宣传教育,倡导勤俭节约、绿色低碳、文明健康的生活方式和消费模式,进一步提高全社会生态文明意识。正确处理好经济发展同生态环境保护的关系,牢固树立保护生态环境就是保护生产力、改善生态环境就是发展生产力的理念,更加自觉地推动绿色发展、循环发展、低碳发展,不断增强人民群众对生态环境的获得感。

2017年5月26日,习近平总书记在中央政治局第四十一次集体学习时强调,生态环境保护能否落到实处,关键在领导干部。推进绿色发展,"关键少数"怎么看、怎么做,显得至关重要。两山理论既是对全社会说的,更是对各级领导干部说的。它如同一个理念的指南针,有力校准干部的发展观、政绩观,在实现什么样的发展、创造什么样的政绩等方面指引正确方向和路径。

2017年10月18日,习近平总书记在中国共产党第十九次全国代表大会的报告中,将坚持人与自然和谐共生作为新时代中国特色社会主义思想的14条基本方略之一加以提出。他明确指出,建设生态文明是中华民族永续发展的千年大计。必须树立和践行绿水青山就是金山银山的理念,坚定走生产发展、生活富裕、生态良好的文明发展道路。他还就加快生态文明体制改革,建设美丽中国进行了系统部署。十九大通过关于《中国共产党章程(修正案)》的决议,明确提出中国共产党领导人民建设社会主义生态文明,并将实行最严格的生态环境保护制度、增强绿水青山就是金山银山的意识、建设富强民主文明和谐美丽的社会主义现代化强国等内容写进党章。

中国共产党十九届二中、三中全会分别于2018年1月18日至19日、2月26日至28日召开。二中全会通过《中共中央关于修改宪法部分内容的建议》,建议将生态文明写入宪法。三中全会通过《中共中央关于深化党和国家机构改革的决定》,就自然资源和生态环境管理体制改革作出重大决定,要求实行最严格的生态环境保护制度,构建政府为主导、企业为主体、社会组织和公众共同参与的环境治理体系,为生态文明建设提供制度保障。

2018年3月,十三届全国人大一次会议第三次全体会议经投票表决,通过《中华人民共和国宪法修正案》。修正案中将宪法序言第七自然段一处表述修改为:"推动物质文明、政治文明、精神文明、社会文明、生态文明协调发展,把我国建设成为富强民主文明和谐美丽的社会主义现代化强国,实现中华民族伟大复兴。"其中"生态文明""美丽"等新表述,为生态文明建设提供了宪法保障,标志着生态文明建设被赋予了更高的法律地位，实现了党的主张、国家意志、人民意愿的高度统一。与此同时，一系列与生态文明建设相关的新理念、新思想写入宪法。

2018年5月4日，习近平在纪念马克思诞辰200周年大会上发表重要讲话，要求深入学习和实践马克思主义关于人与自然关系的思想。他指出，自然是生命之母，人与自然是生命共同体，人类必须敬畏自然、尊重自然、顺应自然、保护自然。特别是要牢固树立和切实践行绿水青山就是金山银山的理念，推进生态文明建设，共建美丽中国，共享自然之美、生命之美、生活之美。

2018年5月18日至19日，全国生态环境保护大会召开。大会发出了新时代推进生态文明建设的伟大号召。会议的最大成果是正式确立了以两山理论为根本基调的习近平生态文明思想，这是对马克思主义生态观的再升华。习近平生态文明思想以其系统性、完整性、科学性和深邃性，全面和深刻地回答了事关生态文明建设全貌的一系列重大理论和实践时代课题。一是对生态文明建设进行了新定位，强调生态文明建设是关系中华民族永续发展的根本大计。二是强调生态环境是关系党的使命宗旨的重大政治问题，也是关系民生的重大社会问题。三是提出生态文明建设推进的时间表：确保到2035年，生态环境质量实现根本好转，美丽中国目标基本实现；到本世纪中叶，人与自然和谐共生，生态环境领域国家治理体系和治理能力现代化全面实现，建成美丽中国。四是明确生态文明建设必须坚持的六大原则，绿水青山就是金山银山是其中之一，要求贯彻创新、协调、绿色、开放、共享的发展理念，加快形成节约资源和保护环境的空间格局、产业结构、生产方式、生活方式，给自然生态留下休养生息的时间和空间。五是提出了生态文明建设的五大任务，分别是加快构建生态文明体系、全面推动绿色发展、把解决突出生态环境问题作为民生优先领域、有效防范生态环境风险、提高环境治理水平。

十多年来，两山理论日臻丰富完善，极大地影响和改变了中国的发展理念，成为习近平生态文明思想的根本基调和基本内核。以两山理论为根本基调的习近平生态文明思想必将成为推进党和国家生态文明建设事业发展的强大思想武器、根本遵循和行动指南，引领中国昂首迈向生态文明建设新时代。

第三章

两山理论与五大发展理念的关系

浙江千岛湖国家森林公园（浙江林业厅提供）

2015年10月，中共十八届五中全会通过了《中共中央关于制定国民经济和社会发展第十三个五年规划的建议》，正式提出了"创新、协调、绿色、开放、共享"五大发展理念，成为"十三五"乃至更长时期我国发展思路、发展方向、发展着力点的集中体现。与此同时，两山理论是推进生态文明建设、进而推进"五位一体"总体布局的重要理念。本章主要分析两山理论与五大发展理念的关系。总体上，两山理论是习近平同志关于生态保护与经济发展关系的指导思想，而五大发展理念则是针对"五位一体"总体布局的全局性指导理念，前者是后者的一部分，但是同时又有侧重和特色。

一、两山理论与创新发展理念

（一）创新发展理念的科学内涵

根据《中共中央关于制定国民经济和社会发展第十三个五年规划的建议》，创新是引领发展的第一动力。必须把创新摆在国家发展全局的核心位置，不断推进理论创新、制度创新、科技创新、文化创新等各方面创新，让创新贯穿党和国家一切工作，让创新在全社会蔚然成风。创新发展包括7个方面：培育发展新动力、拓展发展新空间、深入实施创新驱动发展战略、大力推进农业现代化、构建产业新体系、构建发展新体制、创新和完善宏观调控方式。

在我国经济发展进入新常态的背景下，只有通过创新才能从根本上推动发展，所以"创新是引领发展的第一动力"。从层次而言，创新发展理念主要包括三个层次：技术创新、制度创新、理念创新。技术创新，主要是行为层次的创新，包括生产技术等，主要渠道是科技研发。制度创新，是通过改革构建促进发展的制度政策体系。理念创新，则是从更深层次上革新理念，为制度创新、技术创新提供认识基础。

（二）两山理论与创新发展的关系

两山理论简要形象地阐述了生态保护与经济发展实践的关系，要求正确树立对待人与自然关系的伦理态度，正确认识"绿水青山"的价值，采取合适的保护与利用行为，实现"绿水青山就是金山银山"的境界。

从技术创新层次来看，两山理论要求以更为资源节约、环境友好的生产技术来利用绿水青山资源。所以，技术创新，特别是与资源环境有关的创新，是具体践行两山理论的关键环节。当然，我们需要特别注意技术进步的双刃剑。一方面，技术进步提高了利用生态环境资源的效率，另一方面，技术进步提高了人类利用生态环境的能力和规模。从经济理论来看，技术进步具有收入效应和替代效应两种相反的作用。技术创新过程中，要引导促进两山的技术创新应用活动，适当抑制不利于两山的技术创新应用活动。西方文化片面强调用一切科技手段战胜自然，对自然无穷尽地掠取，以获得更多财富。东方文化主张"天人合一"，人同自然、文明同生态、经济同环保是统一、和谐、相辅相成的。习近平同志关于生态文明的论述和观点无不包含着深刻的辩证理念。在论及经济增长和环境保护的关系时，习近平同志非常强调创新的观点。他反对走先污染后治理，用牺牲环境换取经济增长的老路，要求创新思维。他把环境保护的本质，看成是经济结构、生产方式、消费方式之问题，并主张把环境治理同我国的国情与发展阶段相结合。这就要呼唤新理念、新思路、新方法。

从制度创新层次来看，两山理论所阐述的生态环境保护与利用行为中，从经济学角度来看，广泛存在外部性、公共物品等情形。例如，恢复森林、草地、湿地等生态系统是具有大量正外部性的行为，而污染排放、毁林开荒则是具有强烈负外部性的行为，改善空气质量则是一个典型的公共物品。根据经济理论，当存在外部性、公共物品时，市场经济很难有效率地配置资源，于是需要政府制定相应的公共政策进行适度干预。这意味着需要制度创新来促进两山理论的具体贯彻

巍巍昆仑脚下，青藏高原腹地，长江、黄河、澜沧江孕育而生。被誉为"生命之源"的三江源，源远流长、生生不息。2016年，青海省肩负起国家生态文明改革先行先试的重要任务，在三江源地区大胆尝试、扎实前行，探路国家公园体制，打造美丽中国"生态之窗"。（新华社记者 吴刚 摄）

执行。例如，习近平反对简单以 GDP 增长论英雄，要把资源消耗、环境损失、生态效益等指标纳入经济评价体系，增加考核权重。对产生严重后果者，要追究责任，且要终身追究。

媒体报道："两山"理论研究取得新成果

【中国科学报 2016-07-13】"绿水青山就是金山银山"论断是习近平总书记的重要生态建设思想。北京林业大学经管学院专门组建"两山"项目团队，系统研究总结"两山"思想体系及其理论涵义，对实践探索进行调研分析，研究共性规律，取得了可喜成果。

项目组重点梳理了"两山"理论的发展历程；从经济学视角深入剖析"两山"论断的内涵及理论；总结浙江、云南等地的实践探索，检验完善构建理论体系；有针对性地提出用"两山"理论指导实践的政策建议。

课题组多维度地解析了"两山"论断的理论内涵。专家认为"两山"论断是辩证统一论、生态系统论、顺应自然论、民生福祉论和综合治理论的有机结合，是人与自然和谐发展的马克思主义中国化的最新成果，体现了中国发展方式绿色化转型的本质要求。专家强调，要努力跨越"用绿水青山去换金山银山"的传统消耗性利用发展初级阶段，要加快向"既要金山银山，也要绿水青山"和"绿水青山就是金山银山"的绿色发展更高阶段的转型。

研究人员分析了实现"两山"转型发展的主要驱动力。通过微观经济学层面的理论分析，专家认为社会对绿水青山需求驱动、国家绿色发展公共政策导向、绿水青山资源非消耗性利用技术的进步、生态产品服务市场化的进程是"两山"转型发展的关键主要驱动要素。

项目组研究提出，自然资源产权的明晰是"两山"理论制度构建的关键任务之一。研究认为，自然资源产权的明晰，对于经济可持续发展、人力资本积累和生态产品供给都有重要影响。要高度重视自然资源产权的明晰在生态文明制度构建中的基础性地位。要进一步明确自然资源产权，建立完善的保障体系，形成多元化的自然资源经营主体。

专家们提出，各地应将"两山"之路与产业绿色转型有机结合起来，创新发展模式。项目组通过剖析浙江、云南等多地实践探索，提出要坚持因地制宜利用当地的生态资源环境，探索适应不同产业和经营主体的生态友好型和环境保护型发展新模式。

经济管理学院院长陈建成教授称，研究团队将通过"两山"论断理论与实践的深入研究，进一步充实生态文明建设的理论体系，准确把握生态文明建设的客观规律，有效指导各地的生态文明建设。

（铁铮、田阳）

从理念创新层次来看，两山理论具有丰富的文化、哲学内涵，从理念上继承并推进了相关理念创新。两山理论是对马克思主义中国化进程中生态思想的发展和深化，充满了理性的哲学思辨。两山理论是马克思主义唯物辩证法的生动体现，"两座山"之间既有矛盾，又辩证统一。其中蕴含着对立统一的规律，也反映了从否定"绿水青山"的野蛮发展，到保护"绿水青山"的科学发展，其过程中蕴含的否定之否定规律，揭示了事物发展的前进性与曲折性的统一，反映了人们正确认识事物发展的曲折路径，反映了人类对于人与自然关系理解的深化。因而，两山理论是一种生态文化，这一生态文化开创了马克思主义中国化的新阶段。两山理论对人与自然关系的理性哲学思辨，为经济增长方式转变、发展观念进步、人与自然关系的调整和趋向和谐奠定了基础。关于对待自然的态度，十八大特别提出了尊重自然、顺应自然、保护自然的生态文明理念。

二、两山理论与协调发展理念

（一）协调发展理念的科学内涵

根据《中共中央关于制定国民经济和社会发展第十三个五年规划的建议》，协调是持续健康发展的内在要求。必须牢牢把握中国特色社会主义事业总体布局，正确处理发展中的重大关系，重点促进城乡区域协调发展，促进经济社会协调发展，促进新型工业化、信息化、城镇化、农业现代化同步发展，在增强国家硬实力的同时注重提升国家软实力，不断增强发展整体性。

协调发展包括三个方面：推动区域协调发展、推动城乡协调发展、推动物质文明和精神文明协调发展。

协调发展具有丰富的内涵，在五大发展理念中，协调发展理念主要指的是区域之间的协调发展、城乡之间的协调发展、物质文明和精神文明之间的协调发展。

我们在社会事业发展、生态环境保护、民生保障等方面还存在着一些明显的短板，为此，我们要牢牢把握中国特色社会主义事业总体布局，正确处理发展中的重大关系问题。协调发展是全面建成小康社会之"全面"的重要保证，是提升发展整体效能、推进事业全面进步的有力保障。坚持区域协调、城乡一体、经济与社会发展相适应、注重环境问题、学习国外经验，旨在补齐发展短板，解决发展不平衡问题。

（二）两山理论与协调发展的关系

两山理论要求生态保护与社会经济之间协调发展，这也是协调发展理念的重要内容。改革开放四十年来，中国经济总量跃居世界第二位，但伴随工业化、城镇化快速推进，也付出了资源环境代价。沙尘暴、雾霾、水质污染等问题频发；石油、高品位铁矿等战略性资源短缺。同时，在使用这些资源时也产生了大量污染，这一系列连锁问题说明传统发展模式难以为继。"绿水青山"是经济社会发展的根基，没有"绿水青山"就谈不上"金山银山"。

其一，两山理论解释了保护自然环境的必要性。"绿水青山"从古到今都是人类发展的根本基础，人类依靠自然才能为自己提供更加舒适的生存环境。对于自然要怀有敬畏之心，过去很长一段时间，我们片面强调人对自然的主体作用，毁田造房、毁林造厂、填海造地等行为层出不穷，我们违背大自然循环的基本规律，想要宣称人类是地球的主人，结果最后大自然都报复了我们。谁也不是地球的主人，地球上的各个要素和谐相处、协调发展才是可持续之道。大自然的循环是十分巧妙的，人类肆意去破坏其中的一环，到头来受到伤害的还是人类本身。只有"绿水青山"的存在，人类才有可能再去探讨如何实现"金山银山"。

其二，两山理论充分说明了人与自然的协调关系。习近平总书记在党的十八届三中全会作关于《中共中央关于全面深化改革若干重大问题的决定》的说明时，深刻揭示了这种"天人合一"的生态关系。他说："山水林田湖是一个生命共同体，人的命脉在田，田的命脉在水，水的命脉在山，山的命脉在土，土的命脉在树。"山、水、林、田、湖作为生态要素，与人存在极为密切的共生关系，人与自然共同组成了一个有机、有序的"生命共同体"，其中任何一个生态要素受到破坏，人类都难以生存和发展。人类只有与资源环境相协调，和睦相处，才能继续生存和发展。

两山理论的实践主要在于农村地区，如何通过践行两山理论保住农村地区的"绿水青山"，并且把农村地区的"绿水青山"变为农村的"金山银山"，则是非常重要的。这也是协调发展理念中城乡协调发展的应有之义。

以林业发展为例，林业是我国农村经济发展的重要载体，同时林业是我国生态建设的主战场。新一轮集体林权制度改革之后，集体所有的林地、林木承包经营到户。对于农户而言，如何经营林地、林木成为一个重要问题。从社会的角度来看，希望综合发挥集体林业的经济效益、社会效益、生态效益。长期以来，森林生态效益的发挥是以限制森林资源的利用、限制林业经济的发展为代价。这一发展模式限制了森林资源丰富地区的社会经济发展。如何通过改善森林生态状况来获得经济收入，成为当前林业发展的重要命题。特别是，我国广大林区仍然面临着生态环境良好、但是经济发展水平不高的困境。林区的脱贫致富，也是补足贫困短板、实现全面小康的重要内容。在生态文明建设背景下，随着资源环境约束趋紧、环境承载力逼近甚至达到上限，林业的发展必须以发挥生态效益为前提。在这样的背景下，对于广大贫困林区而言，脱贫致富的唯一出路是在保障"绿水青山"的前提下带来"金山银山"。从五大发展理念来看，农村地区林业发展是促进城乡协调发展的重要内容，从两山理论来看，农村地区林业发展也是贯彻落实两山理论，实现"绿水青山就是金山银山"共赢发展的重要实践。

媒体报道：北林大专家深入研究"两山"理论

【中国绿色时报 2016-04-01】入选由中宣部、中组部组织评选的"四个一批"理论界人才的北京林业大学教授陈建成，在"四个一批"工程的资助下，将启动"两山"理论与林业市场经济研究。

陈建成说，习近平总书记"绿水青山就是金山银山"的理论是当前推进生态文明建设的重要指导思想。建设生态文明必须把发展林业作为首要任务，应对气候变化必须把发展林业作为战略选择，解决"三农"问题必须把发展林业作为重要途径。陈建成带领团队搜集了大量践行"两山"理论的案例，发现市场是最重要的助推力之一。

在对森林资源市场化研究的基础上，他将对林业市场经济理论以及市场在践行"两山"论断中的作用进行深入研究。他表示，将科学深化林业定位，运用利益相关者理论探讨林业市场各主体之间博弈关系，分析林业市场要素配置与效益，寻找林业市场化路径，为林业市场各主体决策提供理论依据，为促进"两山"理论的升华和中国生态文明建设的健康推进提供市场路径。

陈建成是北京林业大学经济管理学院院长、国务院农林经济管理学科评议组成员、全国重点培育学科林业经济管理学科带头人，是我国林业经济、绿色经济与管理知名专家。"四个一批"工程旨在培养造就包括一批全面掌握中国特色社会主义理论体系、学贯中西、联系实际的理论家在内的杰出人才，陈建成是全国林业高校唯一入选者。

（铁铮）

福建省福鼎市磻溪镇赤溪村村民黄步和给放养在竹林里的鸡喂食（新华社记者 林善传 摄）

三、两山理论与绿色发展理念

（一）绿色发展理念的科学内涵

根据《中共中央关于制定国民经济和社会发展第十三个五年规划的建议》，绿色是永续发展的必要条件和人民对美好生活追求的重要体现。必须坚持节约资源和保护环境的基本国策，坚持可持续发展，坚定走生产发展、生活富裕、生态良好的文明发展道路，加快建设资源节约型、环境友好型社会，形成人与自然和谐发展的现代化建设新格局，推进美丽中国建设，为全球生态安全作出新贡献。绿色发展包括6个方面：促进人与自然和谐共生、加快建设主体功能区、推动低碳循环发展、全面节约和高效利用资源、加大环境治理力度、筑牢生态安全屏障。

绿色发展的主要内涵是节约资源、保护环境，构建人与自然和谐共生的关系，促进社会经济的永续发展。

绿色发展理念，要求坚持绿色富国、绿色惠民，为人民提供更多优质生态产品，推动形成绿色发展方式和生活方式，协同推进人民富裕、国家富强、中国美丽，所追求的正是人与自然和谐发展。这一理念，体现了中国作为负责任大国的历史担当，是中华民族对世界发展的郑重承诺和重要贡献。

（二）两山理论与绿色发展的关系

我国的社会经济发展实践表明，以牺牲"绿水青山"为代价换来的"金山银山"，资源将支撑不住、环境容纳不下、社会承受不起、发展难以持续，最终也要为修复环境付出更大的成本。以前一些地方没意识到资源环境的重要，一味追求经济增长，只要"金山银山"，不管"绿水青山"，造成经济增长与资源环境的矛盾日趋尖锐。在今天，"绿水青山"就是财富，就是可持续发展的前提；没有"绿水青山"，就没有"金山银山"。"绿水青山"是发展绿色经济、低碳经济的巨大资本。面对资源约束趋紧、生态系统脆弱的现状，必须保护好生存之基、发展之本。保护生态环境，关系最广大人民的根本利益，关系中华民族发展的长远利益，是功在当代、利在千秋的事业，必须清醒认识保护生态环境、治理环境污染的紧迫性和艰巨性，清醒认识加强生态文明建设的重要性和必要性，以对人民群众、对子孙后代高度负责的态度，加大力度，攻坚克难，全面推进生态文明建设，实现中华民族永续发展。

两山理论与绿色发展的关系，在目标上，二者是一致的，都是促进人与自然和谐共生、社会经济永续发展；在内涵上，两山理论更为丰富，具有除了绿色发展理念之外的其他意蕴；在手段上，两山理论阐述较少，而绿色发展理念有具体的手段提供支撑。

总体而言，在理念层次上，两山理论与绿色发展理念是一致的。两山理论体现的是"绿色发展"。绿色发展体现的就是人与自然的和谐发展，是协调人与自然关系的最终途径。也就是说，要想全面建设生态文明就必须通过绿色发展。自从生态危机爆发以后，人与自然的冲突问题已经引起全社会高度关注。绿色发展、建设生态文明也已经成为关系经济社会持续发展的战略问题。因此两山理论所体现的绿色发展也终会变成人与自然由冲突走向和谐的未来方向。"金山银山"和"绿水青山"既是矛盾的，也是相互依存的，是对立统一的双生概念。"绿水青山"和"金山银山"既有本质上的区别，又存在相互转化的可能，而这种转化的途径必然是绿色发展。只有通过绿色发展，才能实现"绿水青山"源源不断向"金山银山"转化，否则都是"竭泽而渔"式的暂时利益。同时，"绿水青山"持续不断地转化为"金山银山"需要良好的生态环境的支持，因此，兼顾生态环境的绿色发展成为满足人类社会发展需求的先决条件和必要途径。不难看出，绿色发展就是生态文明建设、可持续发展和科学发展的统一。"绿水青山就是金山银山"就是对如何正确处理快速发展与持续发展关系所作出的理性考量。因此，要想实现"绿水青山就是金山银山"的转变，建设人与自然高度和谐的生态文明社会，就必须要坚持走资源节约型、环境友好型的绿色发展道路，就必须坚持走既有生机盎然的"绿水青山"，又有物质丰富的"金山银山"的绿色发展道路（赵建军、杨博，2015）。

两山理论是中国特色社会主义生态文明理论的重要组成部分。中国特色社会

桂林市雁山区东山村农民在田间劳作，与桂林秀美的景色构成一幅美丽的田园风光图（新华社记者 王暄荣 摄）

主义生态文明就是全面落实"以人为本、执政为民、可持续发展和尊重自然、顺应自然、保护自然的生态文明理念"，而且还要努力建成资源节约型、环境友好型的新型社会，最终实现具有中国特色社会主义特点、长期和谐发展的生态文明。五大发展理念的绿色发展理念"坚持绿色发展，推进美丽中国建设"，这不仅是确定了发展理念的新高度和新定位，而是有了更加务实、有的放矢的发展工具与手段，从而使一张人与自然和谐发展的蓝图实现了具体化。党的十八届五中全会的一系列顶层设计，如"推动低碳循环发展，建设清洁低碳、安全高效的现代能源体系"，"构建科学合理的城市化格局、农业发展格局、生态安全格局、自然岸线格局"，不仅指明了现代能源体系就是以绿色能源为基础，还指明了城市化、农业现代化、生态安全化、自然岸线合理化的全面绿色发展新格局。在环境治理方面，提出了"实施山水林田湖生态保护和修复工程""实行最严格的环境保护制度"等，就是要从严治理环境，实现环境质量总体改善。这些都是以绿色发展理念为指导，践行两山理论的理念。

四、两山理论与开放发展理念

（一）开放发展理念的科学内涵

根据《中共中央关于制定国民经济和社会发展第十三个五年规划的建议》，

开放是国家繁荣发展的必由之路。必须顺应我国经济深度融入世界经济的趋势，奉行互利共赢的开放战略，坚持内外需协调、进出口平衡、引进来和走出去并重、引资和引技引智并举，发展更高层次的开放型经济，积极参与全球经济治理和公共产品供给，提高我国在全球经济治理中的制度性话语权，构建广泛的利益共同体。开放发展包括六个方面：完善对外开放战略布局，形成对外开放新体制，推进"一带一路"建设，深化内地和港澳、大陆和台湾地区合作发展，积极参与全球经济治理，积极承担国际责任和义务。

十八届五中全会从全球视野思考中国发展问题，提出要坚持开放发展。开放发展理念的提出既向世界表明了"中国开放的大门永远不会关上"的立场，继续坚持对外开放的基本国策，又揭示了"中国经济的命运与世界的命运息息相关"的内在共赢逻辑。开放发展理念正是在深入把握国际国内发展大势的基础上提出来的。它所倡导的对外开放，不是对过去做法的简单重复，而是要以新思路、新举措发展更高水平、更高层次的开放型经济；既立足国内，充分发挥我国资源、市场、制度等优势，又更好利用国际国内两个市场、两种资源，以开放促改革、促发展、促创新，与世界各国互利共赢、共享发展成果。

（二）两山理论与开放发展的关系

开放发展可以在超越国界的更大范围内更有效地配置各类要素资源，提高资源生产率，从而提高经济发展水平和社会福利。而两山理论要求正确处理好生态环境保护和经济发展的关系。关于二者的关系，可以从四个方面分析。

其一，开放发展对于"绿水青山"具有正反两方面作用。某种程度上，开放发展类似于技术进步。同样，开放发展对于两山也具有两方面作用。一方面，开放发展提高了各类经济资源的生产率，这有利于节约资源；另一方面，开放发展势必扩大各类经济规模，这又可能消耗更多的资源、排放更多的污染。为了正确引导开放贸易，需要加强对国内资源、环境相关的管理手段。

我国目前发展方式还较为粗放，为了保住我们的"金山银山"，必须走一条经济效益好、资源消耗少、环境污染低、科技含量高的绿色发展道路。在充分保护发展本地生态环境的同时坚持开放发展，全面提升对外开放水平，实行更加积极主动的开放战略，坚定不移提高开放型经济水平，坚定不移引进外资和外来技术，坚定不移完善对外开放体制机制，吸引外界科技、人才、资金等以加强各方面的交流与提升，充分发挥区位交通、产业基础、市场腹地、政策叠加等组合优势，全面提升对内对外开放水平，发展更高层次的开放型经济。

开放发展要提高引资质量，要适应我国经济发展方式转变的要求。注重学习国际前沿的生态环境治理知识、先进的生态管理知识，培养高素质的环境管理人才，为我国的绿色发展添加更强动力。我国作为发展中国家的领头羊，有责任和义务将我们绿色发展的先进理念传递给更多的发展中国家，避免其他发展中国家也走上先污染后治理的老路。推进"一带一路"建设，促进国际要素合理流动、资源高效配置、市场深度融合。更能加深国家之间生态方面的合作，共同实现绿色发展。

其二，开放发展过程中，存在过度消耗资源环境的倾向。各个国家为了获得经济生产中的竞争优势，有可能会制定更为宽松的资源环境政策，即"向底线赛跑"，这也会对"绿水青山"带来不利的影响。为了应对这一问题，一方面要加强国内的自然资源与环境政策，另一方面也要通过积极参与国际经济治理，通过国际合作来遏制过度消耗资源环境的行为，从而促进国内两山共赢发展，同时，也有利于全球范围内生态保护与经济发展之间的和谐共生。

至 2015 年底，贵州高速公路通车里程突破 5100 公里，实现 88 个县（市、区）"县县通高速公路"的目标，成为我国西部地区第一个实现"县县通高速公路"的省份。贵州形成了 15 个高速公路出省通道，快速融入"一带一路"、长江经济带、成渝经济区、泛珠经济区与周边经济圈，成为助推贵州经济快速发展的"加速器"。图为榕江县到三都县境内的乡村公路（新华社记者 吴吉斌 摄）

其三，开放发展过程中，积极承担国际责任和义务，有利于促进全球环境议题上两山理论的贯彻执行。随着我国经济发展水平的提高、经济总量的扩大，我国在国际经济治理中的角色更加重要，与之俱来的是国际政治、外交地位的上升，从而需要承担更多的国际责任和义务。在全球气候变化、生物多样性保护等全球性环境议题上，我国也会积极承担相应的责任义务，不仅有利于促进我国国内两山共赢发展，也有利于全球范围内的可持续发展。

其四，国内两山理论实践也有助于提高国际竞争力，促进开放发展。习近平总书记指出，保护环境就是保护财富，就能带来更多的财富，就能推动经济社会又好又快发展。当前，生态环境已经成为一个国家和地区综合竞争力的重要组成部分，良好的生态环境对高科技人才的吸引力、对现代产业的支撑力越来越强。保护好"绿水青山"，就能保护好具有中国特色的风景，保护好本土的稀有物种，这些都是可以吸引国际投资的具体内容。

自 2005 年习近平同志在浙江安吉县余村首次提出了"绿水青山就是金山银山"的科学论断，10 多年来，两山理论重要思想引领浙江率先走上开放发展之路。在两山重要思想指引下，浙江既实现了"跳出浙江发展浙江"的目标，又取得了"浙商回归"的巨大成功。以浙江为例，可以看出在两山理论的指导下，开放发展与绿色发展共同促进了浙江地区的生态开放发展经济，不仅为国家统筹区域发展作出了贡献，而且也延伸了浙江的产业链，推动了浙江产业的梯度转移，促进了资源要素的合理流动和优化配置。

五、两山理论与共享发展理念

（一）共享发展理念的科学内涵

根据《中共中央关于制定国民经济和社会发展第十三个五年规划的建议》，共享是中国特色社会主义的本质要求。必须坚持发展为了人民、发展依靠人民、发展成果由人民共享，作出更有效的制度安排，使全体人民在共建共享发展中有更多获得感，增强发展动力，增进人民团结，朝着共同富裕方向稳步前进。共享发展包括 8 个方面：增加公共服务供给、实施脱贫攻坚工程、提高教育质量、促进就业创业、缩小收入差距、建立更加公平更可持续的社会保障制度、推进健康中国建设、促进人口均衡发展。

共享发展理念，坚持以人为本、以民为本，突出人民至上，致力于解决我国发展中共享性不够、受益不平衡问题，彰显了中国化、当代化、大众化的马克思主义发展观。从经验看，随着对经济增长没能带来贫困人口减少这一现象的反思，国际上提出了"基础广泛的增长""分享型增长""亲穷人的增长""包容性增长"等理念。这些理念及其实践，在提高人民生活水平、促进社会公平正义方面取得了一定成效。共享发展理念，正是对这些经验教训的借鉴和超越。

共享发展的内涵是：以推进社会公平正义为前提，以推进扶贫脱贫、缩小收入差距为抓手，以推进区域、城乡基本公共服务均等化为保障，以推进共同富裕为目标。

（二）两山理论与共享发展的关系

致力于促进生态保护与经济发展相协调的两山理论，是在一些特殊地区共享发展的具体实践。

其一，共享发展中的脱贫致富与两山理论的关系。当前，我国仍然有数千万贫困人口需要脱贫才能全面建成小康社会。而这些贫困人口多处于生态环境脆弱地区，或者处于生态环境良好地区但是经济收入很少。对于生态环境脆弱地区，两山理论意味着可以采取政府投入恢复"绿水青山"从而为当地发展提供生态基础，或者采取生态移民的办法使得生态休养和居民收入增加。对于生态环境较好但是收入较低的地区，则需要创新体制机制，将其"绿水青山"转变为"金山银山"，从而提高当地居民的收入，实现脱贫致富。所以，从这一意义上讲，两山理论与共享发展具有一致性。

其二，"绿水青山"的公共物品性质与共享发展具有一致性。两山理论提出良好的生态环境是最普惠的民生福祉。人与自然的关系是人类社会最基本的关系。从人类发展历史来看，生态兴则文明兴，生态衰则文明衰。随着社会发展和人民生活水平不断提高，人民群众对干净的水、清新的空气、安全的食品、优美的环境等的要求越来越高，生态环境在群众生活幸福指数中的地位不断凸显，环境问题日益成为重要的民生问题。正像有人所说的，老百姓过去"盼温饱"现在"盼

一个瑶族家庭的脱贫之路　左图：谢三英从位于瑶山瑶族乡拉片村林场组的旧居小路旁经过；右图：谢三英从瑶山瑶族乡拉片移民新村的公路旁经过。谢三英是贵州黔南布依族苗族自治州瑶山瑶族乡居民。几百年来，谢三英家祖祖辈辈守着贫瘠的土地生活。2012年，她从大山之中搬迁至瑶山瑶族乡拉片移民新村，并依托当地旅游开发的优势，与丈夫一起加入当地的旅游公司
（新华社记者　欧东衢　摄）

环保",过去"求生存"现在"求生态"。习近平同志指出,"良好生态环境是最公平的公共产品,是最普惠的民生福祉。"可见,具有公共物品性质的"绿水青山"本身就是共享发展的一个重要内容。

其三,共享发展中的公平正义对于"绿水青山"的公平正义具有重要意义。共享发展所强调的公平正义,不仅是经济收入方面的公平正义,也就是不仅仅是"金山银山"方面的公平正义,而且包括非货币化方面的公平正义,例如社会保障、公共服务、基础设施等。其中,非货币化的"绿水青山"也是公平正义的一个重要内容。由于收入差距较大,社会群体所处的"绿水青山"也常常难以公平正义,例如,收入较低的人群常常居住在环境质量较差的地方、常常从事对健康损害较大的工作、常常在较为恶劣的环境中生产,这些都不是"绿水青山"方面的公平正义。因此,共享发展要求在非货币化的"绿水青山"方面也不断提高公平正义。

综合分析两山理论与五大发展理念的关系,可见:创新发展理念是促进两山理论实践的重要手段,但是一些技术创新存在双刃剑的风险;协调发展理念在城乡协调发展、人与自然和谐方面与两山理论一致;绿色发展理念则与两山理论高度一致;开放发展理念则与两山理论既存在统一又有部分两面性的关系;共享发展理念方面,在一些具体地方两山理论与实现共享发展目标也是一致的。总体而言,在理念上,两山理论是五大发展理念的一部分;在内容上,两山理论与五大发展理念基本一致,但同时由于社会经济环境系统的复杂性,需要政府在创新、开放方面加以规制才能更好地促进两山理论与五大发展理念之间的一致性;在目的与手段方面,两山理论与五大发展理念互为目标与手段,相辅相成,共同推进我国"五位一体"总体布局和"四个全面"战略布局的实施。

市民在武汉市东湖绿道休闲游览(新华社记者 熊琦 摄)

第四章

基于哲学视角的两山理论的解析

甘肃尕海—则岔国家级自然保护区(张勇 摄)

两山理论内涵丰富、富有哲学意蕴。从哲学视角来看，关于生态保护与经济发展之间关系的阐述，两山理论具有多个维度的哲学意义。本章主要从辩证统一论、系统论、马克思主义生态观、环境伦理观、生态福祉论等维度来解析两山理论的哲学意义。

一、唯物辩证法维度的哲学意蕴

唯物辩证法表明，世界是辩证统一的。一切事物都与周围其他事物有着这样或那样的联系。世界是一个普遍联系的有机整体，没有一个事物是孤立存在的。这就要求用联系的、发展的观点看问题，不能用孤立的、静止的观点看问题。"绿水青山"和"金山银山"似乎属于不同发展领域和范畴，过去我们也曾走过一段以牺牲"绿水青山"为代价，换取"金山银山"的弯路，就是忽略了"两座山"的依存关系。习近平同志用"三个阶段"简明扼要地概括了"两座山"的辩证关系，它们相互依存、相互促进，关系密切，是推动社会全面发展的两个重要因素。一方面，一味索取的结果，只能是导致经济发展资源匮乏，环境恶化，社会可持续发展和人民生活质量都会受到影响。另一方面，一味的保护，也会影响社会经济发展。用联系的发展的观点而不是孤立的、静止的观点看问题分析问题，有利于我们正确处理生态环境保护和经济发展的关系。

唯物辩证法还表明，矛盾就是对立统一，矛盾双方相互依存，并在一定条件下相互转化；主要矛盾和次要矛盾、矛盾的主要方面和次要方面都是相互依存、相互影响的，并且在一定条件下可以相互转化。这就要求在实践中，坚持两点论和重点论相统一的认识方法。习近平同志对我国生态环境问题的一系列指示和论述中，蕴含和体现出了唯物辩证法的矛盾观，为我们指明了在推动社会经济发展过程中，构建生态和谐的重要性和必要性。习近平同志指出，"两座山"之间的关系是辩证统一的："在鱼和熊掌不可兼得的情况下，我们必须懂得机会成本，善于选择，学会扬弃，做到有所为、有所不为，坚定不移地落实科学发展观，建设人与自然和谐相处的资源节约型、环境友好型社会"。习近平同志还指出："保护生态环境就是保护生产力，绿水青山和金山银山绝不是对立的，关键在人，关键在思路。""我们既要绿水青山，也要金山银山。宁要绿水青山，不要金山银

又到橙黄橘绿时，在位于长江三峡库区的"脐橙之乡"湖北省秭归县，一江碧水穿城过，两岸橙香入画来（新华社记者 郑家裕 摄）

山，而且绿水青山就是金山银山。绿水青山可带来金山银山，但金山银山却买不来绿水青山。"这要求我们，正确处理好经济发展同生态环境保护的关系，牢固树立保护生态环境就是保护生产力、改善生态环境就是发展生产力的理念，更加自觉地推动绿色发展、循环发展、低碳发展，决不以牺牲环境为代价去换取一时的经济增长。习近平还进一步强调："小康全面不全面，生态环境质量是关键。要创新发展思路，发挥后发优势。因地制宜选择好发展产业，让绿水青山充分发挥经济社会效益，切实做到经济效益、社会效益、生态效益同步提升，实现百姓富、生态美有机统一。"

唯物辩证法关于普遍联系的观点可以指导人们对生态系统、经济系统及生态经济系统的相互关系的把握；关于永恒发展的观点可以指导人们对经济、社会、生态发展规律的把握；关于对立统一规律可以指导人们对经济发展与生态保护的矛盾及其冲突的把握；关于质量互变规律可以指导人们对生态环境容量的有限性、生态环境质量的可逆性或不可逆性的把握；关于否定之否定规律可以指导人们对"人不敌天—天人合———人定胜天—天人和谐"等生态变迁和生态创新规律的把握。两山理论充分展示了唯物辩证法的精髓，是唯物辩证法的生动体现（沈满洪，2015）。

二、系统论维度的哲学意蕴

系统论与还原论是两种不同的思维范式。系统论的核心思想是系统的整体观念。系统论的基本思想方法，就是把所研究和处理的对象，当作一个系统，分析系统的结构和功能，研究系统、要素、环境三者的相互关系和变动的规律性。还原论则是主张把高级运动形式还原为低级运动形式的一种哲学观点。还原论认为每一种现象都可看成是更低级、更基本的现象的集合体或组成物，因而可以用低级运动形式的规律代替高级运动形式的规律。

两山理论将自然生态环境、人与自然的关系作为一个整体来考虑，体现了系统论的哲学思维方式。从系统论来看，两山理论主要体现在两个方面：一个是将生态环境与社会经济发展作为一个系统来整体分析；另一个则是社会经济发展目标的整体性。

在人类社会发展的历史进程中，人类一刻都不能脱离与自然之间的复杂互动关系的约束和影响。在既往工业文明发展带来较为严重的生态环境后果以后，人类经由这种"试错"，才开始更加理性地面对人与自然之间的关系状态，并且逐步认识到人类社会发展不仅需要社会系统内部各个领域之间保持内在的协调与平衡，而且还需要与自然界之间形成良性的互动关系。严格说来，人与自然的关系，其实也就是"人—社会—自然界"的关系。因此，在社会发展的价值准则上，就应当注意把系统整体的意涵凸现出来，要将人类社会看作是一个贯通自然、人和社会这三个层面基本元素的复合系统，要深入把握自然界的持续运行、人类行为活动展开和社会文明进步这三者的内在联系。

两山理论将生态环境与社会经济发展作为一个整体来进行分析。生态是生物与环境构成的有机系统，彼此相互影响、相互制约，在一段时期处于相对稳定的动态平衡状态。人类只有与资源和环境相协调，和睦相处，才能生存和发展。习近平在党的十八届三中全会上作《关于〈中共中央关于全面深化改革若干重大问题的决定〉的说明》时指出："我们要认识到，山水林田湖是一个生命共同体，人的命脉在田，田的命脉在水，水的命脉在山，山的命脉在土，土的命脉在树。"其中，他把人、田、水、山、土、树等因素作为一个有机整体来论述和看待，主张经济发展与生态文明建设中的资源用途管制和生态修复必须遵循自然规律；相反，如果种树的只管种树、治水的只管治水、护田的单纯护田，就很容易顾此失彼，最终造成生态系统性的破坏。

两山理论将社会经济发展目标从单纯的经济产出提升为综合发展目标。"绿

甘肃武威市天祝县境内的祁连山国家级自然保护区景色（新华社记者 范培珅 摄）

水青山就是金山银山"的表述，对"绿水青山"作为一种最基本公共福祉和社会发展目标地位的确认，既体现了对改革开放以来社会主义现代化发展内涵丰富性的更深刻认识，也是对于仍然深陷其中的明显不可持续的发展理念、发展模式与发展阶段的反省反思，归根结底则是对于现代物质文明社会中自然生态独特功用或者价值的时代发现。

三、马克思主义生态观维度的哲学意蕴

一般地，马克思主义的生态观，是马克思主义的辩证唯物主义和历史唯物主义理论体系的内在组成部分，可以将其概括为三个基本观点：一是唯物主义的生态自然观，二是实践辩证的历史自然观，三是未来社会是人、自然与社会和谐统一的新社会或"资本主义社会的历史性替代"（郇庆治，2016）。

"绿水青山就是金山银山"是马克思主义生态观的生动体现。人与自然和谐发展是马克思主义生态自然观的根本要求，而绿水青山就是金山银山则是马克思主义生态自然观在当代的具体体现（赵建军、杨博，2015）。人类从野蛮跨进文明，从农耕文明走向现代工业文明，一直都经历着从适应自然到利用自然、再到改造自然的过程。近现代以来的工业化、现代化把人类推向了自然的对立面，尽管人类文明程度大大提升，但同时对自然的毁坏也与日俱增，人类付出的是绿色代价，

甚至是生命代价。正像恩格斯所说"我们不要过分陶醉于我们人类对自然界的胜利。对于每一次这样的胜利，自然界都对我们进行报复"。

习近平同志所讲的"绿水青山"就是"金山银山"，实质上指明了马克思主义生态自然观下人类生存、发展的前提基础与价值归宿的关系。"绿水青山"是人类活动所处的自然环境，而"金山银山"指的就是人与自然的协调发展。习总书记赋予两山以更加深刻的实践内涵，将对自然环境的态度置于人与自然协调发展的目标之内考虑，"绿水青山"放置不理就只是自然的生态系统，不对人类社会发展具有太多的社会价值，不符合人类发展的理念，但是如果将"绿水青山"通过人类有意识的科学实践就必定会变成满足人类发展理念，并为人类社会发展提供更多价值的人工生态系统"金山银山"。也就是说由"绿水青山"到"金山银山"就是一个"人化自然"的过程。

习近平同志所提出的"绿水青山就是金山银山"，是人与自然和谐关系的当代体现，且寓意深刻。"绿水青山"如果放置不理就只是自然的生态系统，尚未体现有益于人类的社会价值，这并不是人类文明的旨意。但如果以损害"绿水青山"为代价一味去追求"金山银山"，也只能是昙花一现，难以持续。正是对人与自然这一对矛盾相互关系的深刻把握，习近平同志指出"绿水青山和金山银山既会产生矛盾，可又辩证统一"。这里强调的是人与自然双重价值共融共生，把自然的价值作为人类价值实现的基础和前提。因为"绿水青山可以带来金山银山，但金山银山却买不到绿水青山"。

漫画：新"名片"。"绿水青山就是金山银山"。近年来，绿色发展、生态保护成为中国展示给世界的一张新"名片"。中国正以自己的理念和行动探索新的发展模式，助力全球生态文明建设（新华社发 翟桂溪 作）

"绿水青山就是金山银山"作为当代马克思主义生态自然观的最新理论成果，是指导中国实现中华民族绿色崛起的重要思想理论法宝，是指向未来绿色发展的价值观和发展理念。

人类发展已经开始探索"后工业文明"的全新文明发展形式——生态文明。在这之前的所有文明发展方式都是人与自然在进行着冲突，人类在不断改变自然，自然则对人类的扰动进行着报复。生态系统作为一个内在联系紧密的整体，其每一部分发生变化都会带来意想不到的结果。而在"绿水青山就是金山银山"这句话中，我们看到了无穷的哲理。这是一条人与自然关系的未来走向，可以实现人与自然的和谐共存。"绿水青山就是金山银山"就是马克思主义中国化在人与自然和谐发展方面的集中体现。

四、环境伦理观维度的哲学意蕴

从伦理学视角来看，研究人与自然的关系首先要回答的是"人对自然应该采取一个什么态度"。目前学界有两类观点：第一类是人类中心主义，包括强人类中心主义和弱人类中心主义，强人类中心主义就是一切都要为人类发展服务，人类是世界的中心；弱人类中心主义是指为了社会发展更长远的利益，人类在发展过程中也要考虑到其他因素。第二类是非人类中心主义，这种观点认为自然与人一样，具有内在价值，自然的内在价值不依赖于人而存在。

面对着生态问题的严峻形势，反思得到自然资源是具有内在价值的。著名哲学家罗尔斯顿就在《哲学走向荒野》中充分肯定了这一点："价值是在真实的事物（往往是自然事物）上体现出来的，这就证实了这样一种观点：有时在进行价值判断时，我们部分的是在进行一种认知，在自己进行鉴赏的头脑中录入外部世界的一些性质，如大峡谷的美学性质。"应抛弃以人类利益作为终极价值尺度的观点，建立以人类与自然界的和谐为最高价值尺度的非人类中心主义的观点，实现人类利益和自然界利益的统一。非人类中心主义的观点，在很大程度上克服和超越了人类中心主义的狭隘性和局限性，将伦理道德关系的考量对象扩及人类自身以外的整个自然界。这样一来，就使得尊重自然权利的理念得以确立并传播开来，成为人类价值理念的一个至关重要的进步和飞跃。尊重自然的生态伦理理念提醒并要求人类自身，不仅要对自然权利的价值和意义给予肯定和确认，而且还要通过约束和调控自身的行为活动，承担起协调人与自然的关系和维护生态环境平衡的主体责任（李一，2016）。

两山理论是人与自然双重价值的实现。人类自身价值与生态环境的自然价值在人类社会发展的过程中不可偏废。人类在过去的社会发展模式下或者只看到自身的价值所在,犯下人类中心主义的错误,或者在发现自然价值以后只保护环境而不谋取发展,错失了社会前进的大好时机,这都不是人类社会与自然环境和谐一致持续发展的正确模式。因此,摆在人类面前的就必须是要走一条可以实现人与自然双重价值的发展道路。绿色价值观下,两山理论体现的就是生态文明的社会形态,"绿水青山"是自然,"金山银山"是发展,二者之间源源不断持续转换。"绿水青山就是金山银山"的论断对人类社会进行了全面的价值观重构,实现了人类价值观与自然价值观的和谐统一,进而通过绿色发展实现了人与自然的双重价值(赵建军、杨博,2015)。

两山理论要求正确认识"人与自然"的关系。对此,党的十八大报告已经做了清晰的论述:"尊重自然、顺应自然、保护自然";"节约优先、保护优先、自然恢复为主的方针";"控制开发强度,给自然留下更多修复空间";"更加自觉地珍爱自然,更加积极地保护生态"等,这些都是发展意识形态中的崭新元素,都是正确认识人与自然关系的基础。十八大之后,习近平总书记仍然多次强调,要常怀敬畏之心。发展必须是遵循自然规律的可持续发展。2013年5月24日,习近平总书记在中央政治局第六次集体学习时指出,"要正确处理好经济发展同生态环境保护的关系,牢固树立保护生态环境就是保护生产力、改善生态环境就是发展生产力的理念"。

福建省罗源县碧里乡濂澳村的灰鹳。 福建省罗源县碧里乡濂澳村因村庄的后山上常年栖息着数千只灰鹳,被人们称为"灰鹳村"。说起村里的"鸟"事,在此生活了50多年的村委会主任周珠安显得格外兴奋:"灰鹳是村里的金山银山,保护好灰鹳就是保护金山银山!"(新华社记者 梅永存 摄)

五、生态福祉论维度的哲学意蕴

两山理论特别强调了"绿水青山"在社会民生中的"生态福祉",而且是最公平的公共物品。

福祉,度量了人们从消费各种产品中获得的总的效用,这些产品不仅包括通过市场上购买到的产品和服务,也包括不是通过市场上获得的产品和服务。从根本意义上来说,人类发展的主要目标就是提高人们的福祉。

人们从生态环境中获得的各种生态系统服务,是带来福祉的一个重要来源。例如,良好的生态环境可以愉悦心情带来福祉;反过来讲,差的生态环境,例如被污染的空气、水体,不仅不会给人带来愉悦的心情,还会对人体的健康带来真真切切的损害,从而降低人们的福祉。在给人们带来福祉方面,生态环境常常是公共物品,也就是说,每个社会个体在从这些生态环境获得生态福祉的时候都是非排他的、非竞争的。同一个生态环境,可以给很多人带来生态福祉,至少从实物量上来说对每个个体带来的好处是相同的。例如,同一个城市每个人可以获得的空气质量基本上是相同的。因此,生态环境在给人们带来福祉这一方面具有公共物品、公平性。

安徽省五河县八岔村的孩子们在村间小道奔跑。近年来,在地处淮河之滨的鱼米之乡安徽五河县八岔村,村民们在实施新农村示范建设工程中,十分注重节能减排,环保节能意识日益增强,越来越多的农户建起沼气池,装上太阳能,道路两旁栽上花木果树,整个新村成了赏心悦目的生态花园和环保家园(新华社记者 李向前 摄)

关于生态环境给人们带来生态福祉，习近平同志多次强调并且指出"环境治理必须作为重大民生实事紧紧抓在手上"。因为"良好生态环境是最公平的公共产品，是最普惠的民生福祉"。从当代人的生态福祉来看，保护生态环境，关系最广大人民的根本利益；从后代人的生态福祉来看，保护生态环境，关系子孙后代的长远利益，关系中华民族伟大复兴中国梦的实现。为此，习近平同志强调："只有实行最严格的制度、最严密的法治，才能为生态文明建设提供可靠保障。"党的十八大以来，党中央从增进民生福祉出发，制定出台推进生态文明建设的一系列"组合拳"，包括修订实施了史上最严格的《中华人民共和国环境保护法》，制定印发《中共中央国务院关于加快推进生态文明建设的意见》《生态文明体制改革总体方案》，从各个方面健全生态文明制度体系，把环境保护和生态文明建设纳入法制化、制度化、系统化、常态化的轨道。

六、保护生产力维度的哲学意蕴

我们对生态环境与生产力关系的认识，是随着时代的发展而不断进步的。改革开放以来，这种认识大体经历了"牺牲绿水青山得到金山银山""既要绿水青山也要金山银山"和"绿水青山就是金山银山"三个阶段。把生态环境纳入生产力的要素，是对马克思主义生产力学说的重要发展，是对人与自然关系认识的重要提升。马克思主义告诉我们，生产力的发展是推动人类社会发展的最根本力量。社会主义的本质是解放生产力、发展生产力、保护生产力，这样才能够实现永续发展。2013年5月，习近平总书记在中共中央政治局第六次集体学习时指出，"要正确处理好经济发展同生态环境保护的关系，牢固树立保护生态环境就是保护生产力、改善生态环境就是发展生产力的理念。"两山理论的重要诉求，就是要保护绿水青山，就是保护生产力，就是要在生产力的保护中实现生产力的发展，就是要在生产力的发展中促进对于生态环境的保护。两山理论是"保护式"的可持续发展、绿色发展，而不是"征服式"的以牺牲生产力的保护为代价的盲目发展。

事实上，马克思主义的生产力概念，包含自然生产力和社会生产力两个方面（严耕，2013）。自然生产力是最基本的生产力。自然是人类赖以生存和发展的基础，创造了人类文明的基础和前提，给人类提供了生产资料和生活资料。两山理论的重点就是保护自然，保护自然就是保护自然生产力，就是保护生产力本身。在社会生产力中，从生产力主体上看，人是生产力的主体，生产力是人的劳动能力、是人的创造力。人总是在一定的观念指导下从事生产劳动，不同的观念总会带来不同的生产结果。两山理论就是指导人们寻求经济发展的重要指南。只有从事生产力的主体具有正确的保护生产力的意识，才能够实现生产力的保护，要求人们树立生态环境就是经济发展的根本保障这样的生产观念。从生产方式上看，两山理论要求劳动者在保护生态环境、合理利用自然资源方面从手段、方式和方法上进行创新，进一步转变生产方式，从而实现资源优势向经济优势的合理转变。从生产对象上看，两山理论更加注重以生态环境作为生产对象，但这绝不意味着要对生态环境进行破坏和改造，而是注重在保护中进行适度开发，实现经济增长，并且以经济发展来促进生态环境的保护和发展。生产力的活力不仅在于解放和发展，也在于保护，这本身也是对马克思主义基本原理的活学活用。僵化地、片面地追求生产力的解放和发展，其实是对生产力的破坏，无论从历史发展的纵向方面考察，还是从当代国际的横向方面考察，中国生产力的发展，都应该注重生产力的保护，才能够厚植中国发展的优势，保持生产力发展的活力。

在过去以经济发展为中心的发展模式中，忽略了自然生产力，而更加强调人类社会的生产力，从而导致了人类社会对于自然资源的破坏，导致了社会生产力对自然生产力的破坏。中国已经步入经济发展的快车道，进入了改革的深水区和攻坚区，实现中华民族伟大复兴的中国梦以及中国作为世界第二大经济体所承担的大国责任，都要求中国的发展更加趋向合理化，中国必须注重自然生产力和社会生产力的和谐发展，中国特色社会主义建设事业必须在解放生产力和发展生产力的同时，注重保护生产力，必须牢固树立保护生态环境就是保护生产力的理念。近年来，伴随着我国经济的飞速发展，对周边的环境也造成了很大的压力。一些地方盲目地把经济发展作为衡量政绩的唯一指标，为谋求眼前小利和短期效益，弃周边生态环境于不顾，不惜焚林而田、竭泽而渔，对当地的自然环境和生态环境造成了难以逆转的毁灭性破坏。与此同时，自然环境的破坏反过来又制约了当地经济的发展，为此政府又不得不投入巨资来治理当地的环境。从破坏到治理再破坏再治理，这种恶性循环发展模式已经成为制约我国经济社会协调发展以至最终实现可持续发展的决定因素。

当前，有效树立和落实科学发展观是我国经济社会建设中面临的非常重要的问题。追根溯源，保护生态环境就是协调经济发展与环境保护的关系、人与自然和谐共处的关系。如何处理好对生态环境的保护和经济健康可持续发展、实现经济发展与自然资源保护的双赢是摆在我们眼前的重要问题。实际上，在社会发展过程中，只要善于分析利弊，将经济发展与自然资源统一起来，抛弃"高投入、高消耗、高排放、低效益"的粗放型增长方式，坚持走科技含量高、经济效益好、资源消耗低、环境污染少、人力资源优势得到充分发挥的新型工业化道路，因地制宜，转变观念，将开发与保护相结合，就能够实现经济发展与环境保护的双赢。因此，正确处理好经济发展同环境保护的关系，走可持续发展之路，保持经济、社会和环境协调发展,是我国实现现代化建设的战略方针。中国经济快速发展,绿色经济、循环经济成为新世纪的标志。只有树立科学的发展观念,加强生态环境保护,坚持不懈地做好生态环境保护工作,从根本上处理好人与自然、当前和未来利益的关系,落实国家制定的各项生态环境保护和资源开发的措施政策,才能保证经济社会的健康发展,从而全面实现可持续发展的战略要求,满足人民群众的切实需求。

中闽福建莆田平海湾一期海上风电项目的风力机组(新华社记者 宋为伟 摄)

七、人的需求的全面认识维度的哲学意蕴

马斯洛需求层次将人的需求由低到高分为五个层次,分别为生理需求、安全需求、社交需求、尊重需求和自我实现需求,其中生理和安全需求对应的是生存需求,社交和尊重需求对应的是归属需求,自我实现对应的是成长的需求。与马斯洛需求层次理论相对应,马克思主义将人的需求分为自然需求、社会需求和精神文化需求三个层次。

两山理论反映了人的全面需求。

首先是自然需求。马克思认为"我们首先应当确立一切人类生存的第一个前提,也就是一切历史的第一个前提,这个前提是:人们能够'创造历史'必须能够生活。但是为了生活,首先就需要吃、喝、住、穿以及其他一些东西。因此,第一个历史活动就是生产满足这些需要的资料,即物质生活本身"。在这里,马克思指出了人的最初需要是生存的需要(钟美玲、俞志,2015)。绿水青山的建设、生态环境的保护,使人们生活在一个自然资源十分丰富的物质环境中,在这个环境中，人们可以生产满足吃、喝、住、穿以及其他的一些东西，从而满足了自然需求。

其次是社会需求。人的本质属性在于他的社会性，马克思主义的人是处在现实中的人，是一切社会关系的总和，因此人还具有社会需求（钟美玲、俞志，2015）。在人们的基本物质资料得到了满足之后，就会追求社会需求的满足。

社会需求包括三个方面：交往的需要、劳动的需要以及金钱的需要等等。

第一是交往的需要。在马克思关于人的本质理论的叙述中，我们知道，人的本质是一切社会关系的总和。每个人生活在这个社会中，总是处在各种相互交织的关系之中。人的社会关系是个极其复杂的关系，包含生产关系、文化关系以及阶级关系，等等。其中，生产关系是最基本的社会关系，是其他关系的基础。人生活在这个社会，总要与他人产生联系、交往。特别是在当今市场经济条件下，社会分工细化。离开了社会群体，个人是不可能得到生存和发展的。长期的社会隔离会使人丧失人的特性以及许多作为人的能力，"狼孩"的存在很好地说明了这一点（钟美玲、俞志，2015）。通过绿水青山等优势资源开发特色旅游小镇、生态村庄以及科技研发、创意设计等"无烟产业"，在促进地区经济发展的同时，也实现了人们交往的需要，例如通过与游客的交往，使当地人们培养了主人翁意识和生态保护的责任感，同时也加强了不同地域间文化的交流与了解，有利于推动和谐社会的建设。

第二是劳动的需要。劳动是人类谋生的手段，是人获取生活资料的手段，在劳动的过程中产生了语言。根据马克思对于人的概念的论述，人有对自身的需要，这种需要得通过努力从外在于自我的客观对象物中获取。而知觉是人与客观对象物之间发生的直接关系，在此基础上，人再通过劳动活动获取生存生产资料（钟美玲、俞志，2015）。依托当地绿水青山的优势资源，人们因地制宜，发展生态旅游，在这个过程中人们通过付出自己的劳动获取生存所需的生产资料，这满足了人们的劳动需要。

第三是金钱的需要。随着社会交往的发展、生产力的提高，物质产品在满足基本需要之后有了剩余。人类的历史也由物物交换到以货币为中介的等价交换，金钱孕育而生。在现今社会，市场经济高度发展，金钱更成为一种人的需要（钟美玲、俞志，2015）。马克思说："当我想要实物或者因我身体不佳，不能步行，想坐邮车的时候，货币就使我获得食物和邮车，这就是说，它把我的愿望从观念的东西，从它们的想象的、表象的、期望的存在，转化成它们的感性的、现实的存在，从观念转化成生活，从想象的存在转化成现实的存在，作为这样的媒介，货币是真正的创造力。"依托绿水青山等优势资源开发特色旅游小镇、生态村庄以及科技研发、创意设计等"无烟产业"，通过出售当地特色生态环境等公共物品，在保护了环境的同时也为当地带来了收入的增长，促进了地区经济发展，让人们收获了"金山银山"，从而满足了人们金钱的需要。

最后是精神文化需求。在满足了人们自然需求和社会需求后，人们会接着追求更高层次的精神文化需求。人与动物的最大区别在于人是有思想的动物。作为人所从事的一切活动，不仅是为了维持自身生存的需要和发展的需要，人们还具有更高级别的精神文化的需求。文化需求是人们在基本的自然需要与社会需要得到适当满足的前提下产生的更高层次的需要，脱离了精神享受，人会变得物质而无趣（钟美玲、俞志，2015）。首先，"绿水青山"建设满足了人们的审美需求。生态环境如何，不仅事关人们的物质生活，而且也与人们的精神生活、心情状态息息相关。"绿水青山"建设意味着经济发展与生态环境保护协调发展，意味着资源节约型、环境友好型社会的建设，优美的生态环境，可以陶冶人的情操，培养人的性情，让人的生活充满诗情画意，让人们得到美的享受，满足人们的审美需求。其次，"绿水青山"建设满足了人们的生态需求。生态需求是指人们对良好生态环境的需求，"绿水青山"建设是在保护生态环境基础上的对现有资源的整合与利用，建设后的生态环境价值没有降低甚至超越了原有的状态，因此绿水青山建设可以满足人们的生态需求。

综上所述，两山理论主要以"绿水青山"与"金山银山"通俗形象地阐释了生态保护与经济发展之间的关系，同时由于这一关系在人类发展、认识世界等哲学层面的延伸而具有了多个维度的理论意蕴。从这些维度来解析两山理论的意蕴，可以反映出人们在自然需求、社会需求和精神文化需求方面等方面的全面需求，可以更准确理解两山在人类认识中的地位，更好地指导包括生态文明建设在内的"五位一体"总体布局建设，促进我国社会经济的可持续发展。

新疆秋色美（新华社记者 张西安 摄）

第五章

基于经济学视角的两山理论解析

贵州茂兰国家级自然保护区良好的喀斯特森林生态系统（国家林业和草原局保护司提供）

习近平两山理论形象地阐述了生态保护与经济发展之间的关系。本章以生态保护与经济发展之间的关系为对象，以经济理论为视角，解析习近平两山理论的内涵。

一、两山理论经济学视角解析的研究基础

生态环境是社会经济活动赖以生存和发展的基础。生态环境作为自然生态系统具有自身的结构和功能。自然生态系统为社会经济系统提供了多种生态系统服务。社会经济系统则直接利用这些生态系统服务获得福利，或者将这些生态系统服务与资本、劳动力一起投入生产过程得到产品和服务，并通过消费这些产品和服务得到福利。

对于同一生态环境，不同的利用方式将会获得不同的生态系统服务组合。某一个生态系统服务组合中，一些通过市场交易给所有者带来了净收益或者说经济收入，另一些生态系统服务虽然也给社会经济系统带来了福利但是由于不在市场系统内部而没有表现为货币化的价值。这一作用过程如图 5-1。

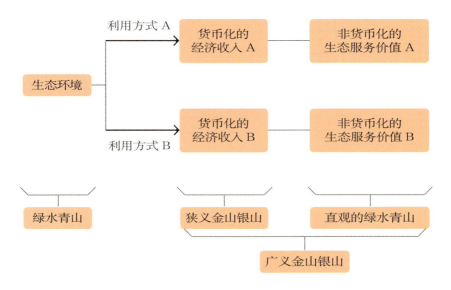

图 5-1 "绿水青山"与"金山银山"的经济含义

媒体报道：用经济理论解析"两山"关系获新成果

【中国科学报 2017-06-07】北京林业大学经济管理学院"两山"理论研究中心用经济理论解析"绿水青山"与"金山银山"之间的关系，取得了新的成果。近日，该中心面向社会发布了研究的最新进展。

为了深入研究"两山"理论，该校专门启动了热点追踪项目"'两山'论断的理论解析与实践模式研究"。

据了解，关于"两山"理论的研究较多地集中于哲学、社会经济发展、人类文明演替等宏观视角以及经验研究上。该中心研究人员则另辟蹊径，从经济理论的视角，运用生产可能性边界、无差异曲线等分析工具和消费者选择理论，对区域发展中"两山"之间的关系进行理论解析，从理论上提出"两山"共赢发展的路径，对更好地推进生态文明建设具有重要意义。

王会、姜雪梅、陈建成等研究人员建立了区域发展中决定"绿水青山"数量的理论模型。他们界定了区域社会经济发展视角下"绿水青山"和"金山银山"的基本含义，将整个区域作为一个决策主体，基于生产可能性边界和效用函数构建其决定最优"绿水青山"保留数量的理论模型，分析了相关因素对最优"绿水青山"保留数量的影响。

研究人员的创新主要体现在两个方面。其一，基于经济理论对区域发展过程中"绿水青山"与"金山银山"之间的关系进行了理论解析，以区域"绿水青山"数量最优解的性质解析了二者之间的三种关系；其二，从理论上分析了保留更多"绿水青山"资源、实现"绿水青山就是金山银山"的四种情形，并得出了相应的政策建议。这推进了"两山"相关理论研究，为分析"两山"实践案例提供了基础框架。

研究人员从理论角度提出了增加"绿水青山"数量的政策建议。他们认为，要加大宣传、教育、培训力度，提高社会公众对生态环境重要性和价值的认识，使整个社会更重视生态环境；要扶持"绿水青山"资源利用新技术的研发、推广，特别是非消耗性利用资源的技术；通过引导社会对生态产品与服务的需求，形成对非消耗性利用"绿水青山"资源相关产品和服务有利的市场条件；大力发展不依赖或几乎不依赖"绿水青山"资源的产业，减少对"绿水青山"资源的依赖，并通过收入效应增加"绿水青山"的数量。

（铁铮等）

在基于社会经济活动对生态环境的利用来解析"绿水青山""金山银山"的含义方面：沈满洪（2015）认为，绿水青山实际上就是优质的生态环境，就是与优质生态环境关联的生态产品；金山银山就是经济增长或经济收入。王金南等（2017）认为，"绿水青山"泛指自然环境中的自然资源，绿水青山是自然资产、生态产品与服务。

"绿水青山"具有两个含义。其一，严格来说，"绿水青山"是生态环境，而且是经济系统利用之前的生态环境。也就是说，"绿水青山"所属的范畴是生态环境本身而非经济系统利用下的生态环境；其二，直观上的"绿水青山"通常是生态环境质量较好的地方，这通常对应于更多的非货币化的生态服务价值。后续讨论主要基于"绿水青山"的第一个含义。

"金山银山"也具有两个含义。其一，广义的"金山银山"是生态环境提供的各类生态系统服务的价值；其二，狭义的"金山银山"则主要指经济系统从利用生态环境中得到的净收益即经济收入。为了讨论"绿水青山"与"金山银山"的关系，这里主要基于"金山银山"的第二个含义即狭义的含义。

两山理论的经济解析，在解析"绿水青山""金山银山"含义的基础上，设定"绿水青山"与"金山银山"的技术关系，并用经济理论中的生产可能性边界、无差异曲线来分析其中"绿水青山"与"金山银山"之间的关系。这里首先从区域整体视角进行分析，然后从微观个体视角分析，最后从理论上得出促进"绿水青山就是金山银山"发展的政策建议。

二、区域视角两山理论的经济解析

（一）"绿水青山"与"金山银山"的基本设定

区域视角是将一个区域经济整体作为研究对象，分析其"绿水青山"与"金山银山"的关系。这里首先对一个区域经济整体的"绿水青山""金山银山"进行设定，然后基于经济理论中的生产可能性边界、无差异曲线构建理论解析的基本框架，从而阐释"绿水青山"和"金山银山"之间的关系。进一步地对区域发展历程中"绿水青山"与"金山银山"关系的三个阶段进行理论解析。

下面是基于经济理论分析中的生产可能性边界、无差异曲线构建理论分析的基本框架。在图5-2中，横轴表示"绿水青山"数量（以E表示），纵轴表示"金山银山"的数量（以Y表示），每一个点表示某个"绿水青山"数量和"金山银山"数量的组合。设定"绿水青山""金山银山"都给社会带来福利，即表示社会福利的无差异曲线如图 5-2 中的曲线 I，其满足经济理论中关于无差异曲线的一般假定。

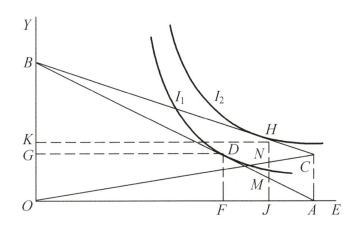

图 5-2 两山理论经济解析的基本框架

"绿水青山"与"金山银山"之间的技术关系是分析的关键设定。一般地，"绿水青山"是获得"金山银山"的必要基础，设定所考察区域在发展的初始时期具有一定的"绿水青山"禀赋，图中以 OA 表示。如何从"绿水青山"获得"金山银山"呢？从生态环境对社会经济的支撑作用来看，一方面生态环境为社会经济提供了自然资源，消纳了废弃物等有形的生态产品，另一方面生态环境为社会经济提供了游憩审美等舒适性资源以及生态支撑功能等无形的生态服务，而且这些支撑作用之间相互影响。可见，社会经济对生态环境的利用分为两种情况：其一，社会经济直接利用自然资源，排放的废弃物消耗了一些生态环境，使得生态环境的数量和质量下降，这里称之为消耗性使用，通过消耗性使用生态环境获得一定的"金山银山"，这就是消耗"绿水青山"获得"金山银山"；其二，社会经济利用生态环境的舒适性资源及生命来支撑其功能，不必消耗生态环境，这里称之为非消耗性使用，在一定的市场条件下，这些功能的使用也可以带来"金山银山"，同时"绿水青山"本身并没有被消耗。

在图 5-2 中，消耗性利用"绿水青山"获得"金山银山"的各种组合以 AB 表示，即此时的生产可能性边界，其斜率为负意味着增加"金山银山"必须减少"绿水青山"，斜率的绝对值为利用一单位"绿水青山"获得"金山银山"的数量；非消耗性利用"绿水青山"获得"金山银山"的各种组合以 OC 表示，即此时的生产可能性边界，其斜率为正意味着增加"金山银山"必须增加"绿水青山"，斜率的绝对值为增加一单位"绿水青山"所能带来的"金山银山"的数量。对于某一区域的"绿水青山"而言，其"绿水青山"禀赋可以一部分用于消耗性利用，另一部分用于非消耗性利用，因此，"绿水青山"禀赋可以获得的总的"金山银山"是这两部分收入之和，总的生产可能性边界在图5-2中以 BC 来表示。

首先，分析该区域在"绿水青山"资源禀赋，消耗性和非消耗性利用技术、社会偏好（以无差异曲线表示）条件下的最优选择问题。首先，仅仅考虑消耗性利用"绿水青山"的情形。为了实现社会福利最大化的目标，该区域必然选择消耗性利用的生产可能性边界 AB 和社会无差异曲线 I_1 的切点 D 进行生产，这时最优的"绿水青山"数量是 OF，消耗的"绿水青山"数量是 FA，获得的"金山银山"数量是 OG。在该情形下，"绿水青山就是金山银山"具有两层含义：其一是一些"绿水青山"OF 直接带来了社会福利，如同"金山银山"可以带来社会福利一样；其二则是一些"绿水青山"FA 变成了"金山银山"OG。

其次，综合考虑消耗性利用和非消耗性利用"绿水青山"的情形。这时该区域在生产可能性边界 BC 的约束下追求最大的社会福利，最优选择是点 H。这时最优的"绿水青山"数量是 OJ，消耗的"绿水青山"数量是 JA；消耗性利用绿水青山 JA 获得的经济产出是 JM，非消耗性利用绿水青山 OJ 带来的经济产出是 JN，二者之和则是 JH，也就是 OK。在该情形下，"绿水青山就是金山银山"同样具有两方面含义：其一，"绿水青山"OJ 直接带来了社会福利；其二，"绿水青山"带来了"金山银山"。这里又包括两个部分，分别是把"绿水青山"JA 变成了"金山银山"JM 和"绿水青山"OJ 带来的"金山银山"JN。

JM 和"绿水青山"OJ 带来的"金山银山"JN。简言之，"绿水青山"是生态环境，而"金山银山"则是通过市场获得的经济收入，二者带来了社会福利。这时，"绿水青山就是金山银山"具有两方面三个含义：一方面，"绿水青山"本身可以带来社会福利，如同"金山银山"带来社会福利一样，所以"绿水青山"相当于"金山银山"；另一方面，"绿水青山"可以带来"金山银山"，包括把"绿水青山"变成的"金山银山"和"绿水青山"带来的"金山银山"两个部分。

（二）区域"绿水青山"与"金山银山"关系演变的理论解析

在这一部分，首先概述区域发展过程中"绿水青山"与"金山银山"之间的关系，进而基于构建的分析框架从理论上阐述二者关系演变的过程。

首先，根据习近平同志对两山关系的论述来概述区域发展过程中二者之间的基本关系。习近平同志先后进行了两次较为系统的阐述：一次是 2006 年 3 月 23 日在《浙江日报》发表的题为《从"两座山"看生态环境》的专栏文章，将"绿水青山"与"金山银山"的内在关系阐述为三个阶段，包括"用绿水青山去换金山银山；既要金山银山，也要绿水青山；绿水青山就是金山银山"；另一次是在哈萨克斯坦纳扎尔巴耶夫大学演讲后回答学生提问时阐述为"既要绿水青山，也要金山银山。宁要绿水青山,不要金山银山,而且绿水青山就是金山银山"。根据以上阐述,结合一些学者已有的概括,可以将区域发展过程中绿水青山与金山银山之间的关系概括为三个阶段:第一个阶段,"用绿水青山换金山银山",即以牺牲一定程度的生态环境为代价来换取经济产出的提高;第二个阶段,"既要金山银山,也要绿水青山;宁要绿水青山,不要金山银山",即随着以牺牲生态环境为代价发展经济模式的继续,尽管获得了越来越多的经济产出,但生态环境质量逐渐恶化,经济发展与环境恶化之间的矛盾逐渐显现,人们认识到追求经济发展的同时也要注意保护生态环境;第三个阶段,"绿水青山就是金山银山","绿水青山"数量不断提高,同时基于"绿水青山"的"金山银山"数量也在不断增加,二者共同推动社会福利进一步提高,从而实现"绿水青山"与"金山银山"共赢发展。

江西遂川"小三峡"热水洲风光 (肖远洋 摄)

其次,基于构建的理论框架阐释一个区域经济从初始生态环境禀赋到逐渐发展过程中两山之间关系的演变。以上构建的理论框架是一个静态模型,为了分析区域发展过程中的演化规律,需要将静态模型动态化。这里将区域发展过程划分为若干阶段,在每一阶段社会都面临类似的最优选择问题,即"绿水青山"禀赋 OA 的最优利用问题,即每个阶段开始时都具有相同的禀赋,现实中具有周期性的可再生资源、可以扩散的污染排放接近于这一设定,同时假定各个阶段利用"绿水青山"的技术水平和规模在不断提高和扩大。

1. 基于消耗性利用方式的发展过程中两山关系的演变

首先讨论仅仅基于消耗性利用"绿水青山"资源的发展过程中，两山关系的演变。这比较符合我国农村地区在发展初期的特征，即农村的生态环境主要用来消耗并获得经济产出，很少通过发展旅游等非消耗性利用来获得经济产出。这里进一步设定，在发展过程中，消耗性利用"绿水青山"获得"金山银山"的技术水平不断提高，同时生产规模也不断扩大，前者表现为从 A 出发的生产可能性边界的斜率绝对值不断提高，后者表现为从 A 出发的生产可能性边界所对应的"绿水青山"消耗量不断增加，具体如图 5-3。

在图 5-3 中，线段 AB、AC、AD、AH、AJ 分别表示该区域在发展过程中从前到后的若干代表性阶段的生产可能性边界，可见，其斜率绝对值不断提高，意味着消耗性利用"绿水青山"获得"金山银山"的技术水平不断提高；其潜在消耗的"绿水青山"数量不断增加，这意味着潜在经济规模不断扩大。接下来阐释发展过程中的三个阶段。

第一个阶段，"用绿水青山换金山银山"。区域在发展初期技术水平较低、潜在生产规模较小，但是发展愿望迫切，发展愿望以无差异曲线表示。在图 5-3 中，社会为了追求福利最大化，必然选择无差异曲线与生产可能性边界相交的点，即生产可能性边界的端点，这意味着经济消耗性利用一单位所能获得的经济产出大于无差异曲线的边际替代率，因此，只要能生产出来就能增加社会福利，所以社会必然选择所在阶段的最大的潜在生产规模。由于在这一阶段社会的生产规模

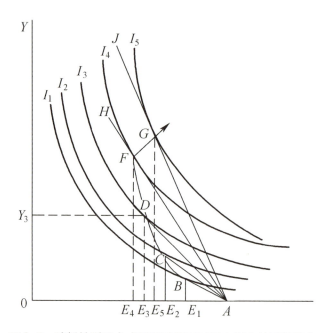

图 5-3　消耗性利用方式下区域发展过程中两山关系的演变

不断扩大，表现为随着时间的推进"绿水青山"数量不断下降，"金山银山"数量不断增加。可见，这正是"用绿水青山换金山银山"的发展阶段，在图 5-3 中，该阶段的发展路径为 A—B—C。

第二个阶段，"既要金山银山，也要绿水青山；宁要绿水青山，不要金山银山"。在第一个阶段的发展模式下，生产规模不断扩大、生产技术水平不断提高，必然会突破无差异曲线与生产可能性边界交于后者左端的情况，从而出现无差异曲线与生产可能性边界相切的情况，这就进入了第二个阶段。例如图 5-3 中点 D，"绿水青山"数量为 E_3，经济产出为 Y_3，实现了现有技术约束下最大的社会福利。在这一阶段，消耗性利用一单位"绿水青山"获得的经济产出与无差异曲线的边际替代率相等，这表明这一阶段"绿水青山"与"金山银山"之间的权衡关系。一方面，社会当然希望获得更高的经济产出，但是必须牺牲一定的"绿水青山"，进而会降低社会福利，因此说"既要金山银山，也要绿水青山"，如果不顾"绿水青山"，那么可能使得社会福利降低。进一步地，从离散的角度来看，由于边际替代率递减，为了满足无差异曲线不变，减少一单位"绿水青山"需要的经济收入增量越来越大，因此，如果下一时期技术进步不能使得消耗性利用一单位"绿水青山"所获得的经济收入超过维持无差异曲线不变的数量，那么从社会福利最大化的角度来说，不应选择消耗性利用"绿水青山"来获得更高的经济收入，因此说"宁要绿水青山，不要金山银山"。可见，"既要金山银山，也要绿水青山"和"宁要绿水青山，不要金山银山"的根本原因，都是在这一阶段生产技术和无差异曲线关于二者的权衡相同。总体而言，这一阶段，随着技术水平的提高，社会的最优选择仍然表现为"绿水青山"数量下降、"金山银山"数量上升。在图 5-3 中，该阶段的发展路径为 D—F。

第三个阶段，"绿水青山就是金山银山"。在第二阶段的发展模式下，随着生产技术的进一步提高，消耗性利用一单位"绿水青山"资源所能获得的经济产出越来越高。从经济理论来看，存在两种效应。一方面，替代效应意味着消耗更多的"绿水青山"，另一方面收入效应意味着消耗更少的"绿水青山"。当技术水平提高到一定程度时，收入效应大于替代效应，从而使得经济活动消耗的"绿水青山"数量下降，由此便进入了第三个阶段。这时，"金山银山"数量继续增加，同时"绿水青山"数量不降反增，因而也是"绿水青山"与"金山银山"共赢发展阶段，当然社会福利也在不断提高。进入该阶段的关键条件是技术进步达到较高的水平从而使得收入效应大于替代效应。在图 5-3 中，该阶段的发展路径为 F—G。关于三个阶段的特点总结见表 5-1。

表 5-1　消耗性利用方式下区域发展过程中两山关系的演变特征

阶　段	绿水青山数量	金山银山数量	生产可能性边界与无差异曲线	发展模式	基本特征
第一阶段	下降	上升	相交	用绿水青山换金山银山	发展优先
第二阶段	下降	上升	相切	既要金山银山，也要绿水青山；宁要绿水青山，不要金山银山	兼顾发展与保护
第三阶段	上升	上升	相切	绿水青山就是金山银山	发展与保护双赢

最后，需要说明的是，以上分析实际上假定了社会偏好即无差异曲线不变，那么当社会偏好随着收入水平提高、生态环境质量恶化而更加重视生态环境时，理论上可以加速向第三个阶段的转变。同时，这里的分析假定了每个时期都是独立的社会选择过程，现实中，"绿水青山"资源的配置通常是跨越多个时期的，这时当期消耗性利用"绿水青山"资源的机会成本不仅包括直接的利用成本，还包括由于不能在未来利用的使用者成本。与不考虑使用者成本相比，考虑使用者成本时会减少当期的"绿水青山"资源的消耗量。

2. 先基于消耗性利用方式再基于非消耗性利用方式的发展过程中两山关系的演变

通过对"绿水青山"资源的非消耗性使用获得经济产出时，获得的经济收入随着"绿水青山"数量的增加而增加。因此，理论上，如果一个区域仅仅基于非消耗性利用方式来发展的话，满足社会福利最大化的必然选择是"绿水青山"数量最高同时也是经济产出数量最高的点，也就是初始的"绿水青山"资源禀赋的点。但是，现实中，在区域发展水平较低时，通常先基于消耗性利用方式进行发展，而后，当市场条件成熟后再采取生态旅游等非消耗性利用方式进行发展。为此，这里假定该区域首先经历一部分基于消耗性利用方式的发展过程，然后假定非消耗性利用下的发展不再变化，接着考察非消耗性利用方式下区域发展过程中两山之间的关系。

第一个阶段，同样是"用绿水青山换金山银山"。该阶段首先经历一部分基于消耗性利用方式的发展过程，然后经历非消耗性利用方式下发展水平很低的一些时期。图 5-4 中，线段 AC 表示基于消耗性利用方式的发展过程中第一阶段的一部分，这时社会的最优选择是点 C。假设基于消耗性利用方式的发展过程不再变化，考虑非消耗性利用方式下区域发展过程。设定非消耗性利用方式下的生产可能性边界为 OK_1，而且随着技术水平的不断提高生产可能性边界的斜率越大，图中表现为从 OK_1 提高为 OK_2、OK_3。在非消耗性利用方式下发展水平较低时，追求社会福利最大化的最优选择并不会改变。例如，当非消耗性利用方式下发展的生产可能性边界为 OK_1 时，综合的生产可能性边界为 CK_1。在 CK_1 约束下的社会福利最大化的最优选择，仍然是点 C。可见，当非消耗性利用方式下发展水平较低时，并不影响社会最优选择，这仍然属于发展的第一阶段。在图 5-4 中，第一个阶段的发展路径是 A—C。

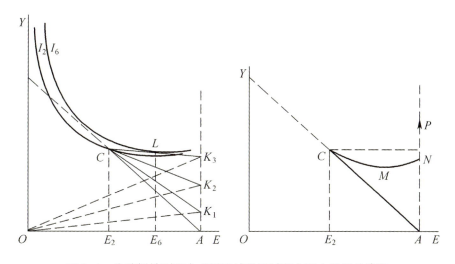

图 5-4 非消耗性利用方式下区域发展过程中两山关系的演变

第二个阶段，同样是"既要金山银山，也要绿水青山；宁要绿水青山，不要金山银山"。随着非消耗性利用方式下发展水平的不断提高，综合的生产可能性边界的斜率逐渐变小，当该斜率等于过点 C 的无差异曲线的边际替代率时，则达到了第一阶段和第二阶段的临界点。因为，如果非消耗性利用方式下发展水平进一步提高，综合生产可能性边界将会使得福利最大化的最优选择点改变。例如，图 5-4 中的一个较高水平的生产可能性边界是 OK_2，这时综合的生产可能性边界 CK_2 的斜率与过 C 的无差异曲线的边际替代率相等，所以这个发展水平就是一个临界水平。当非消耗性利用方式下发展水平进一步提高时，综合生产可能性边界约束下的最优选择必然是该生产可能性边界和无差异曲线相切的切点，而且意味着更多的"绿水青山"数量和更少的"金山银山"数量。例如，图 5-4 中的点 L。可见，这时又要面临"绿水青山"和"金山银山"之间的权衡取舍，而且出现了为了获得更高的社会福利,宁愿选择较多的"绿水青山",也要放弃一部分"金山银山"。在图5-4中,第二个阶段的发展路径是C—M。

第三个阶段,同样是"绿水青山就是金山银山"。随着非消耗性利用方式下发展方式的技术水平进一步提高,该技术进步对"金山银山"的收入效应将大于其替代效应。一般地,非消耗性利用方式下发展技术水平提高带给"金山银山"的替代效应是负的,但是收入效应是正的,因此,当该技术水平提高到一定程度时,收入效应就会大于替代效应,从而使得"金山银山"数量开始上升。这就是第二个阶段和第三个阶段的临界点。在图5-4中,点M即是临界点。当非消耗性利用方式下发展的技术水平超过临界点M之后,社会福利最大化的最优选择将带来更多的"绿水青山"和更多的"金山银山"。需要说明的是,点N是使得初始资源禀赋刚好为社会最优选择的临界点,其解析条件是线段CN的斜率与通过N点的无差异曲线的在N点的边际替代率相等。由于通常无差异曲线的斜率是负的,因此点N处的非消耗性利用方式下发展带来的经济产出仍然低于点C处的消耗性利用方式发展得到的经济产出。当然,随着非消耗性利用方式下发展的技术水平的进一步提高,福利最大化的选择就是资源初始禀赋。可见,从临界点M之后,非消耗性利用方式下发展水平的提高将持续地带来更多的"绿水青山"和更多的"金山银山",从而实现了二者的共赢发展。在图5-4中,第三个阶段的发展路径是MN—P。

综合来看,先基于消耗性利用方式再基于非消耗性利用方式的发展过程中两山关系的演变也经历了基本相同的三个阶段,整个发展路径为A—C—M—N—P。关于三个阶段的特点总结见表5-2。

表5-2 非消耗性利用方式下区域发展过程中两山关系的演变特征

阶段	绿水青山数量	金山银山数量	生产可能性边界与无差异曲线	发展模式	基本特征
第一阶段	下降	上升	相交	用绿水青山换金山银山	发展优先
第二阶段	上升	下降	相切	既要金山银山,也要绿水青山;宁要绿水青山,不要金山银山	兼顾发展与保护
第三阶段	上升	上升	相切或相交	绿水青山就是金山银山	发展与保护双赢

综合分析仅仅基于消耗性利用方式的发展过程、先基于消耗性利用方式再基于非消耗性利用方式的发展过程中两山关系的演变，可见两种发展过程中都使得所考察的区域发展经历了"绿水青山"与"金山银山"关系的三个阶段。从社会发展目标来看，是更快地发展到第三个阶段。

根据以上分析可以发现，从区域发展来看，促进区域经济发展向两山共赢发展的条件包括：更高的消耗性利用的技术水平，要求"绿水青山"变化的收入效应大于替代效应；更高的非消耗性利用的技术水平，要求"金山银山"变化的收入效应大于替代效应，当然如果不大于也可以实现福利最大化，只是经济产出较低；尽管以上分析假定了社会偏好不变，但是，如果在发展过程中，社会偏好更加重视"绿水青山"，则可以使得区域发展更快地向第三个阶段转变。

三、微观个体视角两山理论的经济解析

微观层面即是从"绿水青山"资源的所有者视角与整个社会视角比较的方面讨论"绿水青山"与"金山银山"的关系。之所以从微观层面讨论"绿水青山"与"金山银山"之间的关系，是因为由于资源、技术、制度等特征，"绿水青山"资源常常具有经济学中的外部性、公共物品等特征，从而使得市场机制下"绿水青山"所有者的行为与社会最优的行为并不一致。为此，需要政府的适当干预来促进"绿水青山"资源的有效配置。

（一）微观个体视角与社会视角的比较分析

"绿水青山"所表示的生态环境资源通常具有经济学意义上的外部性、公共物品特征，这使得"绿水青山"的所有者或者经营者等微观个体的选择与社会最优选择不一致，从而带来社会福利的损失和效率的降低。

在我国全民所有和集体所有的土地所有制制度下，相当部分承载"绿水青山"的土地属于集体所有，主要包括林地、耕地、草地等。这里以森林资源利用为例比较分析农户视角和社会视角的"绿水青山"与"金山银山"的关系。在农村土地确权承包、新一轮集体林权制度改革之后，农村集体所有的土地的承包经营权、土地上的林木所有权等属于农户个体。这些农村土地、林木资源的利用方式，由农户个体在法律政策允许的范围内自由选择。

设定某农户拥有一定数量森林资源的所有权及相应的林地使用权，在相关法律法规约束下具有利用森林资源的权利。农户对森林资源具有消耗性利用和非消耗性利用两类利用方式，这里分别以采伐和森林旅游为代表，前者将森林资源采

云南大理洱海边泛着金黄的田野（海鹰 摄）

伐、出售以获得收入；后者通过使用森林资源的景观等特征，非消耗性地利用获得收入。农户个体在这两种利用方式下的生产可能性边界如图5—5中线段 BC 所示。

分析农户视角和社会视角"绿水青山"和"金山银山"的最优组合。假定农户更追求经济利益即"金山银山"的数量，其无差异曲线如图5—5中的 I_P。因此，在生产可能性边界 BC 的约束下，农户个体将会选择点 G 所表示的"绿水青山"与"金山银山"生产组合。比较而言，社会不仅注重"金山银山"同时注重"绿水青山"，其无差异曲线为凸向原点的向右下方倾斜的曲线，例如图5—5中的 I_S，在生产可能性边界 BC 的约束下，社会的最优选择是点 H。可见，社会最优选择和农户个体最优选择相比减少了"金山银山"的数量，但是增加了"绿水青山"的数量。

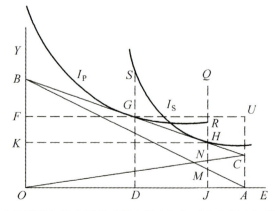

图5—5 个体视角与社会视角"绿水青山"与"金山银山"关系的比较

分析使得农户选择社会最优的公共政策。其一，可以通过补贴等公共政策改变农户不同资源利用行为的收益，从而形成农户自愿选择社会最优选择的激励机制。例如，可以建立基于森林资源数量的补贴政策，保留的森林数量越多，则可以获得越多的补贴。在图 5—5 中，农户增加一单位森林资源数量公共财政补贴的数额可以等于 RH 与 HK 的比值，这时农户的生产可能性边界变为 BR。这时，如果农户选择点 R，则可以获得与点 G 点相同的效用。当然，在这一补贴政策下，农户不一定会选择点 R，而是选择可以获得更高效用的点。理论上，在某一补贴政策下，农户的最优选择与社会最优选择一致。其二，公共政策也可以采取命令控制型的强制政策，要求农户个体必须保留 OJ 的森林资源数量，这时农户也会选择 H 点进行生产。理论上，无论是补贴或强制的公共政策，都可以激励农户个体采取与社会最优一致的选择，从而实现资源有效配置，但是社会福利在不同社会成员之间的分配是不同的。

（二）两山转型发展的含义与关键因素

某种程度上，提高"绿水青山"的数量和质量是两山理论主要目标，从提高"绿水青山"数量角度来看，农户两山转型发展具有三个程度不同的含义：其一，仅仅要求"绿水青山"数量的提高，而不论农户福利是否改善、农户收入即"金山银山"是否增加；其二，既要求"绿水青山"数量的提高，也要求农户福利的改善，不要求农户收入一定增加；其三，既要求"绿水青山"数量提高，也要求农户收入一定增加。在农户偏好更多"绿水青山"和更多"金山银山"的一般设定下，两山转型发展的三个含义呈现逐级包含与被包含的关系，为此，可以将这三个程度不同的含义分别称为弱两山转型发展、中两山转型发展、强两山转型发展。图 5—5 中，在生产可能性边界 BC 的约束下，农户的最优选择为点 G。根据上述界定，弱两山转型发展意味着新的最优选择在 SGD 的右侧，中两山转型发展意味着新的最优选择在折线 SGR 围成的右上区域，强两山转型发展意味着新的最优选择在折线 SGU 围成的右上区域，从图可见三者之间的递进关系。

从微观农户个体的转型动机来看，两山转型发展可以分为主动转型发展和被动转型发展。从结果来看，如果转型之后农户的收入或者福利不下降，则认为农户是主动转型发展，反之则可以称之为被动转型发展。一般地，上述的强转型发展、中转型发展都是农户主动转型发展的结果，而不增加福利的弱转型发展则是被动转型发展的结果。从过程来看，主动转型发展指的是尽管外部条件、内部偏好的变化使得农户的最优选择发生变化，但是之前的最优选择在新的条件下仍然是可以选择的。被动转型发展则指之前的最优选择在新的条件下变成不可选择的，或者说外部各种条件的变化使得其原先可以选择的组合变得不可选择，这也是称

河北承德：实施雨季造林攻坚 建设京津生态屏障（细节决定成败 摄）

之为被动转型发展的原因。

在理性假设下，农户总是追求效用最大化的"绿水青山"与"金山银山"组合。为了使得农户的选择走向两山转型发展路径，则必须改变外部条件使得农户可以在新的选择下获得比之前选择更高的效用或者福利。这里基于以上理论分析讨论促进农户采取转型发展选择的关键驱动因素。

其一，偏好方面，农户偏好更多"绿水青山"是一个驱动因素。在农户的效用函数中，如果能够更加偏好"绿水青山"，那么在其他条件不变时，农户的最优选择就会向更多"绿水青山"转型。当然，在新的偏好下，原先的最优选择不再是效用最大化的。可见，新偏好下的最优选择增加了"绿水青山"数量，降低了"金山银山"数量，但是增加了农户效用，所以属于中转型发展。偏好方面，常常表现为农户观念，即对待"绿水青山"的基本态度。

其二，技术方面，更高的非消耗性利用"绿水青山"的技术是一个驱动因素。更高的非消耗性利用"绿水青山"资源的技术，可以提高非消耗性利用的经济收入，从而使得农户最优选择向右上方移动，形成强两山转型发展路径。例如，针对森林景观资源的利用，从农家乐利用方式升级为森林游憩等高端旅游形式，为获得更高的经济收入提供技术基础。

其三，市场方面，对非消耗性利用的市场需求可以促进农户转型。对于森林生态旅游等非消耗性利用森林资源的方式，如果消费者要具有更高的支付意愿，则可以实现更高的市场价格，从而推动农户选择强转型路径。更高的技术水平、更好的市场条件共同使得非消耗性利用"绿水青山"资源的经济收入上升，从而促进农户最优选择的转型。

其四，政策方面，政策条件也是促进农户转型的重要条件。政策通常包括命令控制型政策和经济激励型政策，前者可以是强制要求农户保留一定绿水青山数量的政策，这时农户的转型通常是被动转型；后者则既可以是一旦利用"绿水青山"资源就征税的反向激励，也可以是农户保留"绿水青山"时给予补贴的正向激励，考虑到农户收入水平通常相对较低，为了促进社会公平通常更倾向于给予保护"绿水青山"的农户一定补贴。在给予农户一定补贴的情况下，农户的最优选择将会向增加"绿水青山"数量的方向移动，同时，其经济收入也会提高，所以这种转型是政策支撑下的强两山转型发展路径。

四、结论与政策启示

习近平两山理论阐述了生态环境保护与社会经济发展之间的关系。本章基于经济理论分别从区域经济整体、微观个体的视角对"绿水青山"与"金山银山"之间的关系进行了理论解析。

区域经济整体层面，首先基于经济理论中的生产可能性边界、等社会福利曲线等工具构建分析框架，其中生产可能性边界基于对"绿水青山"资源消耗性利用、非消耗性利用的设定；然后分别从消耗性利用技术的不断进步、非消耗性利用技术的不断进步解析了区域发展过程中"绿水青山"和"金山银山"最优组合的演变轨迹，两种技术进步均可以分别推出"以绿水青山换金山银山""既要金山银山，也要绿水青山；宁要绿水青山，不要金山银山""绿水青山就是金山银山"的三个发展阶段。这一理论较好地解析了区域发展过程中"绿水青山"和"金山银山"之间关系演变的三个阶段，为更好地理解二者关系的演变、制定相应的发展战略提供了理论支撑。

微观个体层面，主要分析微观个体最优选择与社会最优选择的关系及政策选择。由于微观个体更偏好"金山银山"而社会同时重视"绿水青山"和"金山银山"，所以微观个体的最优选择与社会最优选择相比，通常减少了"绿水青山"的数量并增加了"金山银山"的数量。为了使得农户的最优选择与社会最优选择一致，可以采取包括补贴、税收、管制等公共政策。

最后分析了促进农户两山转型发展的关键要素，具体包括农户更加重视绿水青山的偏好、非消耗性利用"绿水青山"资源的技术的进步、非消耗性利用的产品与服务市场的扩大、相应的公共政策等四个方面。相对应地，为了促进农户两

江西婺源：自然生态风光美（东方 摄）

山转型发展，政府可以采取以下政策措施：其一，通过宣传、教育、培训，提高农户对生态环境资源重要性和价值的认识；其二，扶持研发、推广新的资源利用技术，不仅包括消耗性的资源利用技术，还包括非消耗性的资源利用技术，同时因为技术研发通常具有正的外部性，所以更需要政府扶持；其三，通过引导社会关于生态产品与服务的偏好，提高消费者支付意愿，形成对农户两山转型发展的有利市场条件；其四，提供必要的公共财政补贴，使得农户愿意选择两山转型的发展方式。

本章的探索有三个方面：其一，基于经济理论对区域发展过程中"绿水青山"与"金山银山"关系的演变进行了理论解析，以消耗性利用技术的不断进步、非消耗性利用技术的不断进步解释区域经济发展中两山关系演变的三个阶段；其二，解析了"绿水青山就是金山银山"三个方面的含义："绿水青山"本身可以带来社会福利，消耗性利用"绿水青山"获得"金山银山"，非消耗性利用"绿水青山"带来"金山银山"，解析了微观主体两山转型发展包括强、中、弱三个层次；其三，对微观个体如何实现两山转型发展的关键驱动要素进行了理论分析，识别出偏好、技术、市场、政策四个方面。

这些探索一方面推进了理论研究，另一方面也为分析案例提供了理论框架。当然，本文仅仅是经济理论视角下的一个初步探索，相关理论研究仍需要进一步深入，同时针对两山转型发展案例的实证研究也需要进一步挖掘提升，以更好地践行两山理论，推进生态文明建设。

第六章

基于产权视角的两山理论解析

内蒙古阿尔山国家森林公园天池（内蒙古森工集团提供）

自然资源作为人类生存和经济发展的基础,其产权制度的构建应既满足经济效益也符合可持续发展的要求（刘昱彤,2016）。然而,我国自然资源的产权还不够完备,存在着权利边界不清晰、利益机制不完善等问题（谢高地,2015）。中共十八届三中全会指出,要"健全自然资源资产产权制度和用途管制制度,对水流、森林、山岭、草原、荒地、滩涂等自然生态空间进行统一确权登记,形成归属清晰、权责明确、监管有效的自然资源资产产权制度"。《中共中央 国务院关于加快推进生态文明建设的意见》中也提出"健全自然资源资产产权制度和用途管制制度",并将"坚持绿水青山就是金山银山"的理念作为指导中国加快推进生态文明建设的重要指导思想。因此,理解自然资源产权变革过程中经济增长的路径是我国自然资源产权改革、生态文明建设以及经济发展的重要课题。

尽管我国进行了一系列关于自然资源的产权改革,但自然资源产权问题仍旧突出。以全球三大生态系统森林、湿地、海洋为例:森林资源产权方面,通过集体林权制度改革,全国集体林明晰产权、承包到户的改革任务基本完成,已确权集体林地27.05亿亩,发放林权证1.01亿本,成立林业专业合作组织15.57万个,经营林地面积3.82亿亩（国家林业局"集体林权制度改革监测"项目组,2015）,改革将林地的使用权和林木的所有权赋予农民。然而,正如国家林业局局长张建龙所指出,"承包到户只是落实了集体经济组织成员的林地承包经营权,发展林业还面临着如何科学经营、增强活力、提升效益等问题,深化改革的任务依然十分繁重"。海洋资源产权方面,存在着各种海洋产权界定模糊、产权虚置、所有者与经营者的权责利划分不明晰等现象（戴桂林等,2005）。湿地资源产权方面,绝大多数的湿地资源归国家所有,法律体系尚不健全,产权虚置现象明显（徐佳娈,2014）。

本章综合运用宏观经济学、微观经济学以及发展经济学的相关理论,在对经济增长理论进行文献梳理的基础上,构建基于产权视角的包含自然资源和环境污染在内的基准经济模型和基于自然资源产权视角的经济增长模型。其中重点分析生产函数和个体偏好;分析基准经济模型在自然资源产权约束下,资本存量的动态变化规律,并探究生产函数、增长函数、支出函数的变动路径;分析自然资源产权对人力资本增长、环境保护和消费可持续发展的影响以探究经济增长路径。将自然资源产权明晰化程度纳入到经济增长的分析框架中,将可再生自然资源存量和环境污染存量引入到效用函数,将可再生自然资源利用、不可再生资源利用以及污染存量引入到生产函数中，分析和理清了自然资源产权视角下经济发展的运行方式，并提出关于经济体如何发展的政策建议。为自然资源产权体制改革提供了理论依据，对通过明晰产权实现经济发展和环境保护共同推进具有一定的现实指导意义。

一、两山理论产权视角解析的研究基础

自然资源和经济增长之间的关系是众多学者争论的话题。大量实证研究表明自然资源越丰富的地区其经济增长速率反而越慢，即"资源诅咒"现象（Gylfason et al.，1999，2003；徐康宁，2006）。徐康宁（2006）通过使用我国各省面板数据，证明了在我国多数省份存在"资源诅咒"问题，自然资源丰富的地区，经济的增长较慢。关于"资源诅咒"产生的原因，学者们给出了不同的解释，Sachs 等（1999）从市场的角度提供了解释，认为资源的丰裕导致了市场的不完全竞争，进而阻碍了经济的发展。Lane 等（1996）则认为资源丰裕会引起政府官员的寻租行为，进而导致经济的低速增长。对于我国而言，制度的不合理是导致"资源诅咒"的重要原因（徐康宁，2006）。因此，从自然资源产权制度的角度，分析经济增长的内生动力就成为了破解"资源诅咒"、加快经济增长的重要议题。为此，我们将首先梳理前人对自然资源产权问题的研究成果，以此为基础，理解经济增长的内在机制，重点关注人力资本、物质资本、技术进步以及环境对经济增长的影响。

（一）自然资源产权问题的研究

在自然资源产权的相关文献中，传统观点认为产权界定不清会导致资源的过度开发（Hotte et al.，2013），产权安全性较低的自然资源存在发生所有制纠纷、资源非法盗取以及政府撤销产权的可能性（Grainger et al.，2013）。然而，也有一些学者认为，在面对不同的经济文化环境时，相同的产权政策发挥的效果并不相同，因此在分析产权政策影响时不能一概而论（Edella et al.，1992）。

长期以来，我国自然资源产权界定不清晰，管理权限界定混淆，出现了政企多头的产权结构，导致了自然资源粗放式的经营模式，消耗浪费现象严重（李胜兰，2000）。自然资源产权不清、制度安排不合理导致了一系列问题，如自然资源的粗放式经营、自然资源配置结构及质量较差等，进而造成了环境污染加剧，阻碍了自然资源的可持续利用（方虹，2006）。李昭华等（2014）使用中国等 56 个发展中国家 2002~2008 年面板数据进行分析，发现不清晰和不稳定的产权保护制度对发展中国家生态资源贫瘠化有直接促进作用。张令娟

(2013) 认为资源产权制度是制约我国经济增长转变的重要因素。冯春涛 (2016) 发现明晰环境资源资产产权，才能形成环境资产市场化供给与经营机制。

（二）人力资本对经济增长影响的研究

人力资本通常被认为是经济长期增长的动力。彭水军（2006）等将人力资本划分为三方面投入，即直接从事最终产品生产的人力、部分投入到人力资本开发部门的人力以及进入研发部门从事技术创新的人力，发现人力资本投资是经济长期持续增长的动力源泉和决定性因素。Maitra（2016）通过对新加坡近30年经济的研究，分析了人力资本投资和就业对经济增长的影响，发现人力资本投资对经济的影响是长期且持久的，然而这种影响存在滞后效应，滞后期为四年且在投资初期对经济增长有负向作用；相反劳动力就业创新对于经济增长的影响是暂时的。

使用不同变量定义人力资本往往得出有差异的结论。李德煌（2013）从四个维度对人力资本进行了综合测量,即"教育、劳动力再培训、身心健康和劳动力合理流动"，发现劳动力数量对经济增长的影响在逐渐减弱，教育对经济增长的影响正在逐步显现。罗良清（2013）将人力资本分成教育、健康和迁移，发现教育对经济增长的影响最大,健康的影响最小,并且人力资本结构对经济增长的作用表现出明显的区域差异。他还发现,教育对经济增长的作用具有明显的门槛特征,在低区制,教育对经济增长的作用明显；而在高区制,教育对经济增长的作用反而更小。一些学者单从教育等角度出发研究人力资本对经济增长的影响。朱承亮（2011）使用随机前沿分析模型，发现高等教育对经济增长效率有较大的提升作用。

然而，上述研究对于人力资本投资刺激经济增长的内在机制并没有进行阐述。而杜伟（2014）等对这一机制进行了细致的分析，其通过面板数据回归发现人力资本对经济增长几乎没有直接效果,而是主要通过技术创新、技术模仿间接刺激经济增长。与此同时，人力资本与经济增长之间的影响是相互的，对于不同国家和地区，人力资源发挥的作用不同（Yousif et al., 2008）。

（三）物质资本对经济增长影响的研究

物质资本方面，学者们大多将人力资本与其进行联系对比并探讨二者的长短期相互作用机制。孙淑军（2012）通过拓展的 MRW 模型进行实证研究，发现物质资本、人力资本对经济增长及人均实际产出具有显著的刺激作用,并且物质资本投资产出份额比人力资本大。孙敬水等（2007）通过计量模型，探究了物质资本、人力资本与国民经济增长的内在均衡关系，认为短期经济增长主要依靠物质资本的投资，然而从长期来看，人力资本对经济增长的贡献更大，因此，有必要加大对教育的投资。张磊等（2013）则从弹性的角度进行了研究，发现二者长短期的作用并不相同，物质资本投资在短期对经济增长有显著的刺激效应，而人力资本投资的作用则相对滞后；长期来看，人力资本对物质资本有显著的刺激作用并且其对经济增长的弹性要弱于物质资本对经济增长的弹性。二者能够共同促进经济的增长。

物质资本除了上述长短期作用之外，在不同地区的作用效果也不尽相同。在我国西部地区，物质资本在推动经济增长方面发挥着重要作用（张林，2012）。同时，由于其经济相对落后，尚不能靠自身来吸引物质投资，因此其投资大多来自于政府诱导，并且西部投资具有见效慢、影响持久的特点。而对于东部地区，物质投资对经济增长的刺激作用具有见效快、自我稳定的特点（郭志仪，2008）。

（四）技术进步对经济增长影响的研究

20世纪60年代初的新古典经济增长理论将技术进步作为外生变量，并认为其对经济增长能够起到决定性作用，并提出了索罗残值法来测度技术进步。在之后的经济研究中，经济学理论将技术进步内生化，进而研究其影响（李维等，2008）。

对于我国而言，较多学者认为技术进步对于我国经济增长的贡献较小，并将原因归结于我国研发资本不足，技术存量较小（刘雪燕，2011；余畅，2013）。技术进步对经济增长的影响存在"双门槛效应"，只有经济发展到一定程度，技术进步才会对经济增长产生积极影响。与物质资本类似，由于我国东部沿海地区经济较为发达，因此技术进步对经济增长的影响最先在东部地区得以显现（秦腾等，2014）。然而，张昭（2013）发现中部地区技术进步对经济增长的贡献率最大，并将原因理解为东部地区技术对中部地区经济的"溢出效应"。王灵（2012）的研究证实了张昭（2013）研究的正确性。

对于技术进步影响的时效性，李志强等（2015）建立了向量误差修正模型，分析了1986~2013年中国制度变迁、技术进步对经济增长的影响，发现技术进步冲击对经济的影响比制度变迁冲击的影响衰退速度更快。关于技术进步对经济增长作用的内在机制，杨华武（2005）将技术进步划分技术创新以及技术革新，认为前者是经济增长的主要动力，后者提高了经济增长与商品的需求价格弹性。

（五）环境约束下经济增长的研究

随着环境问题的日趋严峻，越来越多的学者开始关注可持续发展的问题。

可持续发展是指不削弱无限期地提供不下降的人均效用的发展（埃里克，2002）。Tahvonen 等（2011）认为内生的污染影响可再生资源的增长和社会福利，并发现经济的均衡取决于偏好、生产技术、可再生资源的增长以及污染的治理。Grimaud 等（2003）将环境污染等因素纳入内生增长模型，发现在污染约束下，如果技术进步机制有效，人均产出可以具有正的最优增长率。López 等（2007）将可再生资源部门引入到内生增长模型中，将劳动力划分在资源收获部门和最终产出部门，并只考虑小型开放经济的可持续发展问题，其发现资本积累对产出效率的增长有外部性，两部门生产效率的差异变动会引发开放经济的结构。

以上文献从自然资源产权、人力资本、物质资本、技术进步以及环境可持续性的角度对经济增长进行了细致而富有洞察的分析。然而，无论在规范研究还是在实证研究上，均未发现关于自然资源产权明晰化程度对经济增长路径影响的研究。因此，有必要从经济学的理论出发，考虑中国自然资源产权改革的实际情况，构建基于产权视角的自然资源与经济增长的宏观经济模型，进而找到适合于中国的产权改革与经济增长路径。

二、基础模型设定

为分析基本经济体的情况，建立了生产函数模型和个体偏好模型。其中，生产函数模型对影响经济体产出的因素进行了界定；而个体偏好模型则对影响消费者效用水平的因素进行了界定。

（一）生产函数设定

自然资源对于经济增长是否起到显著作用取决于其他投入对自然资源的替代弹性，若替代弹性低，则自然资源对经济增长就起着重要的作用。中国是发展中国家，人力资本和技术创新对经济增长的贡献较小（孙永强等，2014），而物质资本积累过度扩张（张小雪等，2009），由此可以推断其他投入对自然资源的替代弹性较低，因此我们将自然资源纳入到生产函数中是合理的。

以埃里克（2002）的模型为基础，构建一个封闭经济体的可持续增长模型，将资本划分为物质资本、人力资本以及自然资源，进一步将自然资源划分为不可再生资源利用、可再生资源利用以及污染存量，其中不可再生自然资源利用以及可再生自然资源利用作为重要的生产投入品是对经济发展有利的资本，污染存量由于对生产产生不利影响是对经济发展有害的资本。为简化分析，我们将不考虑人口的增长以及技术进步。

将自然资源变量引入到规模报酬不变的柯布道格拉斯生产函数（David et al.，2009）中，构建以下模型：

$$Y = A K^\alpha L^\beta (R + S - P)^\gamma H^\delta \tag{6-1}$$

其中，A 代表当前技术水平；K 代表物质资本存量，包括机器设备、房屋，这里的物质资本是净资本，即将折旧去除；L 代表劳动力数量；R 代表可再生资源的投资（指对当期可再生资源的利用，是流量）；S 代表不可再生资源的投资（指当期不可再生资源的利用，是流量）；P 代表污染存量；H 是人力资本存量，是有效劳动力的表征。我们在考虑自然资源（可再生自然资源和不可再生自然资源）对经济产出的影响时，去除污染对生产带来的不利影响，即 $R + S - P$。(6-1) 式中，$\alpha + \beta + \gamma + \delta = 1, 0 < \alpha < 1, 0 < \beta < 1, 0 < \gamma < 1, 0 < \delta < 1$。

（二）个体偏好设定

假设消费者的效用不仅受消费的影响，同时也受到污染存量和可再生资源存量的影响（埃里克，2002），因此，我们将上述因素综合考虑，假定消费者的效用在无限期上受消费、污染存量以及可再生资源存量的影响，并引入一个标准的不变替代弹性（constant return to substitute）、可拆分的效用函数（彭水军等，2006）：

$$U(C,Z,P) = \frac{C^{1-\theta} - 1}{1 - \theta} - \frac{P^{1+w} - 1}{1 + w} + \frac{Z^{1-\tau} - 1}{1 - \tau} \quad \theta > 0, w > 0, \tau > 0 \tag{6-2}$$

其中，$U(C,Z,P)$ 是连续函数，代表瞬时效用；θ 为边际效用弹性，是消费的跨期替代弹性的倒数；w 代表消费者对环境的意识，越高表示消费者的环境意识越强，因此，w 越高，由污染对效用的影响就越高；τ 为边际效用弹性，是可再生资源存量的跨期替代弹性的倒数。

三、经济增长路径分析

产权在防止自然资源无效率利用以及环境恶化方面发挥着重要的作用（刘克亚等，2004）。而我国的自然资源产权种类有中国特色，《中华人民共和国物权法》第一百二十四条规定："国家所有或者国家所有由集体使用以及法律规定属于集体所有的自然资源，单位、个人依法可以占有、使用和收益。"也就是说，在我国，自然资源产权主要分为占有、使用和收益权而没有所有权，对个人赋予使用权和收益权的大小以及权力的安全性能够体现我国产权的明晰化程度。因此，本章以个人对自然资源的使用和收益权的大小及安全性来表征自然资源产权明晰化程度，即 m。

（一）资本存量的动态变化

我们关心在自然资源产权视角下各种资本存量的动态变化，并做出如下假定：

$$\dot{Z} = a(Z) + G^m - R \tag{6-3}$$

其中 $\dot{Z}$ 是可再生自然资源存量的变化，它受产权明晰化程度的影响。较强的产权有助于阻止非法的收获来维持资源存量（Tajibaeva et al., 2012），因此可以保护人类为可再生自然资源的努力，同时，赋予个人产权的增加能够带来积极的资源租金（Suphaphipha et al., 2015），进而增加制造业的支出。基于前人的研究，我们将产权明晰化程度引入可再生资源存量的变化中，G^m 是指人为可再生资源的增长量，它同时受到产权明晰化程度 m 和人类为可再生自然资源的增长而做出的努力 G 的影响。我们假设 $G > 1$，因此，产权明晰化程度越高，可再生自然资源存量的增长就越高，为增加可再生自然资源的努力就会变得更有效率；$a(Z)$ 指自然资源的生物生长量；R 是指当期可再生自然资源的利用。因此，可再生自然资源存量的变化等于资源的自然生长加人类努力而诱导的增长减去当期利用。

$$\dot{V} = D - S \tag{6-4}$$

$\dot{V}$ 代表不可再生自然资源的存量变化。不可再生自然资源的重要特征是有限可得性，并由此产生了"霍太林规则"（Hotelling rule），然而不可再生自然资源的勘探对于不可再生自然资源的存量变化也起着重要的作用（Krautkraemer et al., 1998），为了简化，我们假定不可再生自然资源的存量变化等于不可再生自然资源的发现减去当期不可再生自然资源的利用，这符合自然发展规律和认知。在（6-4）式中，D 是指不可再生自然资源的发现；S 是指当期不可再生自然资源的利用。

$$\dot{X} = D \tag{6-5}$$

$\dot{X}$ 是指不可再生自然资源累计发现存量变化，它等于当前的发现。

$$\dot{P} = (1-m)rF(K,L,R,S,P,H) - b(P) - M^m \tag{6-6}$$

$\dot{P}$ 是指污染存量的变化。产权的明晰可以加速经济增长并对环境产生积极影响（Solakoglu et al., 2007），在此，我们将自然资源产权明晰带来的影响分为两类，一类为减轻生产带来的污染，另一类为增强人类为减少污染而付出努力的效果。具体变量表述如下：

$(1-m)rF(K,L,R,S,P,H)$ 是指由生产引起的污染，其中，$(1-m)r$ 是由生产引起的污染系数，它受到产权明晰化程度的影响，我们假设产权明晰化程度

m 越高,个人使用和经营权越大,从而越有动力采取可持续发展的模式进行生产,因而减少生产污染;M^m 为人为减少污染量,受到产权明晰化程度 m 和为减少污染付出努力 M 的影响,假设 $M>1$,因此,产权明晰化程度 m 越高,人类为减少污染而付出的努力的效果就越好;$b(P)$ 是指自然恢复。

$$\dot{H} = N^m \tag{6-7}$$

$\dot{H}$ 是人力资本存量的变化。我们借用知识产权理论的观点,即知识产权保护能够促进人力资本投入(胡凯等,2012),假设自然资源的产权明晰后,人的潜能被激发出来,从而刺激个体人力资本存量的增长。在 (6-7) 式中,N 是人类为增加人力资本的努力,N^m 是人力资本存量的变化,它同时受到产权明晰化程度 m 和人类为人力资本增加的努力 N 的影响。假设 $N>1$,因此,产权明晰化程度 m 越高,对个体潜能的刺激程度就越强。

$$\dot{K} = F(K,L,R,S,P,H) - C - f(S,V) - h(R,Z) - \\ g(D,X) - i(M) - j(N) - o(G) \tag{6-8}$$

最后 $\dot{K}$ 是指物质资本存量的变化,我们将其界定为经济中的剩余(埃里克·诺伊迈耶,2002)。其中,$F(K,L,R,S,P,H)$ 代表总产出,即 $Y=AK^{\alpha}L^{\beta}(R+S-P)^{\gamma}H^{\delta}$。$C$ 代表个体生活消费支出;$f(S,V)$ 代表不可再生自然资源的开采成本,其中,S 代表不可再生自然资源的利用,V 代表不可再生自然资源的存量;$h(R,Z)$ 代表收获可再生自然资源的成本,其中,R 代表可再生自然资源的利用,Z 代表不可再生自然资源存量;$g(D,X)$ 代表勘探和发现不可再生自然资源的成本,其中,D 代表当前勘探出的资源的数量,X 代表累计发现资源量;$i(M)$ 指污染减少成本;$j(N)$ 是指人力资本增加努力的成本;$o(G)$ 是指增加可再生资源付出努力的成本。

(二)生产函数、增长函数、支出函数的变动

生产函数 $F(K,L,R,S,P,H)$、增长函数以及支出函数和他们的偏导数赋予以下含义:

(1)对于生产函数 $F(K,L,R,S,P,H)$,其大小取决于物质资本 K、劳动力 L、可再生自然资源投资 R、不可再生自然资源投资 S、污染存量 P 以及人力资本投资 H。求偏导数可知:

$$\frac{\partial F(K,L,R,S,P,H)}{\partial K} = A\alpha K^{\alpha-1}L^{\beta}(R+S-P)^{\gamma}H^{\delta} > 0 \tag{6-9}$$

$$\frac{\partial F(K,L,R,S,P,H)}{\partial L} = A\beta K^{\alpha}L^{\beta-1}(R+S-P)^{\gamma}H^{\delta} > 0 \tag{6-10}$$

$$\frac{\partial F(K,L,R,S,P,H)}{\partial R} = A\gamma K^{\alpha}L^{\beta}(R+S-P)^{\gamma-1}H^{\delta} > 0 \tag{6-11}$$

$$\frac{\partial F(K,L,R,S,P,H)}{\partial S} = A\gamma K^{\alpha} L^{\beta} (R+S-P)^{\gamma-1} H^{\delta} > 0 \qquad (6\text{-}12)$$

$$\frac{\partial F(K,L,R,S,P,H)}{\partial P} = -A\gamma K^{\alpha} L^{\beta} (R+S-P)^{\gamma-1} H^{\delta} < 0 \qquad (6\text{-}13)$$

$$\frac{\partial F(K,L,R,S,P,H)}{\partial H} = A\delta K^{\alpha} L^{\beta} (R+S-P)^{\gamma} H^{\delta-1} > 0 \qquad (6\text{-}14)$$

（2）$f(S,V)$：与埃里克·诺伊迈耶对于不可再生资源的开采成本的假设不同（埃里克·诺伊迈耶认为不可再生自然资源的开采成本随着开采数量的增加而增加，即 $\frac{\partial f(S,V)}{\partial S} > 0$），我们假设不可再生资源的开采成本存在着"规模效应"和"拥挤效应"（周圣强等，2013），随着开采数量的增多先增加后减少，并最终由于"拥挤效应"而保持稳定；$\frac{\partial f(S,V)}{\partial V} < 0$，即开采成本随不可再生资源存量的增加而减少，这样假设是由于不可再生自然资源存量越多，开采难度越小，从而开采成本越低。

（3）$h(R,Z)$：与不可再生自然资源相似，我们假设可再生自然资源的开采成本随着开采数量的增加先上升后下降最终呈现稳定状态，$\frac{\partial h(R,Z)}{\partial Z} < 0$，即开采成本随着资源存量的增加而减少，这样假设是由于可再生自然资源存量越多，开采难度越小，开采成本越低。

（4）$g(D,X)$：我们如下假设是合理的：不可再生资源勘探成本随着勘探出的资源数量的增加而增加，即 $\frac{\partial g(D,X)}{\partial D} > 0$；随着累计发现储量的增加而增加，即 $\frac{\partial g(D,X)}{\partial X} > 0$。

（5）$a(Z)$：在可再生自然资源存量处于较低水平时，可再生自然资源的增长随着可再生资源的增多而增多，即 $\frac{\partial a(Z)}{\partial Z} > 0$；当可再生自然资源存量达到一定规模时，其自然增长随着资源储量的增加而降低，即 $\frac{\partial a(Z)}{\partial Z} < 0$。

（6）$b(P)$：自然资源受污染后的恢复能力受到污染的不利影响，即 $\frac{\partial b(P)}{\partial P} < 0$。

（7）$i(M)$：为简化分析，我们假设污染减少的成本随着减少数量的增加而增加且增速逐渐变缓，即 $\frac{\partial i(M)}{\partial M} > 0$，并且 $\frac{\partial \frac{\partial i(M)}{\partial M}}{\partial M} \leqslant 0$。

(8) $j(N)$：与（g）相同，我们假设增加人力资本的成本随着增加数量的提高而提高并且增速逐渐变缓，即 $\frac{\partial j(N)}{\partial N} > 0$，并且 $\frac{\partial \frac{\partial j(N)}{\partial N}}{\partial N} \leqslant 0$。

(9) $o(G)$：与（g）相同，我们假设增加可再生资源的成本随着增加数量的提高而提高并且增速逐渐变缓，即 $\frac{\partial o(G)}{\partial G} > 0$，并且 $\frac{\partial \frac{\partial o(G)}{\partial G}}{\partial G} \leqslant 0$。

四、自然资源产权视角的经济增长路径分析

在基准经济模型建立与要素增长路径分析的基础上，通过动态优化方法对模型进行了推演，深入剖析了自然资源产权对人力资本增长、环境保护以及消费增长的影响，进而讨论了自然资源产权约束下经济增长的路径。

（一）基于产权视角的经济增长模型分析

我们关心经济中核心变量的运动路径及其拐点条件。为此，我们引入"代表性消费者"效用函数。为了方便，我们对公式进行了简化，去除了变量的时间下标。假设社会计划者要最大化"代表性消费者"在无限时期上的效用值，其中 ρ 代表折现率：

$$\begin{aligned}
\max \quad W &= \int_0^\infty U(C,Z,P)\,\mathrm{e}^{-\rho t}\mathrm{d}t \qquad (6\text{-}15)\\
s.t.\ \dot{Z} &= a(Z) + G^m - R\\
\dot{V} &= D - S\\
\dot{X} &= D\\
\dot{P} &= (1-m)rF(K,L,R,S,P,H) - b(P) - M^m\\
\dot{H} &= N^m\\
\dot{K} &= F(K,L,R,S,P,H) - C - f(S,V) - h(R,Z) -\\
&\quad g(D,X) - i(M) - j(N) - o(G)
\end{aligned}$$

对这一问题的 Hamilton 现值公式建立如下：

$$Q = \frac{C^{1-\theta}-1}{1-\theta} - \frac{P^{1+w}-1}{1+w} + \frac{Z^{1-\tau}-1}{1-\tau} + \lambda[F(K,L,R,S,P,H) -$$

$$C - f(S,V) - h(R,Z) - g(D,X) - i(M) - j(N) - o(G)] +$$
$$\mu[D - S] + \omega[D] + \varphi[a(Z) + G^m - R] + \psi[(1 - m)rF(K,L,$$
$$R,S,P,H) - b(P) - M^m] + \xi N^m \tag{6-16}$$

在 (6-16) 式中，λ、μ、ω、φ、ψ、ξ 代表动态拉格朗日乘子，即影子价格：$\lambda > 0$ 指物质资本的影子价格，这是因为当资本增加一个单位时，其边际价值大于 0；$\mu > 0$ 是不可再生自然资源存量的影子价格；$\omega < 0$ 是不可再生自然资源勘探的影子成本，由于不可再生自然资源的存量对勘探成本有消极影响，因此其影子成本为负值；$\varphi > 0$ 代表可再生自然资源的影子价格；$\psi < 0$ 代表污染存量的影子价格；$\xi > 0$ 代表人力资本存量的影子价格。

我们假设所有函数均存在二阶导数，模型的控制变量为 C,R,D,S,M,N,G，状态变量为 K,V,X,Z,P,H。

1. 一阶条件

对模型的控制变量进行求导可得下列一阶条件：

$$\frac{\partial Q}{\partial C} = 0 \Rightarrow C^{-\theta} = \lambda \tag{6-17}$$

$$\frac{\partial Q}{\partial R} = 0 \Rightarrow \lambda \left[\frac{\partial F(K,L,R,S,P,H)}{\partial R} - \frac{\partial h(R,Z)}{\partial R} \right] = \varphi \tag{6-18}$$

$$\frac{\partial H}{\partial D} = 0 \Rightarrow \lambda \frac{\partial g(D,X)}{\partial D} - \omega = \mu \tag{6-19}$$

$$\frac{\partial Q}{\partial S} = 0 \Rightarrow \lambda \left[\frac{\partial F(K,L,R,S,P,H)}{\partial S} - \frac{\partial f(S,V)}{\partial V} \right] +$$
$$\psi(1 - m)r \frac{\partial F(K,L,R,S,P,H)}{\partial S} = \mu \tag{6-20}$$

$$\frac{\partial Q}{\partial M} = 0 \Rightarrow -\lambda \frac{\partial i(M)}{\partial M} = \psi m M^{m-1} \tag{6-21}$$

$$\frac{\partial Q}{\partial N} = 0 \Rightarrow \lambda \frac{\partial j(N)}{\partial N} = \xi m N^{m-1} \tag{6-22}$$

$$\frac{\partial Q}{\partial G} = 0 \Rightarrow \lambda \frac{\partial o(G)}{\partial G} = \varphi m G^{m-1} \tag{6-23}$$

2. 动态一阶条件

对模型的状态变量进行求导可得下列动态一阶条件：

$$\dot{\lambda} = \rho\lambda - \frac{\partial Q}{\partial K} \Rightarrow \dot{\lambda} = \rho\lambda - \lambda \frac{\partial F(K,L,R,S,P,H)}{\partial K} -$$
$$\psi(1 - m)r \frac{\partial F(K,L,R,S,P,H)}{\partial K} \tag{6-24}$$

$$\dot{\mu} = \rho\mu - \frac{\partial Q}{\partial V} \Rightarrow \dot{\mu} = \rho\mu + \lambda \frac{\partial f(S,V)}{\partial V} \tag{6-25}$$

$$\dot{\omega} = \rho\omega - \frac{\partial Q}{\partial X} \Rightarrow \dot{\omega} = \rho\omega + \lambda \frac{\partial g(D,X)}{\partial X} \tag{6-26}$$

$$\dot{\varphi} = \rho\varphi - \frac{\partial Q}{\partial Z} \Rightarrow \dot{\varphi} = \rho\varphi - Z^{-\tau} + \lambda \frac{\partial h(R,Z)}{\partial Z} - \varphi \frac{\partial a(Z)}{\partial Z} \tag{6-27}$$

$$\dot{\psi} = \rho\psi - \frac{\partial Q}{\partial P} \Rightarrow \dot{\psi} = \rho\psi + P^w - \lambda \frac{\partial F(K,L,R,S,P,H)}{\partial P} -$$
$$\psi\left[(1-m)r\frac{\partial F(K,L,R,S,P,H)}{\partial P} - \frac{\partial b(P)}{\partial P}\right] \tag{6-28}$$

$$\dot{\xi} = \rho\xi - \frac{\partial Q}{\partial H} \Rightarrow \dot{\xi} = \rho\xi - \lambda \frac{\partial F(K,L,R,S,P,H)}{\partial H} -$$
$$\psi(1-m)r\frac{\partial F(K,L,R,S,P,H)}{\partial H} \tag{6-29}$$

3. 运动方程

对模型的影子价格进行求导可得下列动态一阶条件：

$$\frac{\partial Q}{\partial \lambda} = \dot{K} = F(K,L,R,S,P,H) - C - f(S,J) - h(R,Z) -$$
$$g(D,X) - i(A) - j(N) - o(G) \tag{6-30}$$

$$\frac{\partial Q}{\partial \mu} = \dot{V} = D - S \tag{6-31}$$

$$\frac{\partial Q}{\partial \omega} = \dot{X} = D \tag{6-32}$$

$$\frac{\partial Q}{\partial \varphi} = \dot{Z} = a(Z) + G^m - R \tag{6-33}$$

$$\frac{\partial Q}{\partial \psi} = \dot{P} = (1-m)rF(K,L,R,S,P,H) - b(P) - M^m \tag{6-34}$$

$$\frac{\partial Q}{\partial \xi} = \dot{H} = N^m \tag{6-35}$$

（二）自然资源产权对人力资本增长的影响

对一阶条件（6-22）两侧取对数，并对时间求导可得：

$$\frac{\dot{N}}{N} = \frac{1}{1-m}\left[\frac{\dot{\xi}}{\xi} - \frac{\dot{\lambda}}{\lambda} - \frac{\frac{\partial j(N)}{\partial N}}{\frac{\partial j(N)}{\partial N}}\right] \tag{6-36}$$

由一阶条件（6-21）得：

$$\frac{\psi}{\lambda} = -\frac{\frac{\partial i(M)}{\partial M}}{m\,M^{m-1}} \tag{6-37}$$

由一阶条件（6-24）得：

$$\frac{\dot{\lambda}}{\lambda} = \rho - \frac{\partial F(K,L,R,S,P,H)}{\partial K} - \frac{\psi}{\lambda}(1-m)r\frac{\partial F(K,L,R,S,P,H)}{\partial K}$$

(6-38)

由（6-37）、(6-38) 式得：

$$\frac{\dot{\lambda}}{\lambda} = \rho - \frac{\partial F(K,L,R,S,P,H)}{\partial K} + \frac{\frac{\partial i(M)}{\partial M}}{m\,M^{m-1}}(1-m)r\frac{\partial F(K,L,R,S,P,H)}{\partial K}$$

(6-39)

由（6-29）式得：

$$\frac{\dot{\xi}}{\xi} = \rho - \frac{\lambda}{\xi}\frac{\partial F(K,L,R,S,P,H)}{\partial H} - \frac{\psi}{\xi}(1-m)r\frac{\partial F(K,L,R,S,P,H)}{\partial H}$$

(6-40)

由（6-21）、(6-22) 式得：

$$\frac{\lambda}{\xi} = \frac{m\,N^{m-1}}{\frac{\partial j(N)}{\partial N}}$$

(6-41)

$$\frac{\psi}{\xi} = -\frac{\frac{\partial i(M)}{\partial M}}{\frac{\partial j(N)}{\partial N}} \cdot \frac{N^{m-1}}{M^{m-1}}$$

(6-42)

由（6-39）、(6-40)、(6-41)、(6-42) 式联立得：

$$\frac{\dot{N}}{N} = \frac{1}{1-m}\left\{\left[1 - \frac{i_M(1-m)r}{m\,M^{m-1}}\right] \cdot \left[F(.)_K - \frac{F(.)_H m\,N^{m-1}}{j_N}\right] - \frac{j_N}{j_N}\right\}$$

(6-43)

根据人力资本成本的约束条件［即 (h)］可知，当为人力资本增长的努力达到一定程度时，其边际成本的变动为 0，即 $\lim_{N \to \infty} \frac{\partial \frac{\partial j(N)}{\partial N}}{\partial N} = 0$，这是由于人力资本增长的"规模效应"和"挤出效应"相互抵消。我们关注消费实现持续增长后，人力资本增量的变动情况。由 $F(.)_K - \frac{F(.)_H m\,N^{m-1}}{j_N} = 0$ 可知，(6-43) 式得拐点为：

$$\frac{\alpha}{\delta} = \frac{K}{H} \cdot \frac{m\,N^{m-1}}{\frac{\partial j(N)}{\partial N}}$$

(6-44)

由柯布道格拉斯生产函数的性质可知 $\frac{\alpha}{\delta} = \frac{K}{H}$，从而将对 (6-44) 式的讨论

简化为对 $mN^{m-1} = \frac{\partial j(N)}{\partial N}$ 的分析,即人力资本增量的边际收益等于其边际成本。通过对经济发展规律的研究,我们发现:

经济发展初级阶段,人力资本增长努力上升。此时,$\frac{\partial j(N)}{\partial N} > mN^{m-1}$,$\frac{\dot{N}}{N} > 0$。经济发展初期对人力资本需求旺盛,然而由于自然资源产权明晰程度较低,产权明晰化程度带来的人力资本增量的边际收益小于边际成本,人的潜能并没有被激发出来,因此,经济体必须以提高人力资本增长努力来满足对人力资本的需求。

经济发展中级阶段,人力资本增长努力下降。此时,$\frac{\partial j(N)}{\partial N} < mN^{m-1}$,$\frac{\dot{N}}{N} < 0$。经济发展中期,随着产权改革的不断深化,自然资源产权明晰程度明显提升,使得人力资本增量的边际收益高于边际成本,人的潜能被激发出来。产权改革带来的人力资本增长努力的效果对人力资本增长努力的"替代效应"逐步显现,进而优化人力资本增长路径。

经济发展高级阶段,人力资本增长努力保持平稳。此时,$\frac{\partial j(N)}{\partial N} = mN^{m-1}$,$\frac{\dot{N}}{N} = 0$。这是由于人力资本增长努力下降造成人力资本努力的边际成本逐步提高,进而使得人力资本增量的边际收益等于边际成本,人力资本增长努力达到了均衡点,从而保持不变。

这一动态变化过程如图6-1,经济在 t_1 时点实现 $\frac{\partial j(N)}{\partial N} < mN^{m-1}$,产权的"替代效应"逐渐显现,在 t_2 时点实现 $\frac{\partial j(N)}{\partial N} = mN^{m-1}$,人力资本增长努力逐渐平稳。

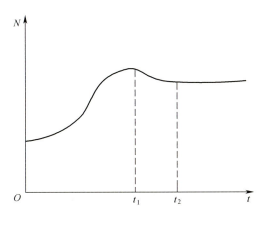

图6-1 人力资本努力增长路径

(三)自然资源产权对环境保护的影响

对一阶条件(6-21)两侧取对数,并对时间求导可得:

$$\frac{\dot{M}}{M} = \frac{1}{1-m}\left[\frac{\dot{\psi}}{\psi} - \frac{\dot{\lambda}}{\lambda} - \frac{\frac{\partial i(M)}{\partial M}}{\frac{\partial i(M)}{\partial M}}\right] \tag{6-45}$$

由（6-28）式得：

$$\frac{\dot{\psi}}{\psi} = \rho + \frac{P^w}{\psi} - \frac{\lambda}{\psi}\frac{\partial F(K,L,R,S,P,H)}{\partial P} - \left[(1-m)r\frac{\partial F(K,L,R,S,P,H)}{\partial P} - \frac{\partial b(P)}{\partial P}\right] \tag{6-46}$$

由（6-21）式得：

$$\frac{\lambda}{\psi} = -\frac{m\,M^{m-1}}{\frac{\partial i(M)}{\partial M}} \tag{6-47}$$

由（6-45）、（6-46）、（6-47）式得：

$$\frac{\dot{M}}{M} = \frac{1}{1-m}\left\{\frac{P^w}{\psi} + F(.)_P\left[\frac{m\,M^{m-1}}{i_M} - (1-m)r\right] + \frac{\partial b(P)}{\partial P} + F(.)_K\left[1 - \frac{i_M(1-m)r}{m\,M^{m-1}}\right] - \frac{i_M}{i_M}\right\} \tag{6-48}$$

与上节的分析类似，我们假定 $\dfrac{\frac{\partial i(M)}{\partial M}}{\frac{\partial i(M)}{\partial M}} = 0$。在（6-48）式中，$\dfrac{P^w}{\psi} < 0$，$F(.)_P < 0$，$F(.)_K > 0$。我们认为污染对产出的边际影响远小于物质资本对产出的边际影响，这是由于相当一部分产出会带来污染的增加。同时，我们假设污染对自然恢复能力的影响远小于物质资本对产出的边际影响，治理污染的影子价格远高于污染的边际效用，即 $P^w \ll \psi$。因此，在考虑 $\dfrac{\dot{M}}{M}$ 的拐点时，我们将重点研究 $\left[1 - \dfrac{i_M(1-m)r}{m\,M^{m-1}}\right] = 0$，即 $i_M(1-m)r = m\,M^{m-1}$。在该式中 $(1-m)r$ 代表产出的边际污染，i_M 代表环境保护的边际成本，因此该式的分子部分 $i_A(1-m)r$ 可以理解为生产的边际环境保护成本，$m\,M^{m-1}$ 代表环境保护增量的边际收益。通过对经济发展规律的研究，我们发现：

经济发展初级阶段，环境保护努力下降。此时，$i_M(1-m)r > m\,M^{m-1}$，$\dfrac{\dot{M}}{M}$

< 0。这是由于自然资源产权不明晰，从而环境保护增量的边际收益小于边际成本，治理污染是"不经济"的，因此经济体在此时以牺牲环境为代价从而刺激经济发展是有道理的，污染问题在这个阶段也会逐步显现。

经济发展中级阶段，环境保护努力上升。此时，$i_M(1-m)r < m M^{m-1}$，$\dfrac{\dot{M}}{M} > 0$。这是由于自然资源产权逐步明晰，环境保护增量的边际收益逐步提高；同时，自然资源产权的明晰能够刺激生产者采取更清洁的方式进行生产从而降低环境保护增量的边际成本。最终使得环境保护增量的边际收益大于边际成本，从而增加环境保护努力。

经济发展高级阶段，环境保护努力上稳定不变。此时，$i_M(1-m)r = m M^{m-1}$，$\dfrac{\dot{M}}{M} = 0$。这是由于增加的环境保护努力会降低环境保护的边际收益，同时，环境保护的边际成本上升两者达到均衡，从而环境保护的努力维持不变。

这一动态变化过程如图6-2，经济在 t_3 时点实现 $i_M(1-m)r = m M^{m-1}$，此时，环境保护努力开始增加，产权明晰的效果逐渐显现。

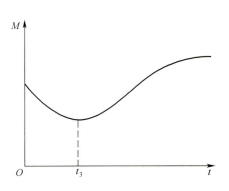

图6-2 环境保护路径

（四）自然资源产权对消费增长的影响

对一阶条件（6-17）两侧取对数，并对时间求导可得：

$$-\theta \frac{\dot{C}}{C} = \frac{\dot{\lambda}}{\lambda} \tag{6-49}$$

联立（6-37）、（6-38）、（6-49）可得：

$$\frac{\dot{C}}{C} = \frac{1}{\theta}\left[\frac{\partial F(K,L,R,S,P,H)}{\partial K} - \frac{\frac{\partial i(M)}{\partial M}(1-m)r}{m M^{m-1}}\frac{\partial F(K,L,R,S,P,H)}{\partial K} - \rho\right]$$

$$= \frac{1}{\theta}\left\{F(.)_K\left[1 - \frac{i_M(1-m)r}{m M^{m-1}}\right] - \rho\right\} \tag{6-50}$$

我们借用彭水军（2006）对经济可持续发展的定义，认为经济可持续发展可以由消费增长进行表征。由（6-50）式可知，当 $1 - \dfrac{i_M(1-m)r}{m M^{m-1}} > 0$ 且 $F(.)_K\left[1 - \dfrac{i_M(1-m)r}{m M^{m-1}}\right] > \rho$ 时，$\dfrac{\dot{C}}{C} > 0$，消费才能够实现持续增长，即经济可

以实现永续发展。我们对实现经济永续发展的路径感兴趣，进一步研究（6-50）式，可以发现该式的拐点与 $F(.)_K\left[1-\dfrac{i_M(1-m)r}{mM^{m-1}}\right]$ 和 ρ 有关。ρ 是贴现率，若 ρ 越小，则代表着未来的效用在当期变得更有价值，也就是说当代人更关系后代的效用。因此，ρ 可以被理解为人类的可持续发展意识，ρ 越小代表着人类可持续发展意识越强。通过对经济发展规律的研究，我们发现：

经济发展初级阶段，消费下降。此时，$1-\dfrac{i_M(1-m)r}{mM^{m-1}}<0$，$\dfrac{\dot{C}}{C}<0$。这是由于自然资源产权不明晰，造成自然资源使用和收益权缺失，从而使得环境保护增量边际收益小于边际成本，增加了成本压力，从而降低消费。

经济发展中高级阶段，消费上升。此时，$1-\dfrac{i_M(1-m)r}{mM^{m-1}}>0$，$\dfrac{\dot{C}}{C}>0$，$F(.)_K\left[1-\dfrac{i_M(1-m)r}{mM^{m-1}}\right]-\rho>0$。随着经济的发展，自然资源产权明晰效果逐渐显现，个人拥有更为广泛的经营权，从中获得的收益提高消费；与此同时，人类物质生活水平提高，可持续发展意识上升。因此，消费水平提高。

这一动态变化过程如图 6-3，经济在 t_4 时点实现 $F(.)_K\left[1-\dfrac{i_M(1-m)r}{mM^{m-1}}\right]-\rho=0$，此时，消费开始增长，产权明晰的效果逐渐显现。

本章分析了基于产权视角的经济增长路径，重点分析了产权对人力资本增长、环境保护以及消费增长的影响，并得出了经济发展的一般路径。本章关于产权约束下，经济发展的路径总结见表 6-1。

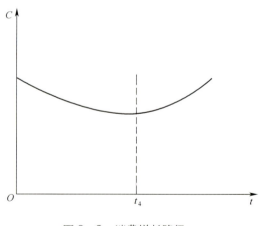

图 6-3 消费增长路径

表 6-1 自然资源产权约束下经济增长路径探究

经济发展阶段	人力资本增长路径	环境保护路径	消费增长路径
拐点条件	$mN^{m-1}=\dfrac{\partial j(N)}{\partial N}$	$i_M(1-m)r=mM^{m-1}$	$F(.)_K\left[1-\dfrac{i_M(1-m)r}{mM^{m-1}}\right]-\rho=0$
初级阶段	人力资本增长努力提高	环境保护努力下降	消费降低，经济尚未实现可持续发展
中级阶段	人力资本增长努力下降	环境保护努力提高	消费提升，经济实现可持续发展
高级阶段	人力资本增长努力稳定不变	环境保护努力稳定不变	

五、结论与政策启示

本章从产权的视角出发，通过将可再生自然资源存量和环境污染存量引入到效用函数，将可再生自然资源利用、不可再生自然资源利用以及污染存量引入到生产函数中，构建了带有自然资源产权约束的内生增长模型，分析了自然资源产权明晰程度对经济可持续发展、人力资本积累以及环境保护的影响，并在上述分析的基础上得出七点结论，根据以上结论，提出政策性建议，从而实现通过产权明晰促进经济与生态保护的和谐发展。

（一）结　论

（1）自然资源产权明晰能够优化人力资本增长路径。自然资源产权明晰能够激发生产者的创造力，进而增强人力资本增长努力的效果，从而"替代"为人力资源增长而付出的努力。对人力资本增长努力的减少并不会降低人力资本的增长，反而可以降低成本，从而优化人力资本增长路径，减少不必要的人力资本增长成本。

（2）自然资源产权明晰能够改善环境质量，减少污染。自然资源产权明晰能够扩大生产者的使用权和经营权，从而使得个体为环境保护的努力是值得的，进而提升其为环境保护付出努力的效果；同时，为了实现自身利益的长期最大化，生产者更有动机选择清洁方式进行生产从而降低生产带来的污染和环境保护成本。

（3）自然资源产权明晰才能够实现经济的可持续发展。经济能够实现可持续发展的重要前提是产权明晰化程度较高。自然资源产权作为经营者进行生产经营的重要保障，其明晰化程度能够直接影响生产方式。一个完善的自然资源产权能够刺激生产者考虑更长远的利益，采用清洁的生产方式进行生产，进而减少其生产过程中产生的污染，并增强其为环境保护而付出努力的效果，从而实现经济的可持续发展。

（4）人力资本增长路径随自然资源产权逐渐明晰先升高后降低并最终实现稳态。自然资源产权的明晰有其"收入效应"和"替代效应"。"收入效应"体现在随着产权的明晰，人类为增加人力资本的努力效果明显增加；"替代效应"是指产权明晰使得人力资本增量的边际收益扩大，当其超过"收入效应"时，人类可以通过降低为人力资本增加而付出的努力，同时实现人力资本的增长。

（5）环境保护随自然资源产权逐渐明晰先降低后升高并最终实现稳态。人类的环境保护努力并非在任何时刻都是"经济"的，在产权不明晰的情况下，人类为治理污染而付出的努力成本很高，环境保护努力效果不明显，同时大量增加的环境保护成本会降低物质资本的积累，进而阻碍经济的发展，因此会降低治理污染的努力；在产权明晰的情况下，人类治理污染的努力效果逐渐显现并高于成本，人类此时增加治理污染的努力是"经济"的，因而增加环境保护。

（6）自然资源产权明晰后，经济发展和环境保护可以实现同步进行。经济实现可持续发展与环境保护努力提升的条件相同，即自然资源产权明晰后，经济发展和环境可以实现同步发展。在自然资源产权明晰带来的环境保护努力收益与环境保护成本相等时，经济进入可持续发展阶段，同时环境保护努力开始增加。

（7）民众可持续发展意识的增强对经济的可持续增长有重要意义。作为社会发展的主体以及部分自然资源经营权的拥有者，民众的意识形态对生态文明建设起着重要的作用。当民众对未来社会的污染总量、可持续资源总量以及消费看得更重时，其对于自然资源的安排就会更加合理。他们会采取更加可持续的方式进行生产，进而保证其消费在未来不会有降低。

（二）政策启示

（1）进一步明晰自然资源产权，建立多元化自然资源经营主体。建立自然资源产权保障体系，坚持家庭经营在部分自然资源中的基础性地位。稳定自然资源承包关系长久不发生改变。进一步鼓励和保障产权所有者发展多种形式的经营方式，例如，鼓励承包经营权抵押担保，鼓励多种形式的规模经营等。鼓励私人资本和工商资本进入自然资源部门。

（2）明确经济发展阶段，正确处理经济发展与环境保护的关系。虽然我国环境问题日趋严峻，我国采取了多种手段进行环境保护，要用经济的"阵痛"换取经济的长远发展，但由于自然资源产权的明晰化程度较低，尚没有达到本研究的拐点水平。因此，大规模的环境保护努力对经济发展的损害明显高于其收益，现阶段的环境保护必须以产权改革为基础，同时，不应操之过急。

（3）加大人力资本投入，弥补产权不明晰带来的人力资本不足。自然资源产权的不明晰会降低人力资本增量的边际收益，使得为人力资本增加而付出的努力效果不高，然而经济的发展需要人力资本提高，因此，在逐步明晰产权的同时，应加大人力资本投入。

（4）向民众宣传可持续发展的重要性，增强民众的可持续发展观念。通过多种途径向民众宣传可持续发展的重要性，如公益广告、网络、新闻等，从而使得民众在生活、工作的各个方面都能够以可持续发展为参照，增强其未来意识，从而减少不必要的消费。

第七章

基于两山理论的制度体系构建

贵州尧人山国家森林公园水族村寨（李贵云 摄）

制度是践行理念、规范社会经济行为的基础。为了更好地践行两山理念，推进生态文明建设，本章在以上从哲学、经济学和产权视角对两山理论解析的基础上，探讨基于两山理论的制度体系的构建。

一、基于两山理论的制度体系的构建思路

习近平同志的两山重要思想，实际上对我国经济社会转型、推进生态文明建设、建设美丽乡村等重大实践均有不可估量的指导价值。两山重要思想充分体现了马克思主义的辩证观点，系统剖析了经济与生态在演进过程中的相互关系，深刻揭示了经济社会发展的基本规律。而且从根本上定义和解决了人在从事物质生产中对物质利益的追逐与人赖以生存的环境生态之间的关系、保护环境生态与发展生产力之间的关系、环境生态与财富的辩证统一关系等。

基于两山理论的制度体系的构建思路如下。

首先，要从思想上树立与落实正确的"绿水青山就是金山银山"的生态理念。要建立可以体现两山理论的制度体系，要自上而下地从思想上进行统一，要树立尊重自然、顺应自然、保护自然的理念，发展和保护相统一的理念，自然价值和自然资本的理念，空间均衡的理念，山水林田湖是一个生命共同体的理念，从而引领行动，最终推进生态文明体制的改革。

其次，要从原则上把握好保护与发展的关系。发展应建立在科学合理、有序适度的基础上。通过生产、生活和生态空间的合理分配和适当布局，以及开发、保护两个边界的调整，对区域整体空间的开发和保护进行全面部署和总体安排。

再次，要从构建的主体上处理好多元主体之间的关系。规划中的参与主体是指能够影响规划决策同时也被规划决策所影响的个人、群体或组织。公众参与、部门合作、规划评议委员会、专家的介入等都有利于促进规划科学性的提升，也有利于发挥专家在政府和公众矛盾中的调节作用。

最后，要在制度运行过程中协调好空间规划与其他规划之间的关系。有关生态环境保护等具体工作，应以生态环境规划为统筹，发展规划、城乡规划和土地利用规划均不能与生态环境规划相冲突。不同层级空间规划之间的关系需要对应各行政层级在生态文明建设总体部署中的权力、义务以及按照不同资源种类的

重要程度，实行国家、省、市县三级代理行使所有权职责的体制，实现效率和公平相统一。生态文明建设要求的三级空间规划之间的关系为顶层设计和地方实践的良性互动、有机结合，体现了从实践中来、到实践中去的关系逻辑。2015年9月11日，中共中央政治局审议通过的《生态文明体制改革总体方案》确定了空间规划的指南性定位，也对空间规划体系的建设提出了具体要求。空间规划体系建设作为生态文明建设的一部分，也需要与经济建设、政治建设、社会建设和文化建设共同协调发展。

二、基于两山理论的制度体系的构建

党中央、国务院历来高度重视生态文明建设。党的十八大作出了把生态文明建设放在突出地位，纳入中国特色社会主义事业"五位一体"总布局的战略决策，十八届三中全会提出加快建立系统完整的生态文明制度体系，十八届四中全会要求用严格的法律制度保护生态环境。2015年5月，党中央、国务院印发《关于加快推进生态文明建设的意见》，既是落实全会精神的重要举措，也是基于我国国情作出的战略部署。基于两山理论的制度体系的构建可以从以下几个方面展开。

（一）构建权责明晰的自然资源环境产权制度体系

本书第六章基于产权视角对两山理论进行了理论解析。分析结论表明，自然资源的产权明晰程度对经济可持续发展、人力资本积累及环境保护都起重要的积极作用，而完善的法律保障，有助于这些积极作用得到更有效的发挥。

产权问题，在市场经济体系中历来都是一个基础性、焦点性问题，也是最为基础、最为敏感、最为棘手、最为困难的问题。《生态文明体制改革总体方案》强调，推进生态文明体制改革要搭好基础性框架，构建产权清晰、多元参与、激励约束并重、系统完整的生态文明制度体系。《中共中央关于全面深化改革若干重大问题的决定》第51条明确指出："健全自然资源资产产权制度和用途管制制度。对水流、森林、山岭、草原、荒地、滩涂等自然生态空间进行统一确权登记，形成归属清晰、权责明确、监管有效的自然资源资产产权制度。"自然资源资产产权制度，是生态文明制度体系的一项基本制度，关系到自然资源资产的开发、利用、保护等各方面。建立健全自然资源资产产权制度，是生态文明体制改革的重点和难点所在，需要不断加深认识和探索。

我国目前的自然资源资产产权制度，是中华人民共和国成立70年来经过至少四次重大变化而形成的，这些变化和调整是与每个时期所确立的国家大政方针高度关联的。我国现行的自然资源资产产权制度大致形成于20世纪90年代初，为我国新时期改革开放、构建社会主义市场经济体系、支撑经济持续高速发展做出了重要贡献。但同时，也暴露出诸多问题：第一，对资产价值的认识问题；第二，产权主体的合理性问题；第三，产权边界的清晰性问题；第四，产权转移的顺畅度问题；最后，收益格局的合理性问题。目前资源产权制度尚不能保障产权主体获得应得的资源收益，既表现为国有产权主体的资源收益流失的问题，也表现为集体产权主体的资源收益受到侵害的问题。

首先，要进一步完善由全民或国家所有者以及集体所有者共同组成的中国特色自然资源产权主体结构，强调各类产权主体的权利和义务的平等与均衡。

其次，要进一步明确各类自然资源之间、各类产权主体之间的资源产权边界，尤其是各类土地、农、林、草、矿产、水资源之间的产权边界，并且重点厘清国家和集体资源产权的边界。

第三，要以强化资源处分或处置权、保障资源收益或受益权为核心，健全资源产权权能。

第四，要以消除资源管理体制和资源配置机制等方面的障碍为突破口，促进资源产权顺畅、有效流转。

第五，要以切实保障国家利益和集体利益为核心，改进资源利益分配格局，提高资源利益格局的合理性。

第六，要加快修订完善土地管理法、矿产资源法、水法、草原法、森林法等资源法律法规，研究制定海洋基本法，加强自然资源综合立法，并加强行政执法监督，建立健全对资产管理机构的多元监督机制。我国的产权法律保障还存在着较大的漏洞，国家没有对产权做明确和详细的规定，只是相关法律中有表述。法律条例无法满足产权边界的准确界定和权责准确分配，结果造成环境产权客体受损，表现是严重的环境问题，而环境主体一方面因为环境问题承受了权利的损失，另一方面可能无法对造成环境问题的主体实现有效地追责。

（二）构建提升市场化程度的法律与政策体系

环境保护与经济发展犹如一枚硬币的正反面，谁也无法离开谁。长期以来，我国多以行政手段推动环境治理，虽然能起到立竿见影的效果，但无法持续、有效地引导资源向绿色产业转移，推动结构转型。构建完整的环境治理体系需要市场的参与，要充分发挥"看不见的手"作用。党的十八届三中全会指出，经济体制改革是全面深化改革的重点，核心问题是处理好政府和市场的关系，使市场在资源配置中起决定性作用，并更好地发挥政府作用。其中"使市场在资源配置中起决定性作用"被普遍认为是本次全会的重大理论突破和最大亮点，这句话一方面揭示了市场在资源配置和经济发展中的地位和作用，一方面彰显了我国坚持社会主义市场经济的决心。而市场在资源配置过程中的重要性意味着，市场化对于生态文明建设也具有重要意义（王彦，2016）。

要素市场体系的构建与产品市场化程度的提高，是构建提升市场化程度的法律与政策体系的主要目标。通过市场，可以促进企业环境成本内部化，引导和激励企业转变发展模式，改进技术工艺，节约资源，减少污染。因此，市场化程度的提高有利于自然资源环境的保护，也有利于经济福利的提高。但是，目前我国的市场制度还存在着种种问题：首先，市场制度不完善，市场机制基础薄弱，规范性政策文件存在缺失和矛盾；其次，市场制度的制定者中既有中央政府也有地方政府，且各级政府又是由不同的职能部门进行设计，因此没有形成统一的法规和制度要求，在执行标准和具体操作方式上难免存在不一致。上述问题导致市场资源配置的有效性大打折扣。

为解决上述问题，发挥市场机制在环境资源配置中的决定性作用，从而为生态文明建设提供有效保障，需要从国家层面加强顶层设计，出台统一的、专门的法律法规。如在《中华人民共和国宪法》中明确资源环境的有偿使用的相关条文；政府应建立和完善市场化机制，充分发挥市场机制在资源配置中的决定性作用；创新资源性产品价格形成机制，完善政府、企业、消费者共同参与协商的定价机制；更多运用经济杠杆进行环境治理和生态保护的市场体系，按照价、税、费、租联动机制，适当提高资源税税负，加快开征环境税，完善计征方式，积极探索运用税费手段提高环境污染成本，降低污染排放；健全生态资源补偿和交易制度，发展环保市场，推行节能量、碳排放权、排污权、水权交易制度，建立吸引社会资本投入生态环境保护的市场化机制。此外，通过第六章和上一小节的介绍，市场对资源进行配置只有在产权明确的前提下才能更为有效，因此，必须要完善对产权的法律保障，使资源的所有权归属明确。

（三）构建践行两山理念的财税和金融制度体系

早在 2007 年，国家环保总局就首次提出建立环境经济政策架构和路线图，联合人民银行、银监会、财政部、保监会、证监会、商务部等多部委，陆续推出了价格、税收、财政、信贷、收费、保险等一系列经济政策，初见雏形。这几年的实践证明，经济政策在促进环保产业发展中起了重要的作用，以"绿色保险"和"绿色信贷"政策为例，两政策发挥了金融保险对产业的导向作用，在一定程度上遏制了高耗能高污染产业的盲目扩张，并促进低能耗低污染产业的发展。因此，好的经济政策能够实现环境保护与经济发展的双赢，在诸多经济政策中，财税制度和金融制度涉及领域宽、与企业居民等社会群体联系最密切，为更好地践行两山理念，必须构建合理的财税制度和金融制度，从而对单位、个人等主体的行为发挥正确的导向作用，实现不破坏环境的经济发展。目前，我国为促进生态文明建设而采用的财税和金融政策工具主要有绿色税收、绿色金融服务和政府财政支出等（孙毅，2012）。

绿色税收政策能够将环境污染、资源使用的外部成本内化于企业的生产成本中，促进企业做出有利于生态文明建设的选择，同时为生态文明建设提供了资金来源。目前，我国的绿色税收体系包括税和费两大形式，其中税包含资源税、消费税、城镇土地使用税等，费包括排污费、垃圾处理费、环境补偿费等众多种类。这些税费政策条目繁多，缺乏系统和协调性，因此要通过合理规划，理顺不同税、费之间的关系，构建系统性的、相互协调、条理清楚的绿色税收体系。此外，还应加大税收的收费力度，强化绿色税收的监督管理，特别要完善对不可再生资源的税收政策。

《生态文明体制改革总体方案》首次明确了建立我国绿色金融体系的顶层设计，并将发展绿色债券市场作为其中的一项重要内容。2015年12月，中国人民银行在银行间债券市场推出绿色金融债券，同时公布节能、污染防治等6大绿色债券支持项目目录。与传统金融相比，绿色金融最大的特点是它更强调人类社会的生存环境利益，将对环境保护和对资源的有效利用程度作为计量其活动成效的标准之一，讲求的是金融活动与环境保护、生态平衡的协调发展。目前，对绿色金融的关注点仍主要集中在银行的信贷业务方面，绿色金融的整体还处于初步发展阶段，且目前缺乏良好的政策和市场环境，缺乏内外部激励和监督，战略安排和政策配套比较欠缺，因此发展速度也较为缓慢。

除了上述两类政策工具，政府还可通过财政支出，提高对环境基础设施的投资，推行绿色采购计划，树立政府生态环保消费的引领示范作用。具体看来，中国现行财税制度中真正体现生态补偿原则的主要是排污费、生态环境补偿费和矿山环境恢复治理保证金以及地方性生态收费项目。随着资源有偿使用范围的扩大，有关自然资源和生态环境资源的权属确定滞后于社会经济发展的需要，在财税制度中的体现是资源有偿使用和生态补偿制度的设计的缺乏，导致科目空白、缺少被利益相关者普遍接受的生态环境资源价值评定标准和方法、补偿标准低、资金缺口大等问题。

因此，目前我国现行的保护环境财税政策和绿色金融政策均存在着漏洞，需要得到进一步完善和提高，利用税收杠杆和金融手段把资源节约使用和促进生态环境保护结合起来，使生态补偿落实到具体的经济行为，具体措施如下。

(1) 构建绿色预算体系。为保护生态环境和合理利用自然资源，需遵循"以特定的预算收入来源保证特定的预算支出，并使两者具有相对稳定的对应关系"

的原则，制定绿色财政预算，将促进区域绿色经济发展的财力支出纳入财政预算支出范围。

（2）加大绿色财政投入力度。可设立绿色财政支出专项资金，对低能耗、少污染的企业、项目进行奖励和补贴；也可增加对环境保护专项资金的投入，加大对绿色经济发展的支持力度。

（3）建立健全绿色信贷管理机制。对准备贷款的资源型企业或转型项目在环保、安全、能耗等方面实施严格审核，注重审查资源型企业的环保信息和环保技术。逐步推行绿色保险制度，鼓励和倡导资源型企业参加"绿色保险"。

（4）积极开发节能减排融资产品。积极开发新型的节能减排融资市场，推出能源效率管理融资项目，针对资源型企业的不同需求，重点开发节能技改项目贷款、公共事业服务商融资、买方信贷等多种融资产品或运作模式。

（5）加快实施碳金融。按照清洁发展机制的理念，当前我国境内所减少的温室气体排放量，可以通过清洁发展机制转变为有价商品，向其他国家或地区出售。因此，银行可以积极拓展碳金融业务领域，创新碳金融模式，从而为寻求融资支持的资源型节能减排企业提供新的选择（石莹，2016）。

（四）构建政绩考核与人才素质提升的制度体系

党的十八届三中全会《中共中央关于全面深化改革若干重大问题的决定》进一步提出，建设生态文明，必须建立系统完整的生态文明制度体系，实行最严格的源头保护制度、侵害赔偿制度、责任追究制度，用制度保护生态环境，特别是要对限制开发区域和生态脆弱的国家扶贫开发工作重点县取消地区生产总值考核。由此可见，建立完善生态环境绩效评价考核与问责制度，是转变当前中国经济发展方式和改善生态环境质量的紧迫需要，是落实生态文明的根本要求，对建立完善国家生态环境治理体系，进一步发挥环境优化经济发展的基础性作用具有重要指导意义。而在生态文明建设过程中，需要技能复合型、开拓创新型、信息敏感型、协作共事型人才，对人力资源的素质要求较高，因此还需要构建人才素质提升的制度体系，以制度促进生态人才的培养。

从国家及各地生态环境绩效考核的实施情况来看，生态环境考核虽然取得了积极进展，但考核内容在整个干部考核中仍处于十分次要的位置，生态环境绩效考核制度的力度和刚性还不强，考核工作形式化明显，考核结果对党政领导干部的政治前途基本上不会产生影响。此外，考核地方政府生态环境绩效的指标和方法也不够清晰，生态环境绩效考核制度还没有真正形成。对目前生态建设的政绩考核制度中存在的问题可以总结为以下几点：第一是上述制度在目前还缺乏操作性和规范性，并不能得到有效的实践，因此制度效果欠佳；第二是考核技术方法不成熟，生态环境资产负债表编制、考核指标体系和考核评估方法等都没有实现准确地构建，因此难以发挥考核作用；第三是相关法律制度安排基本为空白，生态环境绩效评价考核与问责制度的实施必须要有法律的保障，法治缺失将造成责任逃避等问题，使制度效力大打折扣；四是绩效考核实施落实不够，虽然已经制定了相关制度，但是制度的推行范围、实施力度等还较差。

党的十八大提出了大力推进生态文明建设的战略部署，提出要"增强生态产品生产能力"，要求把资源消耗、环境损害、生态效益纳入经济社会发展评价体系，建立体现生态文明要求的目标体系、考核办法、奖惩机制。因此，解决上述问题必须要构建政绩考核制度体系，建立充分反映资源消耗、环境损害、生态效益的生态文明绩效评价考核和责任追究制度。生态环境绩效评价考核与问责制的建立是一项系统工程，我们应当做到以下四个方面：第一，强化对政府生态环境绩效的评价。第二，建立简单易行的绩效考核指标体系。第三，确保生态环境绩效考核落到实处。面对现有的问题，想要在全国范围内推行生态环境绩效考核制，关键是落实。第四，严格落实生态环境责任追究制。

在完善政绩考核制度体系的同时，还要构建人才素质提升的制度体系，把人才队伍建设作为战略举措来抓，为生态文明建设提供复合型高素质人才，具体应做到以下几点：第一，通过教育、培训、进修等方式培养一批生态化所需要的管理、科研、销售和技工等各类人才。第二，重点资助有培养前途的优秀学术带头人、中青年科技攻坚人才和高层次管理人才到国内外进修深造。第三，鼓励企业将研发中心建在有人才和科研优势的大专院校和科研院所，依托重点开发任务和重大建设项目，有针对性地引进生态急需人才。第四，设立生态人才发展专项基金，用于高层次和紧缺科技人才的引进、培养、管理以及各类奖励、利润提成等形式实现技术、管理等生产要素参与收益分配，鼓励人才积极投入研发工作，推动科技人员向生态科技推广应用的第一线流动。第五，大力推进生态科研项目招投标制和首席专家负责制，财政对生态科技的投入要素要逐步转变为以项目为主的重点支持（楼建明，2015）。

（五）构建两山理论体系的技术提升制度体系

"科学技术是第一生产力"，技术创新和技术研发是生态文明建设的关键所在，因此技术提升制度体系是两山理论体系中的重要组成部分。长期以来，由于传统技术仅片面的注重技术应用的经济指标，忽视了环境指标以及资源能源消耗指标，因此其使用过程是以高消耗、高排放、高污染为主要特征的，既消耗了大量资源，又污染了环境，严重破坏了自然界的生态平衡，导致诸多环境灾害事件发生。在这样的背景下，必须要加快对技术的创新升级，构建技术提升制度体系。

首先，应构建多层次的生态技术创新体系。结合发展实际，目前应对五类技术进行重点开发：第一是资源（能源）替代技术，实现可再生资源（能源）对不可再生资源（能源）的替代；第二是开发并推广经济适用的减量化技术，如节水、节能技术等；第三是开发废弃物资源化技术，如生活垃圾发电技术；第四是研发环境无害化技术，如机动车尾气净化技术；五是研发并广泛应用环境检测技术。与上述各项技术相适应，还需构建四个层次的生态技术创新体系，分别是企业、政府和大学（研究机构）共同参与的产学研合作体系，企业与大学（研究机构）的合作体系，企业自筹资金进行生态技术开发和企业在行业标准和竞争下进行生态技术创新。

BP能源年鉴：中国成为全球最大可再生能源生产国（新华社记者 陈琛 编制）

其次，要加强生态技术创新的组织管理和社会化服务体系。生态技术创新是一个复杂、开放的过程，需要跨学科、多机构的研究人员共同合作。应该在坚持可持续发展和市场导向的前提下，充分发挥规模以上尤其是上市公司在生态技术创新中的主体作用，整合产学研资源，建立产学研结合的生态技术创新组织系统，使企业的生态技术创新主体地位与科研机构和高校的技术支撑相辅相成。此外，还要完善生态技术创新的社会化服务体系，加强技术创新服务平台建设，加强高校、机构和企业在科技开发、人才培养、技术支撑等方面的交流和合作，为生态技术创新提供公共技术服务平台（楼建明，2015）。

苏州沧浪亭河生态浮岛景观（新华社记者 王建中 摄）

除了上述两方面外，还要注重技术创新制度体系与其他制度体系的联动作用。推动技术创新，需要政策激励制度、现代市场制度、社会参与制度、文化提升制度和法律保障制度等五种制度进行联动，构建绿色生态技术创新的联动制度体系。其中，政策激励制度是主导，现代市场制度是平台，社会参与制度是补充，文化提升制度提供软环境，法律保障制度进行硬约束。只有将五种制度动态结合，实现紧密相连的同时，相互促进、相辅相成，才能更有效地推动技术创新（杨发庭，2014）。

实践篇

第八章

浙江省安吉县余村两山转型发展

浙江省安吉县余村村貌（潘学康 摄）

浙江省是两山理论的发源地,也是两山理论的先行者和受益者。在两山重要思想深得人心的背景下,浙江省更进一步按照"干在实处永无止境,走在前列要谋新篇"的要求,深入践行两山重要思想,在新的起点上谋划未来发展。

2005年8月15日,时任浙江省委书记习近平在浙江省安吉县天荒坪镇余村考察时首次明确提出了"绿水青山就是金山银山"重要论断,而后多次进行了系统阐述和升华。在习近平总书记首次提出重要论断的安吉县、湖州市、浙江省三级政府,自习近平2005年提出两山理论以来,深入学习贯彻两山理论,结合社会经济发展实践因地制宜全面落实,坚定不移地走出了一条"绿水青山就是金山银山"的新路子,在全国乃至全球都有重要的示范意义。从区域社会经济发展层面,安吉县、湖州市、浙江省三级政府分别对十余年来的两山发展实践进行了总结提升(夏宝龙,2015;裘东耀,2015;单锦炎,2015),有力推动了社会经济的快速发展。

从浙江省层面来看,浙江省委坚持把"绿水青山就是金山银山"作为指导浙江发展的核心理念,按照习近平同志在浙江工作期间作出的建设生态省、打造"绿色浙江"的决策部署,坚持一张蓝图绘到底,一任接着一任干。2010年,浙江省委十二届七次全会提出走生态立省之路,打造"富饶秀美、和谐安康"的生态

浙江省湖州市境内申苏浙皖高速公路绿化(浙江省绿委办提供)

浙江。2014年，浙江省委十三届五次全会进一步作出建设美丽浙江、创造美好生活的决定。浙江省坚持打好转型升级组合拳，形成落实两山重要思想的生态治理优势，例如以"五水共治"推动系统治水；坚持大力发展美丽经济，形成落实两山重要思想的生态经济优势，例如乡村旅游、民宿经济方兴未艾；坚持以深化改革为动力，形成落实两山重要思想的生态制度优势，例如建立与主体功能定位相适应的党政领导班子综合考评机制，对丽水、衢州两市不再考核GDP；坚持开展美丽创建行动，形成落实两山重要思想的生态建设优势，例如实施"千村示范、万村整治"工程。总体上，浙江省的发展实践，一方面证明了两山重要思想的科学性和正确性、先进性和前瞻性，另一方面切实推进了浙江省社会经济环境的全面协调可持续发展。

　　从安吉县层面来看，首先在于养护好"绿水青山"，始终把"优环境"作为最基础的工作，加大生态保护、环境整治力度。其次，重点抓转化"绿水青山"。按照生态经济化、经济绿色化要求，坚持把项目作为重要的转化载体，紧紧抓住省委"浙商回归"重大战略机遇，找准对接着力点，增强转化实效性。最后，要实现"绿水青山就是金山银山"，根本在于为民谋利，敢担当、重实干。安吉县坚持实干担当，不断保障"绿水青山"向"金山银山"的可持续转化。2005年，根据"绿水青山就是金山银山"的科学论断，在抓好工业布局、产业集聚、资源集约的同时，安吉县大力推进"美丽乡村"建设；2008年安吉县被列为全国首批生态文明建设试点县，提出以"美丽乡村"为载体，整体推进生态文明建设；2014年，安吉县进一步实施了"山青水净"三年行动计划，并且大力推进了净河、

余村两山纪念碑（潘学康　摄）

净水、绿坡、青山、清洁生产、城乡治污、城市畅通的连线成片工程，确保山青、水净、气洁、土沃、景美（严红枫、陈毛应，2015）。安吉县十年的生态文明建设实践，生动说明了"绿水青山就是金山银山"重要思想的强大生命力。

鉴于浙江省既是习近平同志两山理论的提出地，又是践行两山理论的示范地区，这里选取余村的发展案例进行分析，解剖其从"破坏环境获得经济收入"到"绿水青山就是金山银山"的转型历程，并分析其转型的关键因素。

一、基本概况

浙江省安吉县天荒坪镇余村，地处天目山脉北支中部，西、南、北向三面环山，地势西南高，东北低，地势较平坦，属于北亚热带季风气候，气候温和、雨水充沛、光照充足、四季分明。年平均气温14℃，年平均降水量1790毫米，年降水量集中在4～10月。

余村现有总户数563户，人口1855人，分为17个村民小组，主要民族为汉族。村域总面积4.86平方公里，其中山林面积6000亩、水田面积580亩，是典型的"八山一水一分田"。

余村以生态立村、文化立村、产业富村为发展导向，积极挖掘和保护民间生态文化资源，传承和弘扬具有区域特色的生态文化传统，在生态环境、生态文化、美丽乡村建设中取得了丰硕成果。先后获得了"全国美丽宜居示范村""浙江省首批全面小康建设示范村""省级文明村""湖州市生态村""安吉县美丽乡村"等荣誉称号。

余村村貌鸟瞰（潘学康 摄）

二、发展模式

（一）发展条件

余村拥有较为丰富的竹林资源、旅游资源、矿石资源。余村位于安吉县天荒坪风景名胜区的竹海景区内。村域范围内有众多的景观和资源。村境内有被誉为"江南银杏王"的千年古银杏树、有"活化石"之称的百岁娃娃鱼、古代工矿遗址和古溶洞景观、环境优良的"冷水洞"，还有古庵"隆庆庵"等。余村距离镇区约400米，距县城10公里，通过公路与外部相连。安吉县城与上海、南京、杭州和湖州等周边大中城市形成了30分钟到杭湖、90分钟达沪宁的快捷交通网络，为村庄建设提供了优越的基础设施条件。

浙江竹乡交通（浙江绿委办提供）

余村千年古银杏（潘学康 摄）

（二）发展历程

余村地处我国东南沿海地区，开发历史悠久。余村拥有优质的石灰岩资源，从 20 世纪 70 年代起，余村改变了以传统种养殖业为主的发展模式，开始对地区矿产资源进行全面开发，开采矿山，建立水泥厂，通过余村当地有限的石灰岩资源增加村民收入，带来了明显的经济效益并逐步完善了地区基础设施建设。20 世纪 90 年代，余村成为了安吉县规模最大的石灰石开采区。与此同时，矿产资源的过度开采最终导致了生态环境的全面恶化。当时矿区烟尘漫天，常年一片灰蒙蒙，许多村民都不敢开窗户。因为被厚厚的粉尘覆盖，缺少光照，竹林里的笋也一年比一年长得小。当地果树、山笋等无法正常生长，导致农业无法正常发展，同时开矿的噪音及采矿的安全隐患也让居民很难安宁地生活。尽管当时凭借"靠山吃山"成为远近闻名的"首富村"，但是环境质量却是越来越差。

生态环境以及社会经济方面的多重压力倒逼余村经济发展需要转型。2000 年，余村首次开展村庄环境治理"五改一化"；2001 年，安吉确立"生态立县"战略；2003～2005 年，余村村民逐渐关停矿山和水泥厂，实行封山育林。在实现转型的过程中余村村民的收入水平大幅度下降，村集体年收入一下缩水到不足原来的十分之一。村委会利用当地丰富的竹林资源开办竹制筷子厂，同时也有部分村民改造自家房屋建设农家乐，由石灰岩资源开采产业逐步向旅游业过渡。

2005 年 8 月 15 日，时任浙江省委书记习近平到余村考察，肯定了余村的做法并称赞其是"当鱼和熊掌不可兼得的时候，要学会放弃，要知道选择，发展有多种多样，要走可持续发展的道路，绿水青山就是金山银山"，为余村继续发展生态经济增添信心。习近平同志还指出：浙江拥有良好的生态优势，如果能把这些生态环境优势转化为生态农业、生态工业、生态旅游等生态经济的优势，那么绿水青山也就变成了金山银山。

在习近平两山理论的指导下以及生态县建设的要求下，余村很快开展了一系列环境治理工程，从整体改善全村的生态环境。2011年，余村推广农家乐。被青山翠竹环抱的余村获得了不少游客的青睐，游客们吃农家饭、住农家屋、干农家活、享农家乐，旅游产业的发展风生水起，农民们也都获得了不少的收益。余村还重新编制了发展规划，把全村划分为生态旅游区、美丽宜居区和田园观光区三个区块，将村民生活、生产与发展的空间作了合理布局。村里还决定，利用境内天荒坪抽水蓄能电站景区以及村里历年的积累，投资建设荷花山高品质景区和旅游生态区，由当初的被动产业转型升级逐渐主动构建新产业发展，即由传统的可耗竭资源开采为主的产业逐渐主动地探索乡村旅游和农家乐的发展之路。

余村主要产业发展状况：第一产业以种植毛竹、茶叶为主，农产品主要为毛竹、竹笋、茶叶等，其中安吉县白茶产业在余村经济产业中占有重要比重。20世纪90年代由于环境问题余村农业无法正常生产；2015年余村正向生态农业发展，通过省县技术指导以及村民自发组织的农业技术培训，各要素生产效率有所提高。第二产业主要体现在个体私营企业经营的工商业。乡镇及县域的二产的发展吸引了劳动力，21世纪初，余村劳动力外流较大；但2015年随着当地工商资本的引入，出现劳动力回流现象，劳动力主要来源于周边村和本村回乡创业村民。

余村荷花山下的荷花（潘学康 摄）

余村竹海自行车道（潘学康 摄）

余村街道（潘学康 摄）

余村冷水洞水库（潘学康 摄）

余村文化礼堂（潘学康 摄）

第三产业主要依托荷花山景区、荷花山漂流等景区项目以及农家乐。景区方面，余村规划了构建"一轴四区"的总体布局，即"余村路沿路景观轴""乡土风情游览区""五彩田园观光区""水库生态旅游区"和"山地徒步体验区"，可以满足不同游客的观光和体验式旅游需求。农家乐方面，主要采用农家乐经营主体当地村民与合作社联合的运营方式，由当地村民带头人的公司统一负责，采用"农户＋政府＋企业"的运营模式。目前14家农家乐、410张床位在旺季时供不应求，在漂流景区工作的60多位村民，每人每月工资高达5000多元。在转型过程中，余村还注重基础设施的建设和村民环境保护意识的增强，在保洁方面，村庄3公里范围内共建立了4个公共厕所，布点15个垃圾分类池，村民还自发组织了生态护卫队，及时纠正游客的不文明行动，并监督着农家乐有无偷排污水、乱倒垃圾等现象。在实现"养山富民"的愿景之后，余村又做起了"既要口袋富裕，更要精神富裕"的梦，为了打造余村人自己的"精神家园"，村里建立起了文化礼堂、文化大舞台、灯光球场，丰富了余村人的业余生活。

十年间余村在两山理论的指导下不断深化和完善转型发展，污水处理率从30%上升至90%，绿化面积从1万平方米上升至10万平方米，村集体经济总收入从91万元上升至304万元，村民人均收入也从8732元上升至27677元。围绕着"环境优美、生活甜美、社会和美"的目标，大力开展生态文明建设，集中精力发展休闲旅游经济，带领全村人民走上绿色发展道路，可以说，从"卖石头"到"卖风景"，余村真正实现了既保护了"绿水青山"，也从中获得了"金山银山"（宦建新，2015）。

（三）模式总结

从发展路径来看，余村早期主要通过开采矿山、破坏生态环境来获取经济收入，也就是通过消耗"绿水青山"获得"金山银山"。在矿产资源日渐枯竭、生态环境恶化、生态县建设契机下，关停矿山，依托县乡村美景来发展旅游业，也就是非消耗性利用绿水青山获得金山银山，从而实现了二者的双赢。通俗地说，浙江省安吉县余村的发展实现了从"卖石头"到"卖风景"的转变，从原来的破坏环境换得收入转变为保护环境、发展旅游获得收入，实现了"绿水青山就是金山银山"。从转型路径来看，余村的发展历程主要是被动转型，即在矿产资源枯竭、生态环境恶化的背景下不得不进行的转型，转型过程中出现了收入的大幅下降。

余村矿山遗址公园（潘学康 摄）

从组织模式来看，余村的转型发展呈现出"政府＋农户"的基本模式。政府在两山理论的指引下开始引导村民进行产业的转型与升级。在面对生态环境与经济发展的冲突时作出正确的选择——关停矿山鼓励村民开展乡村旅游业。利用当地丰富的旅游资源并将其直接转化为经济发展的成果，当经济发展取得一定成效时引导经济发展反哺资源环境，建设良好的社会环境和氛围，为农村经济发展进入良性循环做铺垫。农户作为农村经济发展的建设者和建设成果的享有者，在两山理论践行的过程中发挥了主体作用。随着农户逐渐认识到破坏环境的后果以及保护环境的重要意义，农户们逐渐开始了发展观念的转变和主要产业的转型，通过开发毛竹资源和优美的生态环境，充分发挥主观能动性，自主开发，形成了新的产业和经济增长点。

三、总结与思考

余村的发展实践表明，从长期和全局来看，以破坏生态环境换取经济增长、以消耗"绿水青山"获得"金山银山"的发展模式是不可持续的。对于整个地区或者人类而言，生态环境或者说"绿水青山"的总量是有限的，通过消耗性利用必然会遭遇"增长的极限"。因此，推动地区经济发展需要综合开发利用自然资源。只有合理利用自然资源才能减轻经济发展给生态环境带来的压力，才能在守住"绿水青山"的同时也获得"金山银山"。要实现资源的充分利用就必须掌握一定的科学知识，运用现代科学成果，采用合理的经营模式，提高资源利用效率。

余村的发展实践还表明，将"绿水青山"转化为"金山银山"要做到因地制宜，针对不同的实际情况采用不同的经营策略，不能照搬照抄别人的成功经验，而是要立足于当地的发展状况，寻找最合适的解决问题的办法。将"绿水青山"转化为"金山银山"的道路不止一条，但要想推动经济发展就必须从当地的资源生态环境入手，找到实现转化的正确切入点。

这里从观念、市场、要素、政策等多个方面深入分析余村成功转型发展的主要内在因素与外在因素。

其一，观念方面，矿山开采导致资源环境的恶化推动了认识观念的转变。在经历了矿山开采、生态破坏、环境恶化的过程后，当地村民认识到了生态环境的重要性，更加注重保护生态环境，这也为转型发展奠定了观念基础。

其二，市场方面，生态旅游市场需求不断扩大推动了余村的转型发展。余村能成功实现转型升级的另一重要因素是其具有大量的旅游需求，这也得益于其得天独厚的自然景观与地理区位优势。余村临近的安吉县城与上海、南京、杭州和

余村花海（潘学康 摄）

余村党建文化广场（潘学康 摄）

湖州等周边大中城市形成了 30 分钟到杭湖、90 分钟达沪宁的快捷交通网络。余村优美的自然田园风光对于在其附近居住的经济发达区人民形成了较大的吸引力，这为余村带来了丰富的旅游需求，也是促进余村发展转型升级的一大推动因素。可见，周边城镇经济发展水平较高，人们也更注重生态环境，愿意为生态环境旅游而付费，从而促进了余村转型发展。

其三，人员要素方面，丰富并流动的劳动力为产业转型提供了保障。二产的发展使得余村劳动力外流至乡镇及县域，而随着工商资本引入村庄，荷花山景区、荷花山漂流等景区项目及农家乐得到了快速的发展，推动了周边村和本村回乡创业劳动力人数的增加，出现了劳动力回流的现象，这为余村的产业转型发展提供了保障。

其四，科技要素方面，农业生产、旅游产业、生态环境治理与修复等方面的基础进步为新兴产业发展提供了支持。农业技术的指导以及村民自发的农业技术培训推动了现代农业的产业化发展，为观光农业、休闲农业提供了技术支持。在旅游产业发展中，充分利用信息化等现代科学成果，采用有效的经营模式，推动旅游产业发展。在生态修复、污水处理、垃圾处理等环境治理过程中，引入新型科技，采用新型设备，提高了资源的回收利用率，减少了环境污染，保住了绿水青山，带来了金山银山。

其五，要素整合方面，新型经营主体与组织形式的丰富给新兴产业的发展提供了要素整合途径。余村的经营模式将政府政策、劳动力、社会资本、技术等生产要素与当地的资源状况、市场化程度集合在一起，推动了产业的转型与升级和农村产业链的延伸，提高了各要素的边际生产率，从而带来收益的提高与农户福利的改善。

其六，政府方面，政府主导的农村综合改革提供了政策支撑。国家政策在余村的转型发展中发挥了很重要的作用。政府关停矿山，在两山理论的指引下开始引导村民进行产业的转型与升级，鼓励村民开展乡村旅游业。政府为余村发展投

浙江安吉竹海旅游

入了大量的基础设施建设工作,大力开展环境治理工作,美化了环境,奠定了乡村旅游的基础。鉴于在将"绿水青山"转化为"金山银山"的过程中政府作用的关键性,政府部门需要引导农户逐步走上资源节约型和环境友好型道路。这就要求政府职能转变,加强政府的服务作用,提高行政能力,加强对地区经济发展的扶持力度,为农村经济的发展提供良好的制度环境。

第九章

河北省塞罕坝机械林场的转型发展

生态屏障（王龙 摄）

2017年8月，习近平总书记对塞罕坝林场建设者感人事迹作出重要指示，指出："55年来，河北塞罕坝林场的建设者们听从党的召唤，在'黄沙遮天日，飞鸟无栖树'的荒漠沙地上艰苦奋斗、甘于奉献，创造了荒原变林海的人间奇迹，用实际行动诠释了绿水青山就是金山银山的理念，铸就了牢记使命、艰苦创业、绿色发展的塞罕坝精神。他们的事迹感人至深，是推进生态文明建设的一个生动范例。全党全社会要坚持绿色发展理念，弘扬塞罕坝精神，持之以恒推进生态文明建设，一代接着一代干，驰而不息，久久为功，努力形成人与自然和谐发展新格局，把我们伟大的祖国建设得更加美丽，为子孙后代留下天更蓝、山更绿、水更清的优美环境。"

在"绿水青山就是金山银山"理论的不断发展中，涌现出了一批批两山理论的践行者，生态文明与经济协调发展的建设者，河北省塞罕坝机械林场正是这样一个生动范例，并因此得到了习近平总书记的赞扬。这里以河北省塞罕坝机械林场为例，对于塞罕坝机械林场的转型历程与发展模式进行分析，并分析其转型的关键因素。

一、基本概况

河北省塞罕坝机械林场，位于河北省承德市围场满族蒙古族自治县北部坝上地区（与北京市中心直线距离283公里），当地海拔1010～1939.6米，境内是滦河、辽河的发源地之一。塞罕坝林场属典型的半干旱半湿润寒温性大陆季风气候，春秋两季较短，冬季漫长寒冷，夏季短暂凉爽，极端最高气温33.4℃，极端最低气温 −43.3℃，年均气温 −1.3℃，积雪7个月，无霜期67天，年降水量460毫米，大风日数53天。土壤类型以山地棕壤、灰色森林土和风沙土为主。地处森林 − 草原交错带，植被类型多种多样，主要为落叶针叶林、常绿针叶林、针阔混交林、阔叶林、灌丛、草原与草甸和沼泽及水生群落。

塞罕坝机械林场是河北省林业厅直属的大型国有林场和国家级森林公园、国家级自然保护区，也是国家5A级旅游区。塞罕坝林场总经营面积140万亩，森林覆盖率80%。其中有林地面积112万亩，林木蓄积量1012万立方米；人工林面积在同类地区居世界第一；单位面积林木蓄积量是全国人工林平均水平的2.76

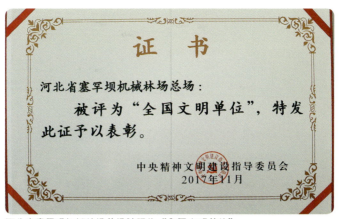

河北省塞罕坝机械林场总场被评为"全国文明单位"

倍,全国森林平均水平的 1.58 倍,世界森林平均水平的 1.23 倍;林场拥有良好的生态环境和丰富的物种资源,堪称珍贵、天然的动植物物种基因库。据中国林科院核算评估,塞罕坝机械林场森林资产总价值约 200 亿元,每年提供超过 142 亿元的生态服务价值。

河北省塞罕坝机械林场以绿色发展为导向,坚持生态发展、经济发展、文化发展,并在不断发展中取得了丰硕成果。林场先后荣获"时代楷模""全国五一劳动奖状""全国文明单位""河北省生态文明建设范例""河北省先进集体""全国国有林场建设标兵"等荣誉称号。林场先后被确定为全国爱国主义教育示范基地、绿水青山就是金山银山实践创新基地、国家林业局再造秀美山川示范教育基地,中央国家机关工委中央国家机关思想教育基地、河北省爱国主义教育基地、河北省林业厅艰苦创业教育基地。2017 年 12 月 5 日,塞罕坝机械林场荣获联合国"地球卫士奖"之"激励与行动奖"。2018 年 3 月 1 日,塞罕坝林场建设者获得中央电视台感动中国 2017 年度人物团体奖。

二、发展模式

(一)发展条件

塞罕坝地区拥有丰富的森林资源、野生动植物资源与良好的旅游资源。这里有森林景观 110 万亩,草原景观 20 万亩;良好的生态环境成为了野生动植物栖息的天堂,塞罕坝地区拥有非常丰富的野生动植物资源,比较有特点的野生植物有金莲花、野罂粟等,还有梅花鹿、黑琴鸡、天鹅等珍贵的野生动物;在塞罕坝地区,自然景观与别致的人文风情构成了独特的旅游资源。塞罕坝机械林场属于多民族居住区域,是满、蒙、汉等多个民族交汇聚集的地区,多种传统文化并存,

冰雪风光（王龙 摄）

形成了丰富多彩的人文景观。同时，塞罕坝机械林场冰雪资源丰富，具有非常丰富的地形条件，夏季拥有舒适的避暑气候，使塞罕坝国家森林公园成为独特的生态旅游胜地。

（二）发展历程

1. 生态环境恶化阶段

塞罕坝地区在历史上森林茂密，鸟兽繁多。公元1681年，清朝康熙皇帝设立木兰围场，塞罕坝是木兰围场的重要组成部分。清朝末期，木兰围场被开围放垦，树木被大肆砍伐，到20世纪50年代初期，原始森林荡然无存，生态环境急剧恶化，塞罕坝从绿洲退化为茫茫荒原。

2. 探索生产技术，艰苦创业阶段

《围场县塞罕坝国营机械林场1959年工作计划》有这样的表述："1959年是苦战三年决战的一年，因此各项建设都要在这一年内以更快，更大的速度向前发展。我们林业工作者，也必须赶上这种大规模的高速度的建设社会主义的形势要求，根据这种要求来安排自己的工作和制订计划。我场是1958年计建单位，它的基本特点是：地区偏僻，人烟稀少，荒山荒地面积多，造林任务大，根据以林为主，结合开展副业生产的经营方针，加速坝上自然面貌的改变，缩小目前情况和园林化之间的距离，我们也必须以大干、苦干的顽强意志和敢想敢做的共产主义风格来完成自己的工作任务。人造林：每年计划造林十万亩。种苗来源和劳

力问题全部依靠群众共产主义支援,采取先绿化、林化的办法,凡是坝上地区能够生长的树种,群众有啥种苗,就造啥林。"

1962年塞罕坝林场正式组建。第一批塞罕坝林场人走上高原,拉开了塞罕坝林场建设的帷幕。由于没有高寒地区造林的经验,塞罕坝林场自建苗圃,攻克了高寒地区全光育苗技术难关,实现就地育苗。1962年、1963年林场两次造林失败后,在1964年春天开展了"马蹄坑造林大会战",自此以后,造林成活率由不足40%提升到了95%以上,这一成果振奋了林场人的士气。从此,塞罕坝的造林事业开足马力,最多时一年造林8万亩。

从1962年建场到1982年,塞罕坝林场以大规模造林为主,一步步改革完善技术,超额完成建场时国家下达的造林任务,在沙地荒原上造林96万亩,总计3.2亿余株,保存率70.7%,创下当时全国同类地区保存率之最。原林业部评价塞罕坝造林成效为"两高一低",即成活率高、保存率高、成本低。塞罕坝林场终于在茫茫荒漠之中创造出了绿水青山。

3. 营林方式转变,林场管护阶段

1983年,塞罕坝机械林场的建设进入经营阶段,林场由造林期转入营林期,开始走"育、护、造、改相结合,多种经营,综合利用"之路。"三分造,七分管",为了从根本上保证造林能成林,成林能成材的标准,林场成立了专业化管理队伍,从防火治虫到间伐出材,制定了一整套规章制度。从1983年到1990年,林场活立木总蓄积量由123万立方米增加到254.5万立方米,实际增长量为131.5万立方米,占基数的106.9%,翻了一番。塞罕坝机械林场实现了从把树栽活到把树管好的巨大转变。

绿水青山(王龙 摄)

4. 创新发展路径，可持续发展阶段

1991年，塞罕坝进入第二经营阶段。1993年，塞罕坝国家森林公园由林业部批准设立；2002年，成立了塞罕坝省级自然保护区，2007年晋升为国家级自然保护区。为了实现林场的可持续发展，塞罕坝林场进行了产业转型与升级。木材生产曾经是塞罕坝林场的支柱产业，一度占总收入的90%以上。近年来，林场大幅度压缩木材采伐量，保证森林资源总量的持续健康增长，木材产业收入占总收入的比重持续下降。在近五年，已经降到了50%以下。在旅游业方面，塞罕坝森林旅游业已经基本形成"吃、住、行、游、购、娱"配套产业链，公园内共有各类宾馆、度假村120余家，日接待能力达到1万人次以上。目前，来塞罕坝旅游的年均人数已达50万人次，年均增长率保持在30%以上。与此同时，塞罕坝地区的苗木产业、风力发电项目、碳汇产业等绿色产业也在不断发展。如今，塞罕坝全场分为国家级自然保护区、商品林、国家级森林公园和公益林等四大板块经营，实行分区施政，分类管理。在管理和经营上，坚持"保护和经营同样重要，培育和利用同时实施"的条则。

在两山理论的引导下，塞罕坝机械林场在绿色发展、产业转型的同时，带动了塞罕坝地区的经济发展，提升了林场一线职工的生活质量与幸福指数，走上了可持续发展之路。在这个过程中，塞罕坝人更有效地保护了绿水青山，并收获了金山银山。

塞罕坝昔日茫茫荒原（王龙 摄）

塞罕坝今日万顷绿洲（王龙 摄）

（三）模式总结

从发展路径上看，塞罕坝在清朝曾经拥有十分辉煌的历史，但在清朝末期，生态环境被破坏；在这种情况下，为了肩负起培育木材、保护生态的重责，国家建立了塞罕坝林场，承担起造林的责任，在茫茫荒漠中创造了绿水青山；当森林达到一定面积时，塞罕坝林场的创业者适时转变观念，提高森林质量，原来的以生产木材为获得收益的主要方式的情况也发生了改变，依托塞罕坝美景来发展旅游业，也就是非消耗性利用绿水青山获得金山银山，在发挥良好生态效益的同时创造了经济效益，从而达到了二者的双赢，实现了"绿水青山就是金山银山"。

从转型路径来看，塞罕坝机械林场主要是通过一系列的创新与改革来为林场发展注入新的活力。随着时代的不断发展，人们的观念发生变化，塞罕坝机械林场所承担的历史使命也在不断发生变化，为林场在新的发展阶段提供了契机。林场的旅游业、碳汇产业等绿色产业在这个过程中逐渐发展。现阶段，塞罕坝林场的改革实施方案已经制定，提出到 2020 年森林生态功能显著提升、管理体制全面创新等目标，将进一步明确定位、理顺体制、完善机制、保护生态、改善民生，促进林场可持续发展。这样的改革方向，将带领塞罕坝林场在发展的同时，可以更好地提高林分质量和森林管护，在创新与改革中不断发展。

从组织模式上来看，塞罕坝机械林场是在政府的引导下进行改革与升级。塞罕坝机械林场的发展，离不开政策的支持，从 1962 年林场建立以来，便得到了政府的重视，在塞罕坝机械林场的创业阶段，为了完成林场所肩负的四大发展重任，塞罕坝机械林场"先治坡、后置窝，先生产、后生活"，不畏艰险，立志创业。发展到一定阶段，政府全面推行的国有林场改革也为林场发展提供契机。其

风景如画（王龙 摄）

中，河北省下达塞罕坝林场的"十三五"采伐限额为每年20.4万立方米，但林场实际的林木蓄积消耗量，控制在13万立方米左右，木材产业占据林场主要收入的情形发生了改变。近年来，在政府大力践行两山理论的新形势下，塞罕坝林场致力于发展森林旅游、绿化苗木、风电等绿色产业，创造了生态效益与经济效益。政府积极引导林场走向保护生态、经济发展的道路，鼓励塞罕坝林场再接再厉，在绿水青山中创造金山银山。

三、总结与思考

河北省塞罕坝机械林场这半个多世纪以来的实践，在荒原上创造出了林海，又用实际行动诠释了"绿水青山就是金山银山"的理念。在社会主义现代化的今天，我们不断倡导生态文明建设，倡导"绿水青山就是金山银山"，而塞罕坝以其最真实的事例表明，在推动地区生态建设的同时，只要合理利用自然资源，根据实际情况制定合适的经营方案，"绿水青山"转化为"金山银山"的构想就会变为现实；塞罕坝的实践还表明，一个地区在发展的过程中，应该根据自身不同阶段的特点，制定合适的目标与发展方案，找到正确的切入点。因此，经济的发展不再是站在生态发展的对立面，而是运用现代的科学管理方针，跟随良好的发展方向，在可持续的基础上进行发展。塞罕坝机械林场转型成功主要有以下一些因素：

（1）观念的转变。塞罕坝林场每一次的转型都伴随着观念的转变，在此过程中，塞罕坝林场从造林到护林的转变，从以前靠木材致富到如今靠绿水青山致富的转

森林氧吧（王龙 摄）

变，这些转变不仅是形式的转变，也是观念、发展模式的重要转变。林场职工认识到了提高森林质量，使自然资源可持续发展的重要性，拥有了在保护生态中谋求绿色发展的观念，这也为转型发展奠定了观念基础。

(2) 科学合理的规划。科学规划、合理发展是塞罕坝林场能够持续发展的必要条件。目前，塞罕坝林场所实行的四个板块分区管理、分类经营的模式，使不同经营区能够达到合理管护、因地制宜的效果，达到了科学管理的目的。在未来的发展中，塞罕坝机械林场更应发挥这一优势，继续采用严谨的科学态度对林场进行分区、分片管理，规划好公益林与商品林的比例，使林场在发挥经济效益的同时，能更好地发挥生态效益。在科学的管理模式下，使森林的可持续发展与经济的发展相协调，顺应时代的变化，创造出新的机遇。

(3) 林场发展与市场趋势相结合。近年来，森林旅游、森林疗养等热门产业不断发展，苗木绿化、风电等绿色产业的需求也在不断扩大，在可持续发展的大趋势下，市场需求的变化与扩大带动了塞罕坝林场的转型发展。生态旅游是塞罕坝地区发展的战略重点，在发展旅游产业的同时，塞罕坝地区积极发展苗木产业，大力发展容器培育绿化苗。碳汇产业是当今的新兴产业，塞罕坝机械林场同时抓住这一机遇，成为华北地区首个在国家发改委注册成功并签发的林业碳汇项目，也是迄今为止全国签发碳减排量最大的林业碳汇自愿减排项目，并在 2018 年达成交易，按碳交易市场行情和价格走势，如林场造林碳汇和森林经营碳汇项目全部实现交易，预计经济收益可超亿元。因此，结合市场需求与发展，进行产业转型与升级，是一条科学的可行之路。

(4) 要素整合。塞罕坝林场的发展是当地的资源、劳动力、市场化程度与生产技术发展、林业产业发展、政府政策等要素结合起来的成果。在塞罕坝的经营

风力发电（王龙 摄）

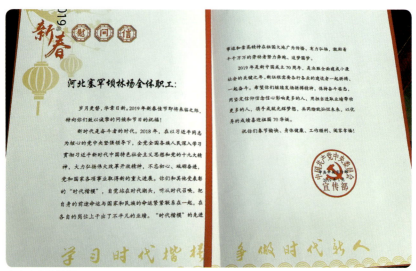

来自中央的慰问

过程中,依托当地丰富的自然资源,塞罕坝已经在多种产业方面形成了产业链。特别是近年来,旅游互联网与农村电子商务的发展,也使塞罕坝地区的产业链发展更加欣欣向荣。在产业不断发展的同时,为塞罕坝地区的人民创造了工作岗位,增加了收益。当地这些要素的不断发展,为塞罕坝林场的转型升级提供了途径,是在新的时代不断发展的综合条件。

(5) 政府政策的支持与引导。自塞罕坝林场建立以来,就得到了政府方面的重视与支持,为塞罕坝林场提供了发展动力与方向。此后,在林场的发展过程中,河北省政府把旅游业作为战略性的支柱产业进行发展,旅游业也成为塞罕坝地区推动经济发展、带动林场致富的重要工具。塞罕坝林场的发展成果得到了政府部门的肯定,2017 年,习近平总书记对塞罕坝林场的事迹进行赞扬,为当地的转型发展提振了信心。在两山理论的引导下,政府鼓励塞罕坝地区用绿水青山创造金山银山,在以后的发展中,政府更应继续发挥引导作用,鼓励地区经济发展,为塞罕坝林场的发展创造新的机遇与经济增长点。

(6) 对森林资源的保护。良好的森林资源是塞罕坝林场发展的基础。五十多年来,塞罕坝人民打造了一个植树数量多、质量好的人工林场,在林场的经营过程中,要继续注重对森林资源的保护。在森林经营的过程中注意优化林龄结构,对森林病虫害、森林防火以及盗伐、滥伐等行为加以预防和保护。现如今,塞罕坝机械林场已经拥有对于森林防火的一整套立体防控体系,探火雷达等技术的应用为森林安全添加了一套防护网。此外,对于森林保护的普法与宣传工作也是对森林资源保护的重要途径。

(7) 提高林场职工的技术与素质。为了使可持续发展的理念能够在林场的经营过程中贯彻落实,塞罕坝林场充分重视人的作用,通过对林场职工内部培训等

层林尽染（王龙 摄）

方式，组建了一支专业素质过硬、热爱工作、廉洁守法、纪律性强的森林管理队伍。随着林场的发展，林场职工只有时时把握方向与职责，提高企业的工作水平与业务素质，才能把林场建设得更好。

综上所述，河北省塞罕坝机械林场半个多世纪的发展历程十分典型，创下了从无到有、从毫无经验到蓬勃发展的绿色奇迹。塞罕坝机械林场从最初以"把树栽活，把山变绿"的初心为主要目标，到当前在森林覆盖达到一定量的前提下，把树管好、把林场经营好的目标，完成了形式与思想上的的转变，践行了两山理论。塞罕坝在综合考虑自然、经济、环境等各项因素的基础上对森林资源的开发利用进行合理规划，实现森林资源最大化利用，以发挥其对经济发展、环境保护等的促进作用。经过不断发展，塞罕坝为京津地区构建了防护网，为祖国带来了绿色的生机，而塞罕坝人民也将在目前的基础上，继续弘扬塞罕坝精神，用坚持不懈、不忘初心的毅力继续前行！

第十章

山东省原山林场改革实干铸就两山理论现实样板

今日原山(花健 摄)

2018年5月19日,在全国生态环境保护大会上,习近平总书记强调,坚决打好污染防治攻坚战,推动我国生态文明建设迈上新台阶。建设一支生态环境保护铁军,守护好生态文明的绿色长城。

建设生态文明,非一日之功。

"绿水青山就是金山银山",是习近平总书记关于生态文明建设战略思想的重要论述,是习近平新时代中国特色社会主义思想的重要组成部分,它来自于我国长期建设实践中,凝结了基层创新实践的鲜活经验。山东原山林场建场60年从绿起来、富起来再到强起来的艰苦创业历程,就是践行两山理论的现实样板,是推进我国生态文明建设的一个生动范例。

半个多世纪以来,几代原山人在"群山裸露,满目荒芜,十年九旱"的"石头山"上艰苦奋斗、无私奉献,用青春和生命书写了我国北方石灰岩山地荒山变林海的绿色传奇。特别是原山林场深化林场改革20年来,身残志坚的孙建博场长团结带领干部职工开创了"林场保生态、集团创效益、公园创品牌"的发展模式,实现了"山绿、场活、业兴、林强、人富",完成了从荒山秃岭到绿水青山,再到金山银山的美丽嬗变。铸就的原山经验、时代精神为处于改革风口的全国4855家国有林场提供了可学习、可借鉴、可复制的解决方案。原山人以生动的实践,充分证明了"绿水青山就是金山银山"持久旺盛的生命力。

原山新区(花健 摄)

2017年12月14日，国家林业局局长张建龙视察原山，强调原山林场是我国国有林场的先进典型（花健 摄）

2017年12月14日，国家林业局局长张建龙到原山林场检查森林防火并参观艰苦创业纪念馆时指出：原山林场和塞罕坝林场一样，是我国国有林场的先进典型。林业干部职工要深入贯彻落实十九大精神，以习近平总书记系列重要讲话和两山重要思想为指引，不忘初心，牢记使命，艰苦奋斗，加大植树造林力度，加强森林资源保护，为广大群众提供更多更好生态产品，为建设生态文明、美丽中国作出新的更大贡献。

一、绿起来：凿石造林，牢记使命不忘本

（1）绿起来是林场人的历史使命。从原山岭西营林区到樵岭前营林区，再到凤凰山营林区30多公里，满目青翠、流水潺潺，松树、柏树、刺槐等树木交织的森林密布、绵延不断。而60年前这里的森林覆盖率不足2%，荒芜人烟。四面八方而来的务林人发扬"先治坡后治窝，先生产后生活"的奉献精神，在石坡上凿坑种树，从悬崖上取水滴灌，战天斗地，石缝扎根，让座座荒山绿起来，建成鲁中地区不可或缺的一道生态屏障。当林业专家们看到侧柏林下面大片的岩石后惊叹是人间奇功，赞其为"中国北方石灰岩山地模式林分"。

（2）牢记使命不忘本，原山人始终把养山护林放在首位。林场改革20年来，从未伐过一棵树，孙建博在改革20年纪念大会上铿锵有力地说："如果没有始终

原山旧貌（花健 摄）

牢记'生态优先'和'以林为本'这个历史使命，原山就会失去赖以生存和发展的根本，就没有今天林场改革发展的巨大成就。"

（3）咬定青山绿水不放松。全场营林面积从1996年的40588亩，增长到2015年的44025.9亩，净增3437.9亩；活立木蓄积量净增116760立方米；森林覆盖率提高到94.4%；从资源总量上，相当于再造了一个新原山。每年有上千万的资金反哺投入到植树造林、森林防火和生态管护中。组建了山东省第一支专业防火队，在全省首先建立森林防火微波视频监控中心，在全国率先装上雷达探火系统。更为了不起的是下大气力购买周边荒地建起长青林公墓，将林区内散落的2000多座坟头迁入，从根本上解决了"上坟烧纸"的隐患，密切了与当地群众的血肉关系，为鲁中森林生态保护筑牢了坚固的防火墙。

原山专业防火队（花健 摄）

二、富起来：锐意改革，多业并举求发展

（1）富起来是林场人的责任担当。山绿了，人却依然是穷的。进入20世纪80年代，原山林场被确定为"事改企"首批试点，林场"断奶"，一向生活在贫困线上的职工生产生活雪上加霜。只会种树看树的原山人不得不走出林场走向市场"找饭吃"。奶牛场、冰糕厂、印刷厂、陶瓷公司等国有企业项目纷纷上马，但直至1996年，大多数企业经营不善亏损破产，负债扩大至4009万元。林场难以为继，连续13个月发不出工资，职工医药费三年未报，126家债主上门讨债，职工集体上访成常态。

原山奶牛厂原址（花健 摄）

（2）不能捧着金饭碗讨饭吃。"青山不等于贫穷，让绿色赶走贫困，绿色才永不褪色。""绿起来与富起来绝不是对立的，关键是在人，关键在思路，我们既要绿又要富，就是要不等不靠闯出一条新路，不仅要保护好森林资源，还要创造更多的财富。""原山的唯一出路就在于深化改革，就在于把我们的林业资源优势转化为生态产业优势。"孙建博以其朴实的话语带领原山人解放思想、锐意改革，坚定不移地走上改革致富路。

（3）森林旅游为原山实实在在地带来了第一桶金。没有资金有双手，孙建博带领职工下苦力，搬石头、搅水泥、砌石堰。抵住种种阻挠和压力，依靠自身力量建成的山东省第一家森林乐园于1999年6月1日正式开业。天道酬勤，随之出现了第一个"十一"黄金周的火爆场景。原山人尝到了绿水青山的甘露，鸟语林、民俗风情园、山体滑草场、齐长城等生态、文化与旅游融合发展的项目相继建成，原山变成了金山银山，成为国家4A级旅游景区、国家级重点风景名胜区、

2004年5月1日,滑草场建成并对外开放(花健 摄)

全国森林文化教育基地、全国青少年活动营地、世界华人艺术家文化创作基地等,每年接待游客近百万人次。

(4)原山人打生态牌走生态致富路的脚步永不停息。在全省国有林场中率先成立第一家绿化公司,每年承接工程上亿元;整合地方7家不景气的旅游景点;承包了1万亩荒山;由北京林业大学支持建设的中国北方种苗花卉研发中心、中国林业科学研究院淄博院士工作站相继在原山揭牌。2016年,创建5A级旅游区提升规划通过专家评审,同年,原山国家森林公园被授予"全国旅游系统先进集体"。

2016年7月30日,原山国家森林公园创建国家5A级旅游景区规划评审会召开,《原山国家森林公园创建国家5A级旅游景区提升规划》通过评审(花健 摄)

2012年6月18日,电影《完美人生》首映新闻发布会在北京人民大会堂隆重举行(花健 摄)

2012年,一部旨在展现原山人不屈不挠、锐意创新、艰苦奋斗精神的电影《完美人生》在人民大会堂举行首映新闻发布会,并被中宣部、国家广电总局确定为迎接党的十八大重点献礼影片。

三、强起来:统筹兼顾,绿色发展立新篇

(1)强起来是林场人的梦想追逐。林业作为实现"绿水青山就是金山银山"的主战场,原山人一直是"干在实处,走在前列"。始终坚持统筹兼顾、和谐发展,在发展中保护生态环境,用良好的生态环境促进可持续发展,坚定不移地推动绿色发展。不仅甩掉了"要饭林场"的帽子,而且发展成为拥有固定资产10亿元,年收入过亿元,集生态林业、餐饮服务业(含工副业)、生态旅游、文化产业、旅游地产等五大板块于一体的国有集团,真正实现了"生态美"与"百姓富"的有机统一。

山东原山艰苦创业教育基地(花健 摄)

第十章　山东省原山林场改革实干铸就两山理论现实样板　127

2017年8月14日，省委书记刘家义到原山艰苦创业纪念馆参观考察（花健　摄）

（2）强起来的原山辐射带动力越来越强。先后接管、代管了淄博市园艺场、市实验苗圃、市林业培训中心和市委接待处下属颜山宾馆等4家濒临困境的事业单位，盘活资产上亿元，使3000人的大家庭过上了好日子。同时，大力推进生态扶贫，先后带动周边67个村近10万人脱贫奔小康。

（3）金山银山不是等来的，原山人靠的是艰苦创业的法宝。铸就的原山精神不只是原山的，更是全国4855家国有林场、75万林场职工的。原山精神的教育作用、原山成就的鼓舞作用、原山典型的引领作用、原山平台的培训作用、原山发展的宣传作用以及孙建博作为时代先锋的引领作用，都为国有林场的改革发展作出了巨大贡献。2016年7月1日，由山东省委组织部主办的"弘扬原山艰苦创业精神　凝神聚力推动绿色发展"座谈会在如月湖举行，"国家林业局党员干部教育基地"在山东原山艰苦创业教育基地揭牌，是全国第一家系统展现国有林场艰苦创业、改革发展、敬业奉献的大型展馆。每年接待来自全国的学习培训团体4000多个、10万余人次。

山东省委书记刘家义到教育基地视察，称赞原山是党的基层组织建设中的一面旗帜，原山林场的改革发展正是对习近平总书记两山理论的生动诠释。

第十一章

浙江省临安市白沙村两山转型发展

浙江省临安市白沙村村貌（王会 摄）

一、基本概况

浙江省临安市太湖源镇白沙村东依天目山，背靠天荒坪，是太湖水系的源头，素有"太湖源头第一村"的美誉。地处东南丘陵地带，地势陡峭，以亚热带季风气候为主，水热条件充足。白沙村是一个典型的山区村，全村十里长谷蜿蜒，两侧峰峦起伏，溪流湍急，有着"白云生处有人家"的绝妙意境。全村总面积33平方公里（折合20374亩），其中山林面积占91%，森林覆盖率96%。白沙村距临安城区42公里，距省城杭州70公里，13省道自浪口穿越白沙，越市岭直通安吉。

白沙村由原来的太子庙村、白沙村、龙须山村三村合并而来，有10个村民小组（自然村）406户1162人。白沙村社会经济快速持续发展，2014年全村经济总收入达到5810多万元，农民人均纯收入50000多元，全村呈现出一派生机勃勃的兴旺景象。

进入21世纪以来，白沙村先后荣获全国山区综合开发示范村、全国生态文化村、全国绿色小康村、全国文明村镇创建先进村，浙江省全面建设小康示范村、园林绿化村、卫生村、生态建设示范村、特色旅游村、农家乐特色示范村，杭州市新农村建设标兵村、最美丽的村庄，临安市文明村，国际示范林网络合作伙伴等30多项荣誉称号。

白沙村远景

二、发展模式

（一）发展条件

白沙村是一个典型的山区村，拥有丰富的林业资源。全村总面积 33 平方公里，其中山林面积占 91%，森林覆盖率 96%。在林地资源上，发展白茶、毛竹、山核桃等林业相关产业。

白沙村还拥有秀美的自然风光。这里群山飞翠、绿树葱郁、景色秀美、风光旖旎、云雾飘逸、溪水潺潺、环境幽静，宛若"世外桃源"。这为发展农家乐等旅游业提供了基础。全村山林面积 45500 亩，其中生态公益林面积 37000 多亩，使得以天然林为主的优质山林面貌得以保存下来。生物种类繁多，植被自海拔 400～1100 米垂直分布，有亚热带常绿阔叶林、落叶阔叶混交林及针叶林带。在这中间还镶嵌着"山核桃+笋干竹+茶叶"的农林复合经营栽培模式，令人瞩目。一到秋季，混交林所展现出来的红、黄、橙、绿等色彩遍布山峦，层林尽染，构成一幅大自然绚丽多姿的画卷，美不胜收，让人流连忘返。

白沙村位于山区地带，从局地来说，交通条件相对不便，但是，距离杭州、上海等大城市距离较近，交通则相对便利，这也是发展农家乐等旅游业的有利条件。

（二）发展历程

改革开放以来，白沙村经历了一个从"卖山头"到"卖山货"再到"卖生态"，

市民在临安市白沙村山涧戏水玩耍（新华社记者 谭进 摄）

从"砍树"到"售产品"再到"看树"的发展演变过程,这是一个从"消耗绿水青山换取金山银山"到"依托绿水青山获得金山银山、绿水青山就是金山银山"的发展过程,是一个自然条件、经济发展、政策演变、认识提高的过程。

第一个发展阶段:"砍树、卖山头",即"消耗绿水青山换取金山银山"。

1983年白沙村实行了山林承包到户责任制后,村民有了经营山林自主权,激发了开发利用生态资源的积极性,"靠山吃木"成为村民单一生财之道和增收致富的"主攻方向"。于是全村很快念起了"五木经":砍木材、烧木炭、捣木粉、制木器、卖木火柴。结果是虽然较快地改变了过去那种"白沙石头多,出门就爬坡,吃的六谷糊,住的箬竹屋"的状况,但同时由于树木被大量砍伐,森林蓄积量急速下降,生态环境遭到严重破坏。1987年森林覆盖率由原来的91.9%猛跌到60.4%,农民人均年收入停留在814元上徘徊,8年间只增长了214元。事实证明:违反大自然的规律必然会遭受大自然的惩罚。1988年和1990年连续遭到特大暴雨袭击,24小时降雨量超过250毫米,山体滑坡,房屋倒塌,道路冲垮,村落"遍体鳞伤",村民损失严重。

可见,以消耗性利用"绿水青山"获取"金山银山"的发展模式是不可持续的,一方面损害了"绿水青山",另一方面"金山银山"也不可持续。生态固然是最大资源,但按这样"吃林木大锅饭"再吃下去,要吃光子孙饭,走上死胡同,重新回到过去困难境况上去。

第二个发展阶段:"种植、卖山货",即"半消耗利用绿水青山获得金山银山"。

在认识到"消耗性利用绿水青山"的发展模式不可持续之后,白沙村干部群众认清了生态与经济的关系,以牺牲生态环境资源为代价换来的经济利益必然是"山越砍越秃,人越砍越穷",只有一手抓好生态,一手抓好经济,才是一条活路、幸福道路。

生态保护方面,白沙村自20世纪90年代初期开始就率先在全市开展封山育林、禁止上山砍伐林木和上山烧木炭等所有破坏生态行为,使生态环境得到了很好的恢复和保护。全村山林面积45500亩,其中生态公益林面积37000多亩,使得以天然林为主的优质山林面貌得以保存下来。

经济发展方面,在80年代末,白沙村引进了"非木质资源"概念,实现了"卖山头"向"卖山货"的华丽转身。在林业科技人员指导下,通过村干部带头、科技示范典型带动等方式,村民开发茶叶、笋干、山核桃"三宝"特产和高山蔬菜、高山花卉。随着生产量的不断增加,经济效益也随之提高。1988年,村民人均年收入达到3455元,其中非木质林产品收入占90%以上。年木材采伐量由1991年的500立方米连年下降,1999年开始停止了木材采伐。全村的森林覆盖率从1987年的60.4%又回升到了96.1%,为发展非木质资源创造了十分有利的条件。

全村包括毛竹在内的经济林面积 2.2 万多亩，年收入 2000 多万元。

在这一发展阶段，白山村可持续地种植茶叶、笋干、山核桃"三宝"，一方面有效保护了森林生态体系，另一方面也获得了可观的经济效益。

第三个发展阶段："看树、卖生态"，即"依托消耗利用绿水青山获得金山银山"。

随着经济发展水平不断提高，人们休闲旅游需求增加。白沙村充分发挥自然风光优美、距离杭州上海大城市较近的有利条件，逐步发展生态旅游、农家乐等旅游产业。这是该村落实"三生共赢"理念的一大新亮点，为农民增收致富开拓了一条新途径。1998 年，通过山林经营权的流转，村里引进资金，成功开发了以生态休闲旅游为特色的"太湖源生态旅游景区"，把"生态优势"转化为"经济优势"。当年接待游客 10 万余人，旅游收入 100 多万元。村民已设摊位 60 个，茶室 3 个，在景区可以不用走出家门就将家里的茶叶、笋干、山核桃等土特产销售出去。2007 年 7 月，中国著名的篮球运动员姚明夫妇专程到这里拍了婚纱照，产生了名人效应，推动了生态旅游的新高潮。与此同时，借助太湖源景区的优势，白沙村的"农家乐"产业应运而生，而且来势迅猛，促使"看树观景"的文化价值进一步提升。进一步发掘传统历史文化、民俗文化、红色文化内涵，创新娱乐活动形式，提升办好"嬉水节""野猴节""菊花节"等文化特色活动的质量。培育开发创意性、体验性项目，为游客休闲、健身提供更多机会和空间。全村现有农家乐经营户 170 户，床位近 6000 张，分布在 9 个自然村，带动了全村 97%的劳动力和 500 多个外来农民工就业，年接待游客 29 万人次，经济收入达 4500多万元，占村经济总收入的 75%。

发展生态旅游、农家乐的同时，也加强了随之而来的环境综合整治。一方面是减少农家乐快速发展带来的污染排放，确保优美的"绿水青山"；另一方面，也加大基础设施建设，打造良好的人居环境。农家乐生活污水控制不严，无序排放严重，造成对溪水和环境的污染，给白沙村形象带来不良影响。白沙村多次召开农家乐户长会议，在提高认识、统一思想基础上，各户立下"军令状"，控制好生活污水排放，一律做到污水先入三格式化粪池，后全部纳管排放，违者取消经营资格。村投资建成 6 套生活污水统一纳管处理系统，日处理污水量达 800 吨，防止污水流入溪流。为了改善人居环境，白沙村先后投资 500 多万元建起社区服务中心，全村百分之九十的村道浇筑了柏油路，安装了路灯，道路都进行了绿化。建成了 3500 平方米的中心广场和 5 处 1 万平方米的公园，图书室、医务室、健身场、老年活动室、停车场、卫生服务站等一应俱全。2014 年白沙村被列为临安首个"精品旅游线"建设点。本着"一户一景、一步一景、村域大景区"的规划，共投资5000 多万元，实施了"三拆一改"大行动、"五水共治"大整治，景观节点大美化，沿线立面大改造，村容村貌大改善，垃圾分类大宣传等六项专项行动。整个村庄

游客在临安市白沙村的清凉山水间纳凉进餐（新华社记者 谭进 摄）

绿意盎然，环境面貌焕然一新。

在这一发展阶段，白沙村通过发展生态旅游、农家乐，充分将"绿水青山"提供的优质生态系统服务转化成了"金山银山"，真正实现了"绿水青山就是金山银山"。白沙村这种"经济生态化、生态经济化"实践经验已在国内外多地推广，被誉为"山区综合可持续发展的临安模式"。

白沙村气候宜人，多山多树，逐步形成了规模较大的乡村旅游产业。白沙村发展乡村旅游产业的成功之处在于充分发挥地区生态环境优势，直接将优美的生态环境转化为经济发展的动力，保证了在资源环境不被破坏的同时推动经济可持续发展。开发乡村旅游产业是对地区生态环境资源的直接开发，能在很大程度上提高转化效率，促进经济效益的增长。乡村旅游产业发展带动了相关产业的发展，为当地村民提供了丰富的就业机会，增加了农户的收入，推动了地区基础设施建设工程，有利于实现地区经济的可持续发展。

（三）模式总结

从发展路径来看，白沙村发展过程经历了三个阶段：第一个发展阶段，"砍树""卖山头"，即"消耗绿水青山换取金山银山"；第二个发展阶段，"种植""卖山货"，即"半消耗利用绿水青山获得金山银山"；第三个发展阶段，"看树""卖生态"，即"依托消耗利用绿水青山获得金山银山"，正是"绿水青山就是金山银山"的真实写照。从转型路径来看，白沙村的发展历程主要是先被动转型、再主动转型。从第一个阶段"卖山头"到第二个阶段"卖山货"，主要是在采伐林木导致生态严重破坏的背景下不得不作出的一个选择，所以是被动转型。从第二个阶段"卖山货"到第三个阶段"卖生态"，主要是在自身自然条件、外部旅游需求共同作用下顺势而为发展起来的，所以是主动转型。从组织模式来看，白沙村的发展则主要是村两委、能人带动发展起来的。在整个发展过程中，白沙村的党总支、村委会充分发挥了积极领导作用。村党总支书记夏玉云、村委会主任潘国荣在带领全村发展过程中积极探索、勇于带头示范，充分发挥了能人带动作用。两位村干部多次高票连任，获得了村民的积极支持，对于促进白沙村发展起到了重要作用。

三、总结与思考

分析白沙村从"卖山头"到"卖山货"再到"卖生态"的发展过程，之所以能成功转型发展，成为"绿水青山就是金山银山"的成功案例，除了其自身优美的自然条件外，还主要有认识、制度、市场、科技等方面积极因素的推动。

其一，认识观念方面，白沙村不断提高对生态环境保护重要性的认识，并形成了村规民约，规范村民个体行为，加强生态环境保护。

在惨痛的历史教训中，白沙村深刻认识到只有保护好生态环境才能为进一步发展奠定坚实的基础，才能更好地带来"金山银山"，并且将相关要求写进了村规民约。在村民公约中，写入"保护森林、严禁非法采伐买卖木材""倡导和谐文明的生活方式，讲卫生、讲文明、清洁家园""禁止封道、溪岸堆放垃圾、泥沙、石块、竹木和杂物""严禁农家乐经营户在食品加工、被褥、衣物洗涤等对溪水的污染""保护生态环境，人人树立景观建设意识，爱护一草一木和飞禽走兽""严禁溪中电鱼、毒鱼、炸鱼""崇尚科学、反对迷信活动""争创和谐文明户、争做文明人"等内容，在宣传教育中突出了对土地资源保护、水资源保护和生物多样性保护，进一步提高村民保护环境意识，执行村规民约的自觉性。如今在白沙村，保护自然环境，保护生态资源，保护绿色家园，已成为干部、群众的共识和自觉行动。

其二，制度政策方面，白沙村积极贯彻执行各项规章制度，特别是与山林有关的林权改革制度，这为后续发展奠定了基础。

白沙村于2001年按照上级部署在全市开展巩固家庭承包责任制的延长山林

承包期、核发林权证的要求，进一步巩固完善了早在第一次山林承包到户时的集体林权制度改革成果，延长了农民山林承包期五十年不变，并给农民发放了林权证，发证率达到了99.5%，真正实现了"山定权、树定根、人定心"，使广大村民吃了"长效定心丸"，增强了山林保护意识，注重了长远利益，从而彻底走出了"砍树生财"的怪圈，促进了通过保护生态来发展致富。

其三，集体决策方面，白沙村两委带领村民坚定不移地走"绿水青山就是金山银山"的发展道路。

白沙村在提高认识、统一思想的基础上，分别于2003年、2007年和2011年组织专家编写了《白沙村生态建设规划》《白沙村新农村建设规划》《白沙村生态文明建设规划》，使全村生态经济建设不断走向以"绿水青山就是金山银山"为终极目标的前进方向清晰、路径特色鲜明的健康轨道。

其四，科技支撑方面，白沙村依托科研院所，不断提高关于生态社会经济发展的认识，不断提高茶叶、毛竹等生产技术，推动了社会经济发展。

白沙村生态经济的转型升级，科技创新是关键。第一，依靠临安市竹种园科技力量支撑，不断提高茶叶、毛竹等生产技术。临安市观赏竹种园是个集科技研发、推广、实施于一体的科研机构，由教授级高工王安国担任主要负责人。早在20世纪80年代末王安国就与白沙村结缘，坚持16年在该村蹲点调研，开发科研基地，并建立示范点，竹种园成为白沙村科技兴业、生态建设的坚强后盾。在各项建设的过程，都得到了竹种园在生态经济方面的科技支持，如"乡村户绿色企业综合开发""乡村林业可持续发展模式研究"等一系列课题的研究，示范作用十分显著。20年来，竹种园与白沙村共同完成的相关研究和推广项目达30多项，其中获省政府二等奖6项，省林业厅和杭州市一等奖各2项。第二，依靠国际国内科技组织平台的支持，不断提高关于生态社会经济发展的认识。长期以来，白沙村与国际竹藤组织、国际示范林网络、国际生态联盟、中国林科院亚林所、国家林业局竹子中心、中国人民大学、北京大学、浙江农林大学等高等院校、科研单位和国际组织建立了科技合作关系，整合了这些组织的高层次专家资源帮助发展，先后聘请了生态经济学家张象枢教授、叶文虎教授、萧江华研究员、竺肇华研究员等知名专家顾问。20年来，他们始终与白沙村保持着密切的关系，经常来现场考察指导，带来的"三生共赢"生态文明理念、农业系统工程理论和方法、生态旅游与国际接轨理念、非木质资源理论等科研成果，为指导推动白沙村的生态文明和新农村建设以及开创"生态优良、生产发达、生活富裕"的新局面作出了重要贡献。第三，加强了农村实用人才的培育培训。在高级科技人员帮助下，白沙村以举办各种类型培训班为载体，通过专家讲课、现场示范、典型带动、发放学习资料等方式，分批分期地对村干部、农业专业大户、农业专业合作社成员

一名跟家人前来临安市白沙村避暑的上海小姑娘在村里的健身场地玩耍（新华社记者 谭进 摄）

等进行学习培训。经多年努力，已先后培养了一批科技示范户、专业种植能手，建立了一支适应生态经济发展的带头人和科技骨干队伍。事实表明，这批农业实用人才能够承担起农业技术推广的职责和重任，弥补了当前正规的农业技术推广队伍的不足，对于解决农技推广"最后一公里"起到了有效作用。

其五，市场需求方面，杭州市、上海市等长三角地区大城市居民对生态旅游的需求，是促进白沙村发展生态旅游、农家乐的重要外部条件。

白沙村距临安城区42公里，距省城杭州70公里，距上海市250公里，交通相对便利，这些大城市居民对生态旅游需求强烈，有效地支撑了白沙村乡村旅游的发展。白沙村的游客主要来自杭州、上海、苏州等地，通常都是夏季来避暑、休闲，但是近年来也有春节来体验乡村年味的游客。旅游产品和游客类型更加丰富。总体上，白沙村位于长江三角洲地区，受附近经济发展的辐射与带动作用明显，从而推动了"绿水青山就是金山银山"的成功转型。

最后，针对白沙村乡村旅游发展中的一些情况提出建议。白沙村乡村旅游发展虽取得一定成效但还存在许多问题。第一，过度竞争。由于大部分农家乐都是农户自主建设，自主经营，导致乡村旅游在发展过程中的规模效益不够显著，存在大量不合理竞争的现象，缺乏政府等相关部门的合理规划与管理，不利于农家乐产业的可持续发展。第二，经营管理知识和经验缺乏。由于经营者以农户为主，受教育程度较低，专业素质水平较差，缺乏经营管理经验导致农家乐很难在短期内扩大规模，经济效益低下。第三，服务质量有待提高。农家乐的自主建设缺乏专业化的规范，由于设备设施，卫生意识等方面存在的差异导致部分农家乐的居住卫生条件较差，不能满足游客需求，部分农家乐的电能使用管理不到位，存在安全隐患。

针对上述问题，提出主要建议。要实现白沙村乡村旅游产业的可持续发展就必须加大规范力度，需要政府相关部门在资金及政策方面给予一定的支持。同时加强教育培训，为农户提供学习专业知识的机会，提高农户的经营能力与水平。农家乐产业需要一个明确的行业规范与标准，在农家乐设施的建设过程中必须秉承安全卫生的基本准则，提高农家乐的服务能力和水平，为游客提供一个舒适的旅游环境。在农家乐产业发展过程中还要实现地区内的行业联合。要真正形成农家乐品牌，增强对游客的吸引力，就必须团结单个的农家乐发展主体，在增强规模效应的同时提升农家乐产业抵御市场风险的能力，提升竞争力。

总体来看，两山理论强调了生态环境建设的重要意义，生态环境质量与人民群众的生活水平息息相关，进行生态环境建设也会推进地区经济发展，从根本上实现好、维护好、发展好最广大人民群众的根本利益，让百姓在生态建设中获益，使生态建设成为百姓自发自觉的行动。两山理论在农村的实践需要多方面的条件，最重要的是树立可持续发展的基本观念。发展思路的转变会引导发展方向的变化与创新，事实证明依靠传统的掠夺式发展不能促进经济的长足发展，因此产业的转型与升级具有十分重要的意义。在经济发展的过程中政府需要实现自身职能的转变，加强政府的管理与服务职能，引导农户逐步走上资源节约型和环境友好型道路，为两山理论的实现提供良好的政策支持。

第十二章

云南省玉龙县利苴村生态环境保护及经济建设项目

长江第一湾（丽江健康与环境研究中心 提供）

云南省玉龙纳西族自治县（以下简称"玉龙县"）位于云南省西北部，东界丽江市古城区，南连大理白族自治州剑川县，西接迪庆藏族自治州维西县，北邻迪庆藏族自治州香格里拉市。2016年，全县总人口22.12万人，下辖7镇9乡（含3个民族乡），103个村（居）委会，1266个村（居）民小组。居住着纳西、汉、傈僳、白、彝、藏、普米、苗等10个世居民族。地处青藏高原与云贵高原结合部，总面积6198.76平方公里，平均海拔3402米，有山地、盆地、河谷三种地貌类型。属低纬暖温带山地高原季风气候，具有立体气候特征，年平均气温12.9℃，年降水量968.3毫米。

玉龙县自然资源富集。全县森林覆盖率72.3%，商品林面积295.04万亩，公益林面积444.96万亩，木材蓄积量为4580万立方米。拥有滇金丝猴等国家重点保护动物，是川滇森林及生物多样性生态功能区。玉龙县水资源丰富，全县水域面积3.32万亩，水能开发潜力巨大。玉龙县自然景观得天独厚，拥有玉龙雪山、虎跳峡、老君山区等国家级旅游景观。玉龙县经济发展势头良好，2016年，全县生产总值53.4亿元，农民人均纯收入9272元；全县耕地面积40.63万亩，粮食产量12.01万吨，农业总产值22.06亿元。按照"山尖药材，山腰林果，山脚烤烟、蔬菜"的农业产业布局，重点发展烤烟、药材、核桃、雪桃、油橄榄、马铃薯、蔬菜、畜牧等特色优势产业。

一、基本概况

云南省玉龙县利苴村隶属于石头白族乡，因地处高海拔山区，耕地全为旱地，土地贫瘠。村委会所在地距乡政府25公里，全村耕地面积1924亩，人均耕地面积1.43亩。全村林地面积4140公顷。林木、药材等自然资源较为丰富。受地形和气候影响，该村农作物种植一年一季，主要种植玉米、荞麦、马铃薯等。

利苴村共有13个村民小组，总户数338户，总人口1344人，少数民族众多，主要是傈僳族、普米族、彝族，有少数的汉族。这里的傈僳族、普米族等少数民族一直延续着传统的文化风俗，拥有自己的民族服饰、语言以及独特的民居建筑风格，各族人民和谐相处，形成了各具特色的文化环境，丰富了当地的人文内涵。农民收入主要以种植业、畜牧业为主。近年来由于药材市场的需求不断扩大，部分农户开展了玛卡、天麻、重楼等经济作物的种植，收入水平有所提高。

目前，利苴村以传统的种养殖业为主要的经济来源，经济发展水平相对滞后，由于地理位置偏僻，且当地基础设施建设水平较差，与外界的沟通联系较少。利苴村的海拔较高，气候变化相对较小，适宜天麻等中草药材的种植。近年来国家精准扶贫政策实施，政府加大了对贫困地区的扶持力度，为当地药材产业的发展提供了契机。同时，随着我国经济的不断发展，人们的消费水平得到普遍提高，中草药需求逐步扩大，给中草药种植产业提供了相对稳定的市场。为提高农户应对市场变化的能力，进一步组织药材种植活动，天麻种植合作社应运而生。

村民会议（丽江健康与环境研究中心提供）

项目官员正在与村民讨论天麻股份制的管理制度（丽江健康与环境研究中心提供）

二、发展模式

2014年，当地非政府组织（NGO）丽江健康与环境研究中心入驻石头乡，在利苴村开展生态环境保护以及经济建设项目，提供经费带领村民前往云南永胜县学习天麻种植经验并帮助村民购买天麻种实，鼓励村民自主建立天麻种植合作社。与此同时，研究中心要求参加种植合作社的村民禁止砍伐树木并且定期派遣人员到山上对森林资源进行管护，以实现经济效益与生态效益的结合。研究中心以经济利益调动村民参与合作社的积极性，为合作社的产生发展奠定了基础。

政府精准扶贫政策的实施为合作社的发展提供了资金支持。石头乡政府共调拨30万元资金以支持当地天麻种植合作社的建立与发展。经过不断地协商讨论，合作社最终成立，形成了全体村民共同参与、共享收益、共担风险的经营模式。经过两年的发展，五亩天麻种植基地已经为村民带来了8万~10万元的收入，对扩大当地居民收入来源，促进农民生活水平提高发挥了重要作用。但由于天麻生长受地理环境的影响较为明显，若雨水较多、湿气过重会导致天麻生长不良。且天麻种植需要投入的成本较高，农户掌握的种植技术还不够成熟，天麻产量呈现下降趋势，需要当地村民调整目前的经营模式，开辟适应利苴村特点的天麻种植道路。

目前，利苴村的天麻种植产业呈现出"NGO＋政府＋农户"的发展模式。NGO即丽江健康与环境研究中心通过为村民提供发展初期的资金以及发展平台，帮助村民学习外地先进发展经验等手段，积极引导当地村民在保护生态环境的同时，推动了高效经济作物产业的发展。丽江健康与环境研究中心所推动的天麻种植产业成为当地此产业发展的基础。政府部门则在宏观上发挥经济调控的作用，为当地村民提供政策优惠和资金扶持，通过加强当地基础设施建设等方式，提高当地村民的生活水平，为扩展天麻市场，加强对村民的专业技术知识培训，政府在天麻种植合作社的发展过程中具有关键的推动作用。农户作为天麻种植合作社的成员以及天麻种植的具体实践者，已经成为合作社发展的主体。农户为天麻种植提供了主要的劳动力，同时也是天麻种植直接的获益者，只有真正解决了农户的生产生活问题，才能体现合作社存在的意义与价值。非政府组织、政府与农户这三者共同推动了天麻种植合作社的进步与发展。这三个主体之间相互合作，促进天麻的种植，有利于合作社面对各方面存在的问题，进而实现合作社的长足发展。

利苴绿色富民生态产业农民专业合作社天麻股份制项目简介
健康村镇项目

利苴天麻股份制种植项目是由利苴绿色富民生态产业农民专业合作社组织全体村民实施的。项目整合了政府、公益机构和社区资源，按照机会平等、自愿参与、自我管理、风险共担、利益共享的原则开展。项目在得到石头乡党委与政府资助之后，利苴合作社又在2014年3月石头乡社区项目竞争会上通过公平竞争获得了丽江健康与环境研究中心的资助。

该项目也是石头乡生态文明建设的主要举措之一。石头乡党委政府将政府用于支持社区发展资金以入股的方式注入利苴合作社，支持股份制天麻种植，而且所占股份平均分配给全体利苴村民，这不仅实现了公共资源的公平公正分配，而且还使资金可持续利用和滚动发展。这一举措是乡党委、政府切实落实中央政策、改变政府职能，在基层社会治理中进行制度创新的有益探索，有力地促进了石头乡生态文明建设。

本项目整合了政府、公益机构、社区的资源，使参与的农户成为利益共享、责任共担的共同体。在项目管理实践中，村民学会通过制度来管理自己的集体事务，更多的社区村民有机会以自主、公平、平等的方式参与发展，分享利益，构建了和谐社会。同时，公益资金入股分红将成为社区公共积累，即构筑了社区公共管理与公共服务的经济基础，促进社区社会的健康发展。

项目基本情况：

参与农户：332户

种植面积：5亩

村民入股资金(以实物与劳力)：95780万元

公益入股资金：10万元

政府入股资金：30万元

利苴天麻股份制项目简介（丽江健康与环境研究中心提供）

三、特色产业

（一）基本情况

　　天麻种植合作社是由农户、NGO以及有关政府部门共同出资建设的，以提高农户收入为主要目的的种植合作社。目前利苴村13个村小组全部参加了天麻种植合作社，全体村民平分政府资金，使天麻合作社成为全村共同经营的项目，全体村民共享收益、共担风险，由村主任负责管理合作社的相关事宜。目前合作社一共种植5亩天麻，由村委会组织人员对天麻种植进行管护，管护人员没有报酬。天麻生长与季节关系密切，在每年的3~4月份播种，12月份收种，一年可以收获一次。天麻生长需要以菌棒坐床，菌棒一般采用梨木发酵，天麻喜光，需要在阳光充足的地带设床。每年能收获商品麻85000斤，净利润平均分配给所有农户，推动了当地产业的转型升级，帮助村民增加了收入。

村民在采挖天麻（丽江健康与环境研究中心提供）

（二）存在问题

　　(1) 基础设施建设较差。由于地理位置较为偏僻，对外交流沟通不便。当地经济发展基础薄弱，政府财政扶持的力度不够，导致当地基础设施建设条件较差，路面硬化工作还不到位。交通的不便严重制约了当地经济的进一步发展。

　　(2) 技术水平落后。由于当地经济发展水平相对落后，村民生活水平不高，教育体制与机构还不完善，村民的文化素质水平较低。天麻生产多以原料和初加工为主，深加工产品比较少。设备技术的相对落后，严重影响了劳动生产效率和产品附加值的提高。且由于对外联系较少，农户缺少外出培训机会，对现代信息技术掌握还不到位，不利于当地天麻种植产业的发展。

（3）市场波动大。由于同外界药材市场的对接较少，没有稳定的药材销售渠道与平台，流通专业市场还未形成，大多的市场模式都是小商贩的串货收购销售，而诸如专卖店、大卖场、代理分销、网上销售等现代商业销售方式，没有得到重视和很好的应用，因此当地天麻产业的发展容易受到市场波动的影响，抵御市场风险的能力差。农户始终处于产业链的最低端，利润空间较小。

（4）规模较小。天麻在种植的过程中受气候影响较大，湿度太高会导致天麻减产。且发展天麻种植需要投入较多的资金和劳动力，同时也需要具备一定的专业技术，因而种植规模较小，合作社对村民生活水平的提高作用有限。

（三）基本对策

（1）加大政府扶持力度。政府部门在当地天麻种植产业的发展中起着重要作用，只有通过加大财政扶持力度的方式，完善当地的基础设施建设工程，稳步推进路面硬化工程的实施，才能从根本上改变利苴村的落后面貌，实现天麻种植产业的长足发展。

（2）建立稳定的销售平台。天麻等中药材在市场上的需求会不断变化，只有充分掌握市场信息，找到稳定的天麻销售渠道，才能从根本上降低天麻种植的风险，调动村民参与种植天麻的积极性。积极探索现代营销方式，扩大天麻超市销售率，加快发展专卖店、专柜、连锁营销和订单生产，探索并推广网络销售。这就需要相关政府部门及合作社共同努力，加强与外界沟通，建立稳定的销售平台，以提高合作社抵御外部风险的能力。

（3）改良天麻种植技术。天麻的生长对湿度要求比较严格，为提高天麻亩产，实现经济效益的最大化，就必须进一步开发适宜利苴村地形与气候的天麻种植技术，推动农户种植天麻经济效益的进一步提高。

四、总结与思考

（一）总　结

天麻种植合作社的成立加强了农户对抗市场价格变动的能力，合作经营增强了规模效益，有利于当地农户生活水平的提高。天麻属于林下药材种植，前期投入高，经济效益好，同时对自然资源的消耗程度较小，推动了绿水青山与金山银山的共同发展。

将绿水青山转化为金山银山要做到因地制宜，针对不同的实际情况采用不同的经营策略，不能照搬照抄别人的成功经验，而是要立足于当地的发展状况，寻找最合适的解决问题的办法。将绿水青山转化为金山银山的道路不止一条，要想推动经济发展就必须从当地的资源生态环境入手，找到实现转化的正确切入点。

在将绿水青山转化为金山银山的过程中，政府发挥了十分关键的作用。政府部门需要引导农户逐步走上资源节约型和环境友好型道路，这就要求政府加强服务作用，提高行政能力，加强对地区经济发展的扶持力度，为农村经济的发展及绿水青山向金山银山转化提供良好的政策环境。

（二）思考：两山理论与供给侧改革之间的关系

习近平总书记在《之江新语》中提到："如果把生态环境优势转化为生态农业、生态工业、生态旅游等生态经济的优势，那么绿水青山也就变成了金山银山。"要扩大地区生态环境优势，实现生态环境与经济发展的共赢就必须转变经济发展方式，推动产业结构升级，发展生态友好型产业。韩瑞玲等（2012）认为环境是经济发展的基础和制约条件，经济发展对环境起主导作用。具体来说经济对环境的影响有正有负，在经济发展的不同阶段作用不同。而环境则是促成改变的关键因素，环境的恶化会阻滞经济的发展。张孝德（2015）提出环境治理是恢复自然资源创造财富能力的前提条件，要实现"绿水青山"向"金山银山"的转化必须先拥有良好的生态环境。将环境保护与资源产权建设相结合，发挥市场在环境保护中的调节作用。卢风（2015）指出物质经济的发展具有自身的极限性，经济的可持续发展必须依靠以文化产业为核心的非物质经济。陈野（2015）认为在除一般的经济效益之外，还应重视人们对山水文化的理解。通过建设亲近自然的文化氛围，提升环境保护的观念。

近年来，我国经济发展速度放缓。龚刚（2016）提出单纯依靠需求拉动经济增长的效果不明显，需要在调整经济结构的过程中开发劳动力、土地、资本、创新等生产要素以实现资源的合理配置。胡鞍钢、周绍杰等（2016）认为在推进供给侧改革的过程中积极发展林下经济，提高农村生产效率，加快土地流转速度成为农村发展的重要环节。要从整体上提高农村的供给能力就需要合理开发当地生态环境资源，这就与两山理论断的基本思想不谋而合。两山理论与供给侧改革从本质上来讲都是要提高农民的生产生活水平，也都需要实现环境资源向经济效益的合理转化。单纯从生产角度来说，两山理论是实现农村供给侧改革的思想基础，而在农村的供给侧改革是实现"绿水青山"与"金山银山"统一的具体手段。

两山理论与供给侧改革之间是密切相关的，两者都是从生产的角度入手对经济发展的模式与方向提出合理的解读。两山理论断着重分析资源环境与经济发展之间的关系，而供给侧改革侧重对与生产过程相关的内容进行分析。针对不同的发展模式进行供给侧改革要采用不同的手段。对于家庭经营而言，要进一步提高劳动者素质和水平，通过引进先进的生产技术和绿色产业等手段提高产品生产效率，加强地区市场建设，为经济社会发展提供丰富的物质产品供给。对于企业经营而言，要努力解决企业产能过剩等问题，实现资源的优化配置，鼓励生产创新，为企业发展提供新的增长点。对于合作经营而言，要在短时间内提高合作组织的规模与能力就需要积极引入社会资本，并且要求政府发挥好管理与服务功能，保证市场在社会资源配置中的主体作用。吴敬琏、厉以宁等（2016）认为供给侧改革最根本的目的是要进一步解放和发展生产力，提高生产效率与供给水平以应对经济发展速度放缓。在农村实行供给侧改革必须在两山理论的前提下进行，只有在保护生态资源环境的前提下发展经济才有意义，以牺牲环境为代价的经济发展最终只会导致生产能力的下降。因此要实现农村地区的发展，必须把握好两山理论实践与供给侧改革的结合。

供给侧改革是国家针对中国经济发展的新常态提出的解决经济增长速度放缓问题的新方法。冯志峰（2016）指出供给侧改革面临的主要问题是如何在需求拉动经济的同时提高国家供给能力和水平，并实现劳动、土地、资本、创新这四种生产要素的合理配置。就农村的发展情况而言，人口问题就是劳动力问题，供给侧改革采用宽松的计划生育政策，改变农村传统的劳动力结构，增加人口红利，有利于提高农村地区的生产能力。农林用地是农村生产经营最重要的基础资源，供给侧改革通过加快土地流转的方式提高土地的利用效率，从根本上增强了土地作为生产资料使用的灵活性。目前我国农村地区发展水平滞后，基础设施建设较差，经济基础薄弱。要在短时间内提高农户的生产能力，就需要积极引进外来资金，扭转在经济建设过程中的落后局面。创新的思想与理念是时代的标志，也是在农村地区有效进行供给侧改革的关键。进行产业创新、思维创新、模式创新是提高农村供给能力的重要步骤。

供给侧改革在农村的实践也会对农村的经济结构产生影响。钱晓春（2016）在分析农村经济的供给侧改革时提出，要提高生产效率就要实现对农村资源的合理配置，在保证国家粮食供给的前提下降低传统农作物的种植、养殖业在经济中所占的比重，着重发展林下经济，开发林下种植、养殖、采集、森林旅游等绿色产业。物质经济发展的极限性要求第三产业在农村进一步发展，因而在农村进行传统产业结构的调整十分重要，这与两山理论在实践上的需求相一致。合理开发"绿水青山"就必须摒弃传统的发展模式，用环境友好型的新兴产业推动农村地区经济的发展。

2017年"两会"着重强调了供给侧结构性改革的重要意义。得益于改革的推进，我国经济结构得以改善并带来新的发展。供给侧改革还需要加大生态环境的治理和保护力度。要解决传统发展道路带来的环境污染问题，必须对传统发展模式进行深刻反省，加快推进发展范式的根本性转变，使经济进入一个新的以追求增进福祉为目的的发展轨道。两山理论与供给侧改革的思想在农村的绿色、可持续发展方面基本一致。总的来说，两山理论是供给侧改革思想在农村发展领域的拓展和延伸。供给侧改革提出的去掉劣势产能，扩大优质供给，利用创新驱动，转变发展观念正是两山理论在农村地区实践的关键因素。要实现两山理论在不同经营主体情况下的良性发展就需要进行传统种植、养殖产业的转型升级，合理利用地区生态环境资源，结合经营主体自身的优势以及不足，选择正确的发展模式。因此，供给侧改革与两山理论的核心思想在本质上是一致的，要推进供给侧改革在农村地区的深入发展就必须应用两山理论，针对经营主体和资源社会环境的不同情况选择科学绿色的发展模式。

第十三章

云南省玉龙县河源村产业转型发展

玉龙雪山次峰（李甜江 摄）

一、基本概况

云南省玉龙县河源村隶属于九河白族乡（以下简称"九河乡"），位于九河乡西南，东邻九河村委会，南邻大理白族自治州剑川县，西邻怒江傈僳族自治州兰坪县，北邻金普村委会。

村委会所在地距乡政府24公里，距县城79公里。河源村地处山区，总面积约为108平方公里，平均海拔3000米，地形复杂。河源村以亚热带季风气候为主，全年温和多雨，年平均气温14℃，年降水量600毫米，气候宜人。由于开发历史较短，河源村拥有较为丰富的森林及矿产资源。

河源村下辖14个村民小组。总户数482户，总人口2065人，主要民族为白族、纳西族、汉族等。村民以种植、养殖业作为主要收入来源，全村共有可耕地4724亩，人均耕地2.29亩，主要种植马铃薯、白芸豆、中药材等作物。拥有林地13.8万亩，其中经济林果地1663亩，人均经济林果地0.80亩，主要种植苹果、花椒、青梅等经济林果。部分农户开始发展新型种植业，种植玛卡、猪苓等经济作物。

河源村老屋基组的玛卡出口到了日本，图为村民正在采挖玛卡（丽江健康与环境研究中心提供）

二、发展模式

（一）发展背景

河源村背靠老君山区，地理位置较为偏僻，经济发展水平相对滞后。1998年天保工程实施后，天然林全面禁伐，当地农民不能再将木材资源的砍伐与出售作为主要的收入来源。河源村位于山谷地区，地势低洼，近年来由于当地私营煤炭企业及采石产业的发展，地形塌陷，水源地环境污染严重。目前全村唯一的河流水源正面临枯竭的危机，水源的短缺给传统种植、养殖产业的发展带来了很大的阻碍，导致当地村民生活水平下降，河源村产业转型迫在眉睫。

老君山深处遭砍伐的林木（丽江健康与环境研究中心提供）

（二）发展路径

2010年，当地非政府组织丽江健康与环境研究中心入驻云南，并挑选河源村这个人与自然矛盾最为突出的地点开始进行生态环境的改善以及推动当地经济的发展。研究中心为河源村村民提供外出调研的资金和平台，鼓励农户走出去学习其他省市发展的成功经验与失败教训，并要求农户在全村内讨论调研的心得体会。研究中心利用这种以村民为主导的基本模式，号召全体村民发展环境友好型产业，树立村民的环保观念与意识，最终帮助村民实现传统产业的转型。

河源村村民在研究中心的支持与帮助下，通过村规民约的方式确定了管护当地森林以及禁止砍伐的村民责任，同时开展了村寨银行以及猪苓种植合作社等生态友好型经济项目。近年来这两个发展项目已经取得了较大的进展。村寨银行目前已为4批农户提供了贷款以帮助他们解决生活困难，扩大再生产规模。猪苓种植合作社已经形成自己一定的规模和管理体制，对提高农民收入水平，保护当地生态环境发挥了重要的作用。

（三）模式总结

目前河源村的发展呈现出"NGO＋农户"的发展模式。丽江健康与环境研究中心是在民政部门注册成立的民办非企业组织，也是国际健康与环境组织在中国设立的项目办公室。九河乡下辖的河源村和石头乡利苴村是典型的NGO介入、用项目推动的模式。九河乡下辖的河源村在NGO的帮助下采取天麻合作社和村寨银行的模式，利苴村在NGO的帮助下成立了天麻合作社进行天麻的种植。

研究中心致力于在尊重本土文化与制度的基础上，以社区为主体，探索社区可持续发展的有效路径。目前主要在世界自然遗产地"三江并流"地区开展社区发展、环境保护、建设"健康村镇"等一系列以实现区域可持续发展为目标的公益行动，中心前身为北京三生环境与发展研究院社会发展部，自2010年开始，中心项目团队即在"三江并流"地的核心区域——丽江老君山周边社区开展"社区生态保护与可持续发展"项目。至今，已在丽江市玉龙县5个行政村，70多个村民小组，共800多平方公里的面积上开展社区项目。

通过与研究中心的工作人员进行面对面的对话访谈，了解他们工作开展的思想，得知他们开展工作的具体内容大致可以分为两个方面：公益行动和商业活动。

研究中心开展公益活动项目的目标特点主要分三个层次：

第一层次，不准砍伐森林，甚至不准捡枯枝落叶，这是最严格的一个目标或者说项目开展的检核标准；

第二层次，可以捡枯枝落叶，但是不准砍伐森林；

第三层次，可以砍伐树木来盖房子，但是必须经过村委会的同意和审核通过。

想要达到的效果就是利用很少的钱改变不准砍伐导致村民无法生存的弊端，制定的三个项目标准有利于当地的森林保护，在项目发展经济的同时，又有力地保护绿水青山，实现人与自然的和谐相处，环境保护与资源利用的有效协调。

商业活动的主要内容是：研究中心先交押金给合作公司，去和公司进行谈判，帮助公司严格生态种植，如果不合格，研究中心违约并且把定金给公司。同时研究中心帮助村民监督公司，特别是在价格上能够给予保证，不至于让村民生产出

养蜂培训（丽江健康与环境研究中心提供）　新式养蜂技术可以实现可视化管理（丽江健康与环境研究中心提供）　河源村牛住山组养蜂股份制会议（丽江健康与环境研究中心提供）

农作物之后由于价格过低而蒙受损失，研究中心帮助村民行使对公司的起诉权。

在形式上主要有天麻种植、养蜂、玛卡种植等，使村民收入大大增加，以前村民的人均收入是 500 元左右，现在达到了 5000 元左右，比之前增长了 10 倍。

非政府组织介入当地发展，为河源村的产业转型提供了初期的发展平台与资金支持。帮助村民学习种植技术，推广环境保护理念，提高村民的文化教育水平。研究中心通过带领村民走出去的方式，引导村民学习发展成功的案例，让村民自己感受保护生态环境带来的好处，自发自愿地保护当地的生态环境，最终实现了河源村发展模式的转型与升级。研究中心在河源村的发展过程中起到了关键的推动和扶持作用；河源村村民在当地经济项目的建设过程中发挥了主体作用。由于煤炭的开采以及林木的砍伐，村民的生活用水不断枯竭。面对客观环境的变化，河源村村民已经意识到保护生态环境的重要性。村民自身具有进步发展的渴望是推动经济项目实施的前提。只有村民自觉主动地认识到了改变的重要性，树立起改变的决心，才能从根本上杜绝生态环境破坏现象。河源村村民既是当地经济项目的经营者，也是经济项目的获益者，通过经济利益的驱动，提高了村民从事经济项目的积极性，让村民更加明确了经济项目开展的意义与价值。在具体的生产实践中，村民发现问题、解决问题才能推动当地村寨银行以及猪苓种植合作社的长足发展。

三、特色产业

（一）村寨银行

1. 基本情况

村寨银行是以村小组为单位给部分农户提供贷款的组织。以河源村的峰坪村小组为例，村寨银行已经运行 4 年，该村小组中共有 31 户人家，其中有 21 户自愿参加，参加的每一户需缴纳 1050 元，研究中心给每一户补贴 950 元，共 2000

元作为原始资金，总资金为 42000 元。将这 21 户人家以抽签方式分为三批，每批 7 户人家，抽签决定每批顺序。第一批农户先享受为期一年的贷款 6000 元，并在年末偿还本金与利息，利率由各村小组自行商定（约为 6%），获得的利息将保留在村寨银行并持续在下一年滚动，不断扩大贷款规模。村寨银行比正常的商业银行贷款利率低，更加方便，在河源村的 14 个村小组中有 9 个村小组开设了村寨银行。村寨银行申请的贷款一般用于养殖业开支（如养蜂、养猪等），部分贫困家庭用于支付欠债。农户信誉较好，村寨银行的贷款不存在坏账。申请村寨银行必须以封山育林为前提，要求农户自觉保护生态环境。如果农户不需要向村寨银行贷款，还可以在自愿的前提下将贷款的权利转让给其他农户。村寨银行的资金由村民自己选举产生的管委会进行统一管理。

村寨银行启动仪式（丽江健康与环境研究中心提供）

在村寨银行的启动仪式上，村民们通过抓阄的方式，分批次获得小额贷款（丽江健康与环境研究中心提供）

河源村新房组启动了第二轮村寨银行的借贷（丽江健康与环境研究中心提供）

河源村大麦地组村民在认真监督村寨银行还款（丽江健康与环境研究中心提供）

2. 存在问题

第一，农户义务性借贷。部分村民贷款只是履行加入村寨银行的义务，并没有充分利用贷款资金发展生产，导致村寨银行的贷款流于形式，贷款需要农户交付的利息反而成为农户的经济负担。

第二，贷款时间短。村寨银行的贷款一共分为 3 批，每批 7 户，贷款的时间只有一年。由于贷款时间太短导致很多农户不能将贷款用于投资和生产。贷款制度与生产经营周期不符导致贷款资金不能得到有效利用。

第三,贷款资金少。由于村寨银行的发展处于初期阶段,资金来源不能得到有效保证。当地经济基础薄弱导致政府财政扶持的力度较弱,而依靠贷款利息扩大规模的方式又不能在短期内解决实际问题,因而村寨银行给村民带来的收益有限。

3. 基本对策

第一,加强政府扶持力度。相关政府部门应提高责任意识,加强对非政府组织的资金及政策扶持。采用积极手段引导当地村民参与到村寨银行中去,扩大村寨银行的服务规模和影响力。第二,积极吸引外来资金。通过融入市场经济的手段,引导社会资本流入,加强地区经济对外开放的程度。充分利用市场经济体制,发挥自身生态环境优势,并将其转化为促进经济发展的优势。

(二)猪苓合作社

1. 基本情况

项目中心带领村民前往外地参观调研,帮助村民学习猪苓种植技术。由于种植猪苓的成本较高,种植1亩大概要花11万~12万元,且村民资金有限,因而在自愿的前提下成立猪苓种植合作社。村民自主入股,每股1000元,按村民自己意愿选择入股数量。目前在河源村峰坪林小组的31户村民中共有23户入股。合作社共有46股,其中农户入24股,研究中心入17股,外来入股5股,河源村村民掌握控股权。现在猪苓的种植面积为1亩,与入股资金共同归属于合作社管理,资金主要用于从陕西购买种子以及种植过程中管护人员的工资,猪苓的生长周期长,3年才能收获一次并进行分红。近年来,猪苓价格一般维持在每公斤120~200元。在研究中心的支持与帮助下,猪苓种植合作社不断发展,在帮助村民增收、保护当地生态环境方面发挥着重要的作用。

村民以股份制形式种植猪苓(丽江健康与环境研究中心提供)

2. 存在问题

第一，经营周期长。由于猪苓生长周期较长，平均 3 年才能收获一次，导致猪苓种植应对市场风险的能力较差，价格易受市场波动的影响，农户种植猪苓的收益不稳定。

第二，种植投入高。猪苓种植需要较高的前期投入，平均每亩的猪苓大概需要投入 11 万元以上，由于当地经济基础薄弱，财政扶持力度不够，发展资金短缺，很难进一步扩大猪苓种植面积，导致猪苓种植的效益不高。

3. 基本对策

第一，提高种植技术水平。通过带领村民外出考察学习等手段，对村民种植猪苓的方法进行全面培训，提高猪苓的种植效率，扩大种植规模以获得更高的经济效益。

第二，增加资金投入。号召更多村民进行猪苓种植，扩大资金来源，采用轮作等耕作手段，缩短猪苓种植的获利周期，降低种植风险，提高效率。

四、总结与思考

（一）总　结

村寨银行以对部分林区进行管护作为申请的前提条件，促进了地区生态环境建设。通过村寨银行发放给农户贷款有利于当地村民利用资金扩大生产规模，提高了农户的收入水平，实现了绿水青山与金山银山的统一。

猪苓种植属于林下经济的一部分，高投入高产出，对自然资源的消耗较小。成立猪苓种植合作社，将绿水青山与金山银山相结合，既保护了当地的生态环境，也让农户看到了实惠，促进了地区经济发展。

从这两种发展模式中我们可以看出，要想实现绿水青山向金山银山的转化就必须从根本上实现村民思维模式的转变，只有用先进的发展方式让村民看到保护生态环境带来的好处，才能顺利地将绿水青山就是金山银山的战略构想转化为现实的生产力。事实证明绿水青山与金山银山之间的矛盾是可以化解的，要在保护生态环境的同时促进经济的发展需要有卓越的战略眼光，选择环境保护型与生态友好型产业，为农村经济的发展提供一个全新的平台，最终实现绿水青山与金山银山的统一。

（二）思　考

两山理论是习近平总书记提出的在社会主义现代化建设的新时期，看待资源环境与经济发展关系的全新视角，在肯定经济发展的重要地位的同时进一步强调环境保护的优先性。从本质上来说，两山理论就是发展论断，是针对我国目前经济社会发展过程中存在的问题进行深刻总结反思后得出的基本结论，要求我们在经济发展与生态保护相互冲突时作出正确的选择。两山理论是基于我国经济可持续发展的目标而提出的。经济增长包括物质经济的发展和非物质经济发展两部分。物质经济的发展都需要消耗大量的自然资源，因而会给生态环境带来巨大的负担。由于生态环境的有限性，物质经济的发展也有自己的极限，因而要实现经济的可持续发展就必须大力发展非物质经济（卢风等，2015）。具体来说，要践行两山理论就必须对物质经济和非物质经济的发展方式进行调整，实现物质经济的生态稳定和非物质经济的多元化。两山理论所倡导的发展理念与我国可持续发展的基本思路相辅相成，推动经济的可持续发展必须以两山理论的基本理念为支撑（张孝德等，2015）。从根本来说，两山理论就是中国经济发展新形势下可持续发展理念的具体体现。要充分落实两山理论的基本内涵就必须始终秉承着可持续发展的基本理念，始终将环境保护与生态平衡作为经济发展的重要原则，始终将环境质量作为考量经济发展水平的一项要素。与此同时，两山理论也是践行可持续发展的基本手段和方式（韩玲玲等，2012）。只有认清资源环境与经济发展之间的基本关系，才能在二者产生矛盾时作出正确的选择。两山理论与可持续发展理念的结合既是理论的必然也是实践的要求，面对目前中国经济发展的现实情况，环境的污染与破坏日趋严重，环境的恶化阻碍了经济社会的发展，因而需要两山理论指导经济发展，形成合理的产业及发展模式（陈野等，2015）。通过分析两山理论与经济可持续发展之间的关系，探索地区的发展路径。

1. 发展路径

河源村在发展的初期走过弯路，不计后果的有色金属开发及石灰岩开采严重破坏了地区的生态环境，最终导致了经济发展的停滞，发展观念的转变也由此开始。对于资源富集地区而言，"资源诅咒"的现象十分常见。不合理地开发利用地区的资源环境以获取短期的经济利益从根本上不符合可持续发展的基本要求。当环境破坏的程度不断加深，农户对良好生态环境的需求不断提高，促成了环境库兹涅茨曲线拐点的到来，人们逐渐意识到良好生态环境的重要性，开始强调环境在经济发展中的作用。发展观念的转变促进了生产实践活动上的转变，在环境保护与经济发展之间存在矛盾时能够作出正确的选择（彭斯震等，2014）。

河源村以发展药材种植为新兴产业，主要开发猪苓等药材种植，建设种植合作社。非政府组织丽江健康与环境研究中心帮助当地村民发展环境友好型产业，树立村民的环保观念与意识。通过村规民约的方式要求村民保护当地林木资源，并在此基础上帮助村民开展新型产业，推动河源村经济发展。项目中心带领村民前往外地参观调研，帮助村民学习猪苓种植技术。部分农户加入种植合作社，为高成本的猪苓种植提供资金支持。在种植获益的同时又以村规民约的形式确定了管护森林以及禁止砍伐的责任，同时成立了猪苓种植合作社作为生态经济项目。近年来项目已经取得了较大的进展，猪苓种植合作社已经形成自己一定的规模和管理体制，对提高农民收入水平、保护当地生态环境发挥了重要的作用。除直接将生态环境资源转化为经济发展优势外，还可以将生态环境作为经济发展的依托，发展种植、养殖等林下经济。

2. 启 示

要合理开发地区的资源生态环境，只能选择直接开发地区的环境资源或者以资源环境为依托发展林下的生态经济。事实证明，不论采用何种资源开发模式都必须重视生态环境的作用，在环境保护与经济发展产生矛盾时需要作出正确的选择，坚持走可持续发展的基本道路。要践行两山理论就必须厘清经济发展与资源环境之间的关系，不论是发展生态旅游产业还是绿色种植产业都需要对当地的资源环境进行合理的开发与改造。从根本上来说，两山理论与可持续发展在发展理念上是一致的，物质经济发展的极限性决定了实现可持续发展必须依靠非物质经济，因而要在农村践行两山理论就需要对传统的产业发展进行合理的调整，在保护生态环境的同时促进经济社会的发展。

两山理论在农村的实践需要一个漫长的过程，最重要的是树立可持续发展的基本观念。发展思路的转变会引导发展方向的变化与创新，事实证明依靠传统的掠夺式发展不能促进经济的长足发展，因此产业的转型与升级具有十分重要的意义。在经济发展的过程中政府需要实现自身职能的转变，加强政府的管理与服务职能，引导农户逐步走上资源节约型和环境友好型道路，为两山理论的实现提供良好的社会环境和政策支持。两山理论强调了生态环境建设的重要意义，生态环境质量与人民群众的生活水平息息相关，进行生态环境建设也会推进地区经济发展，从根本上实现好、维护好、发展好最广大人民群众的根本利益，让百姓在生态建设中获益，使生态建设成为百姓自发自觉的行动。

拥有一个具有良好发展前景的绿色生态产业将为地区经济的发展带来生机与活力。只有具有明确的发展目标与方向才能推进经营主体的参与加入，才会形成固定的发展模式。发展清洁生产与循环生产，提高资源的利用效率是产业转型升级的关键。将绿水青山与金山银山统一到一起最需要的就是产业的转型与升级，针对农村具体发展状况而言就需要开展经济作物的种植，建立生态立体的产业链条，提高综合收益，最终实现可持续发展。推动地区经济发展需要综合开发利用自然资源，减少资源的污染与浪费。只有合理利用自然资源才能减轻经济发展给生态环境带来的压力，才能在守住绿水青山的同时也获得金山银山。事实证明，绿水青山与金山银山之间的矛盾是可以化解的，要在保护生态环境的同时促进经济的发展就需要有卓越的战略眼光，坚定可持续发展的基本理念，为农村经济的发展提供一个全新的平台。

第十四章

云南省玉龙县黎明村旅游产业发展

三江并流国家重点风景名胜区黎明景区五指峰（董玉成 摄）

一、基本概况

云南省玉龙县黎明村，地处玉龙县西北部，距黎明傈僳族乡（以下简称"黎明乡"）政府所在地24公里，东邻玉龙县石鼓镇，南邻玉龙县石鼓镇仁义村，西邻玉龙县鲁甸乡杵蜂村，北邻黎明乡美乐村。这里山势较高，平均海拔约2500米，属于亚热带季风性气候，年平均气温16℃，降水量1100毫米左右，气候温和。黎明村的自然与人文资源都非常丰富。该地区现已有三级柏油路与丽江—维西公路干道相通，交通便利。黎明村作为"三江并流"世界自然遗产老君山黎明景区的重点区域，其辖内的黎明—美乐"丹霞地貌"是全国最大的丹霞地貌区之一，这里正由国家地质公园向世界地质公园迈进。林业方面，拥有大量的核桃、青梅等经济林果。

2015云南丽江老君山户外节山地自行车赛在老君山国家公园黎明景区举行（新华社记者 李宁 摄）

黎明乡辖30个村民小组。现有农户749户，有乡村人口2905人。全村面积106.59平方公里，适合种植烤烟、玉米、芸豆、马铃薯等农作物。有耕地面积6010.63亩，人均耕地2.07亩，林地107235亩。该村属于贫困村，人均纯收入约1500元。农民收入主要以种植业、畜牧养殖业为主。农户以开展烤烟种植为主要收入来源，部分农户种植核桃、花椒等经济作物，同时也有部分农户为当地旅游产业提供劳务。

二、发展模式

（一）发展条件

黎明村拥有优越的自然地理条件、丰富的人文资源和足够的政策支持。黎明村地理位置优越，背靠老君山国家地质公园，其境内分布着 248 平方公里的丹霞地貌群，属全国最大的丹霞地貌区之一。这里气候宜人，风光旖旎，自然旅游资源丰富。黎明乡是全县唯一的傈僳族乡，民族风情浓厚，主要有傈僳族的歌舞、射箭、阔时节等文化活动。近年来黎明乡围绕"民族文化强乡"的目标，重点挖掘和整理了这些独特的文化活动，在相互融合的过程中形成了具有浓厚当地民族特色的人文旅游资源，已然具备了发展生态旅游业的基本条件。2003 年，丽江市政府开始着力建设老君山景区，成立了老君山管理委员会，力图开发并整合当地的优质旅游资源，积极推进旅游产业的"一体两翼"建设，不断提升以丽江古城和玉龙雪山为主的"一体"品质，做大做强以泸沽湖、程海、老君山和金沙江沿线为主的东西"两翼"，重点将老君山景区打造成当地旅游发展的第三极（图 14-1）。

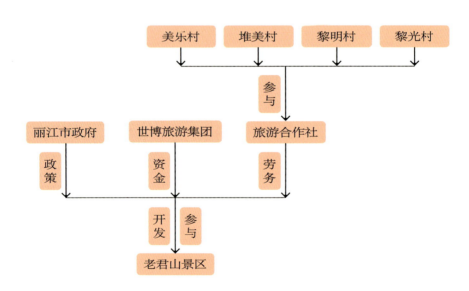

图 14-1　景区发展模式图

第十四章 云南省玉龙县黎明村旅游产业发展

玉龙县黎明乡丹霞地貌（董玉成 摄）

（二）发展历程

黎明村位于我国西南地区，按收入划分尚属贫困县，其开发历史较短但前景广阔。过去几十年里，黎明村以烤烟、白芸豆等经济作物种植为主要收入来源。烟叶的烘烤需要消耗大量能源，而白芸豆的种植则要求架设豆杆，这两种产业的发展对木材资源都有较大的直接消耗，且对空气质量有一定的负面影响。由于国家天保工程的实施，全面禁止采伐天然林，木材供给锐减，这两种产业的发展受到了影响。

生态环境和政策方面的多重压力使得黎明村的经济发展需要转型。当地政府为改变传统的经济发展方式，推动当地产业优化升级，决定借助旅游产业振兴经济。2009年，云南世博旅游控股集团有限公司抓住招商引资的契机，投入2亿元成立了丽江旅游投资有限公司，重点开发丽江老君山国家公园。世博集团拥有旅游公司55%的股权，丽江市政府通过景区内原有基础设施作价的方式获得了45%的股权。

世博控股集团在老君山景区内修建了千龟山索道和安七尼栈道，并且征收河谷地区约600亩土地，开办了具有当地乡土特色的河谷帐篷酒店，设置了规划完善的旅游线路。

黎明乡为了让当地群众有序地参与旅游产业发展，成立了玉龙县黎明乡旅游合作社，允许黎明乡内所有村民自愿入股，每户入股资金不超过30000元，不低

黎明村风光之一

黎明村风光之二

黎明村风光之三

黎明村风光之四

于 100 元。除资金外，合作社也允许实物入股（如马匹入股等）。目前全乡有 7 个村民小组入股，共 67 人，以村民选举方式产生理事会，由理事长统一安排合作社事宜。在合作社成立初期，村民成立马队，载客游览老君山。后由于索道的建成，马队逐渐失去市场。马队解体后，共有 59 名村民以劳务派遣的形式直接参与到景区各部门的工作中，由旅游公司提供报酬，平均每人 1300 元／月。合作社账目统一管理，年末进行盘点分红。除村民务工的工资外，旅游公司还会对征用土地的村民小组成员给予每人每年 2400 元的征地补贴。合作社的建立有利于农民增收和产业增值，统一管理资金有助于提高资金利用效率，推动地区经济进一步发展。合作社的成立提高了农户与旅游公司的交涉能力和风险抵御能力，增强了农户参与旅游产业建设的热情与信心，有利于当地经济的发展。

凭借毗邻老君山景区的地理优势，黎明村通过土地租赁、劳动力供给等方式充分参与了旅游景区发展建设，农民收入也有所提高。

近年来，由于旅游公司经营不善，老君山景区发展停滞不前。旅游公司在景区建设过程中的各种工程项目因面临繁杂的审批手续而存在可能停工的危险。目前旅游公司仍拖欠大量工程款项，难以获得更多银行贷款支持。游客数量减少导致旅游公司效益不断下降，资金链有断裂的危险，发展前景不容乐观。旅游公司的不景气导致当地农户参与旅游发展的积极性减弱，转型发展道路受阻，农民的收入无法得到实质性的提高。可以说，黎明村的转型之路仍然是"正在进行时"。

（三）模式总结

目前黎明村的旅游产业呈现出"政府＋企业＋农户"的发展模式。三个主体在产业发展的过程中分别起到了不同的作用。政府部门充分发挥行政与服务职能，为旅游产业的发展扫除制度性障碍，并提供政策支持。旅游公司是发展旅游业和景区建设的主体，它投入大量资金来完善景区基础设施，参与市场竞争，吸引游客，从而获取经济利益。当地农户充分利用旅游产业发展的机会，凭借乡土特色和地理优势为景区建设提供劳动力及文化服务，促进旅游产业的增收。政府的基础设施建设及产业扶持政策是旅游产业发展的基础；旅游公司承担景区建设与运营工作，是旅游产业发展的主体；而如何利用好当地特有的民族文化，调动农户参与的积极性是提高旅游产业效益的关键。这三个主体相互依托，共同促进当地旅游资源向经济效益的转化，并实现两者统一。

三、存在问题

（1）旅游公司经营不善。一是旅游总体规划不力。旅游公司为游客设计的旅游路线不合理，游客在老君山景区逗留的时间较短，消费量较低。二是服务设施落后，旅游项目结构单一。由于现有的旅游服务设施单一，食宿及卫生条件较差，无法满足中高端游客的需求，致使景区内消费水平不高，层次低，大部分收入来源是门票收入，结构单一，可持续性差。三是缺乏与当地合作。旅游公司与农民合作社的合作模式与分红方式也有待提高，从设计到参与，公司基本垄断了所有旅游环节，没有当地农民的深度参与和与民俗文化的融合，当地丰富的文化资源无法利用，导致旅游产品较为单一、收入不高且留给当地农户的利润空间较小，无法实现"共赢"。

（2）基础设施建设薄弱。黎明村属于贫困村，基础设施建设十分薄弱，道路硬化程度低，各景点之间的公路均为乡村公路，路面窄，道路崎岖不平，弯路多，以盘山公路为主，雨季时容易发生塌方，交通通达性差，这对游客进入老君山景区旅游构成了很大不便。

(3) 资本投入不足，缺乏可持续性。黎明乡经济发展水平低，地方政府面临比较严重的经济发展困难，缺乏财政资金，经常入不敷出，自我发展能力差，虽有产业扶持的意愿但能力有限；而旅游公司由于经营不善，项目资本回报率低，一直缺乏追加资金；当地农民收入更低，来源单一，大部分用于补贴家用，很少用于投资，合作社也面临很严重的资金短缺。

四、总结与思考

（一）总　结

当地依托老君山旅游产业从而实现脱贫致富是实现"绿水青山"和"金山银山"共赢的有效途径之一。推动当地产业从简单的种植业态转型为生态旅游产业，其中既有天保工程、政策推动和资本介入等外因影响，也有农民自发需求等内因的影响。天保工程限制了传统种植业的发展，维持传统生产方式和原有收入水平已不可能；而政府对旅游业的态度和行动也成功引来了外界投资，旅游项目得以落地；内因方面，农民自愿成立了集体合作社，为旅游项目提供土地、劳动力等基础要素，使得项目得以顺利运转。外部刺激加内部变革，是当地产业转型升级，实现"绿水青山"和"金山银山"共赢的必要条件。

虽然当地兼有内部外部因素的联合推动，但仔细研究发现在内部因素中，农民参与产业转型的自发性不足，非常依赖于外部因素的改变。这一点在当地旅游发展不景气时，体现得尤为明显。如何增加当地农民自发性，提高其参与由传统产业向新兴产业转型升级的积极性，发挥内部因素的作用从而进一步促进当地发展，是一个值得思考的问题。

（二）思考：把握观念、市场、产业、政府这四个维度的转变

在对玉龙县几个调研地点实际情况进行分析的过程中可以得出，不同的产业和经营主体对应着不同的发展模式，因地制宜地利用当地的资源禀赋和经济条件是形成有效的发展模式进而实现转型升级的关键。发展模式代表了一个地区在经济社会环境下的发展方向，一个好的发展模式可以充分实现内因与外因的联动，进而实现转型升级。在此背景下要将生态环境优势转化为经济发展必须把握观念、市场、产业、政府这四个维度的转变，只有这四种转变的共同推进才能从根本上改变农村落后状况，实现"绿水青山"与"金山银山"的统一。

1. 转变发展观念

在践行"绿水青山"和"金山银山"统一的过程中，参与者观念的转变是前提条件，也是具有决定性意义的内部因素。通过当地调研可以发现，农民普遍存在"旅游业收入高就干，不高就转回传统行当或打工"的带有"投机"色彩的观念，究其本质，其实是农民并没有真正认识到"绿水青山"潜在的经济潜力，并没有认同两山和谐共赢的新理念。所以如果要实现农户思维模式的转变，则需要用先进的发展方式和成果吸引农民的不断参与，让农民看到保护生态环境、发展旅游业所能带来的实际好处，指引农民走上生态可持续的发展道路，才能顺利地将"绿水青山就是金山银山"的战略构想转化为当地现实的生产力。事实证明"绿水青山"与"金山银山"之间的矛盾很大程度上源自于农民普遍缺乏自发性，但这是可以解决的。

2. 提升市场化程度

完善的市场条件是一个必不可少的外部因素，当地需要实现由政府配置资源向市场配置资源的转变，这可以提升农民的自发参与度。在当前的社会背景下，应坚持市场在资源配置中的决定性作用不可动摇，提升市场化程度，进而促进当地顺利实现转型升级。这里包含两层意思，一是当地政府在发展旅游产业时要注重培育市场力量，完善市场体制，不可采取冒进政策。黎明村发展旅游产业已经有了"政府+企业+农户"的模式，并且已经确认了企业是运营主体，那政府就应当坚持以服务为主，减少审批手续，减少产业转型发展的制度性成本，充分发挥整合资源的能力，协助竞争企业将市场总量做大。二是企业则应充分明确自身的市场主体地位与责任，提升运营能力，整合各方面要素资源，充分挖掘当地的旅游资源，延长产业链和纵深，增加产品价值。同时，也要注意资金的分配和优化利用，保持投资的持续性。

3. 推动传统产业升级

这里的产业升级包含两层意思。一是要实现"业态升级"，也就是要实现高耗能低效率产业向现代绿色产业的转变，例如黎明村由传统的种植业升级为生态旅游产业，一个既能保护生态又能够实现增收的新兴产业将为地区的发展带来生机与活力。二是要实现"模式升级"，这里的"模式升级"指的是在内因和外因的对接下，当地产业实现转型升级后所采取的发展方式，这种方式要能长期促进新型产业的发展与稳定。在传统的种植业态中，农民通过土地和劳动力的直接投入实现生产，这是一种单一的生产模式，因为受地理与资金限制，产业集体化合作少，很难形成规模效应，所以这种模式的经济带动能力有限，抗风险能力弱，没有可持续性。而在新型的生态旅游业态中，它要求一个成熟且运转良好的要素市场，包含劳动力、土地和资本完全流动，实现规模报酬递增；它也要求一个丰富的产品市场、充满竞争力的企业主体和持续的创收能力。所以在转型升级的路径中，当地需要建设一个有效率的要素市场，"政府＋企业＋农户"的合作有利于促进这种要素市场的建立，而丰富的产品市场则需要企业的努力，充分发挥企业家才能，提升管理水平，提高产业可持续性的创收能力。同时，这里的"可持续性"不仅包括经济含义，也包括生态可持续。

4. 完善政府职能

实现管理型政府向服务型政府的转变。在实现"绿水青山"和"金山银山"统一的实践中政府理应发挥其应有的作用。当地政府部门需要引导农户逐渐形成资源节约型和环境友好型的观念，同时加强政府的服务作用，提高行政能力，为农村经济的发展及"绿水青山"向"金山银山"的转化提供良好的社会环境。政府还需要通过简政放权等手段提高效率，提升农户、企业、合作社等主体的生产积极性和创造性，最终实现"绿水青山"与"金山银山"的统一。同时，当地政府也应继续实施正确的产权政策，坚持土地承包制和集体林权制度改革，规范产权管理，实行有效监督，减少在旅游产业发展时可能会存在的土地产权纠纷。产权的稳定给市场主体以信心，更可以激励农民增加对新型产业的投资，进而促进要素流转和资源的有效配置。

第十五章

云南省丽江市森林健康项目

高海拔森林（李甜江 摄）

一、基本概况

中美合作森林健康示范项目云南丽江示范区位于丽江市玉龙县，示范区由黄山示范点和太安示范点组成。黄山示范点位于丽江市玉龙县黄山镇文华居委会，于 2002 年 6 月开始实施。2007 年项目延伸后，在黄山示范点基础上，新增太安项目点。

黄山示范点所在地文华居委会下辖 6 个居民小组，总户数为 523 户，2351 人，居民以纳西族为主，占总人口的 96.2%，其余为汉族、白族。全居委会林业用地面积 1284.8 公顷，其中：有林地 589.1 公顷，疏林地 40.1 公顷，灌木林地 321.6 公顷，宜林荒山 233.4 公顷。

太安乡位于玉龙县西南部，东邻黄山镇和古城区七河乡，南接剑川县，西连九河乡和龙蟠乡，北靠拉市乡。乡政府所在地太安村委会距丽江古城 27 公里，全乡辖海西、太安、天红、吉子、汝南、红麦 6 个村委会，33 个自然村，67 个村民小组。全乡面积 294.3 平方公里，海拔 2620～3210 米。全乡总户数 2112 户，总人口 9076 人，其中农业人口 8863 人、非农业人口 213 人。乡内以纳西族为主，普米族、彝族、汉族、傈僳族、白族等多民族杂居。人口自然增长率为 8.89‰，人口密度 31 人／平方公里。乡村劳动力有 5799 人，其中：男劳力 3008 人，女劳力 2791 人；农业从业人员 5341 人，工业从业人员 23 人，建筑业从业人员 13 人，交通仓储及邮电通信业从业人员 124 人，信息传输、批发与零售业从业人员 54 人，住宿和餐饮业从业人员 63 人，其他行业从业人员 181 人。太安乡地势总体北高南低，且相对平缓，无相对高差大于 300 米的大山，特别是项目实施区，地势平缓，大部分坡度≤20°。太安乡林业用地面积 16596.7 公顷，耕地面积 2818.5 公顷，森林覆盖率 58.6%。海拔在 2600～2900 米范围内主要的优势树种为云南松，2900～3000 米范围内主要优势树种为云南松和华山松，3000 米以上为云杉和冷杉，伴生树种有铁杉、高山松和栎类阔叶树等。太安乡干湿季分明，冬季干燥，蒸发量大于降水量，夏季相对湿润无酷暑。每年的 5～10 月为雨季，降水量占全年的 85%，11 月至次年 4 月为旱季，降水量仅占 15%。全年无霜期仅 180 天左右，日平均气温 9～11℃，属于典型的高寒山区，农作物一年一熟。森林土壤主要是以玄武岩、砂岩等酸性母岩风化发育而成的棕壤为主，适宜于云南松和华山松的生长。太安项目示范区位于吉子、太安、天红 3 个村委会。

云杉林（享甜江 摄）

项目区森林病虫害种类有松赤枯病、中华松针蚧、松尺蠖、松叶蜂、云南木蠹象、华山松球蚜、铁杉球芽、铁杉种子大痣小蜂、天牛等。

二、发展模式

中美合作森林健康项目云南丽江示范区黄山示范点建设于2002年6月启动实施，新增太安项目点于2007年3月正式实施，根据项目实施方案及实施计划，主要开展了以下几方面的工作。

（一）人工造林

自项目启动实施以来，黄山示范点通过实施沙河治理造林、荒山造林及村庄绿化，共完成文笔海旁的沙河治理种植火棘104亩、柳树40亩，完成青刺尖（扁核木）造林42.1万株、柏树10.7万株、中林美荷杨4.9万株、月季7.62万株、麻栎35.16万株、种植核桃7.8万株、青梅9.34万株、照水梅1.58万株。

太安项目点造林区位于天红村12小班云杉人工林内，于2008年对该造林地补种了2.2万株华山松和2000株柏树，造林成活率达到95%；汝寒坪村至高美古村的柏油路两旁种植了2000丛箭竹。另外，太安项目区内有一中小型水库吉

硕果累累（董玉成 摄）

子水库，理论库容为 1180 万立方米，库区形状为长条形，纵贯水闸口、思形洛、沟旦、甲咀古等项目村（组），所以作为库区周边村社，生态建设就显得尤为重要，按照村民意愿和该项目的总体目标，2008 年在以上村（组）旁、路边、沟边及房前屋后种植了 1.2 万株花椒，成活率达 90%，保存率在 85% 以上。2009 年结合地方产业发展的要求，同时为更好地促进生态建设，促使森林健康项目顺利实施，在吉子项目区种植了 1.2 万株优质泡核桃和 4500 株冬桃（伯乐树）。通过几年的"四旁"绿化，使村落周围四季常绿、花果飘香，在美化人居环境的同时还给当地群众增加了收入。

（二）森林经营

黄山示范点根据示范区各小班森林健康状况及培育目标，有针对性地采取了不同的经营措施。对原生树种和次生树种均为云南松、林分结构单一的小班，适量补种核桃等喜阴的阔叶树种，以改变林分结构，同时示范区群众也能从中得到收益。对树种结构合理、有望成林的幼林或是灌木林，则采取了封山管护。对示范区内的原始林，进行严格保护。建设期内封山管护面积达 1000 多公顷，共改造了 4 个小班，面积 150 公顷，并在管护好现有森林资源的基础上实施了抚育，抚育 1 个小班，面积为 69.68 公顷。为改善林分的通透条件，促进林木生长，在不影响林分总体防护的前提下，进行适度抚育间伐。太安项目点对 63.5 公顷云杉、冷杉人工幼林进行了一次全面的抚育。

（三）森林管护与森林防火

根据项目区实际，按每 100 公顷配备一名护林员的标准，在示范区内配备了 47 名专职护林员，其中黄山示范点 15 名，太安项目点 32 名。护林员主要职责为：对各自的责任地块严格管护，严禁偷砍盗伐、烧荒等活动，积极配合林业、科研部门开展森林健康的经营活动；做好林木病虫害的预测、预报、预防，并积极参加治理病虫害工作；做好护林防火工作，严禁火种进入林区，严格农业生产生活用火管理，认真做好田间和林缘附近的巡护工作；做好宣传工作，让群众理解森林健康的意义、清楚进入林区应遵守的相关法规；教育当地群众在砍伐"架豆杆"、找薪柴过程中尽量保留部分生长较好的灌木树种；及时汇报并协助查处违反森林管护的有关案件，做到依法治林；管好辖区内林业附属设施，严禁破坏。护林员负责示范项目区森林的管护。在护林员的使用和管理中，采取了风险抵押金制度和民主测评的方法，实行护林员的工资与民主测评及工作实绩挂钩，使护林员意识到干不好工作，没有工作实绩，就领不到工资。项目实施以来，项目区内没有发生一起火警、火灾，确保了项目区森林得到有效保护。

（四）森林健康及生物多样性保护与监测

一是由科技支撑单位及西南林业大学专家共同对示范区动植物种类进行了摸底调查；二是护林员在管护森林的同时，对各种野生动植物进行了相应的监测工作，为搞好生物多样性监测提供了各个时段的相关数据；三是开展了森林生态景观的调查和研究；四是设置固定样地定期进行植物生长及种类监测；五是对项目区内的古树名木进行挂牌登记；六是向公众宣传生物多样性保护知识，对项目区群众介绍生物多样性的有关调查方法。

黄山示范点项目区内共设置综合固定样地 10 块，另增设森林病虫害监测样地 3 块，对样地内的林木生长情况、病虫害发生发展状况等进行测定。为准确地监测示范区不同林分的地表径流及水土流失情况，通过对示范区的实地调查，在示范区内共设置径流场 3 个，其中：果园径流场 1 个、云南松纯林抚育间伐径流场 1 个、空白对照径流场 1 个，并从 2004 年 1 月 1 日开始进行各项观测、取样、记录及样品分析。另外，为了准确记录示范区的气候变化，为径流场的监测提供相关的气象数据，并为示范区其他科研项目提供准确的气象资料，在示范区设置了一个小气候观测站，并于 2003 年 9 月开始每天进行各项观测。生物多样性保护是森林健康中必须考虑到的重要指标。在森林经营的每一个环节，既要注意保护、维持和合理利用本地特有的生物资源，也要合理利用外来物种。在森林培育、利用过程中，要加强对具有观赏价值、珍贵和关键物种资源的保护，加强对生物多样性保护的监测。

1. 森林培育过程

重视项目区天然林管护，代表性的森林、植被类型的保护，加强珍稀树种和关键种的培育，重点保护好项目区各村的水源林；加强对生态脆弱地带、箐沟及箐沟两侧的缓冲带的保护，确保这类林地的安全；将营林措施纳入生物多样性保护范围，增加地带性植物种类，使已受到毁损或现存数量处于濒危状态的植物种类得到有效恢复。通过以上措施保持林分类型的多样性。

森林经营活动不得破坏、影响珍稀濒危物种及其栖息地，要防止对野生动物种群自然活动造成严重的人为干扰；切实采取必要措施，尽量保障野生动物基本食物需求；对现有跨越山脊、山谷间的植被进行恢复和保护，为野生动物的迁移创造良好的生物廊道。

2. 森林利用过程

森林利用过程中应尽量保持森林生态系统的基本物种组成、主要结构特征和森林景观的整体性。在森林利用之前要制定可行的实施计划，充分分析各种利用活动对森林动植物、森林结构和生态系统功能的影响。

在天然次生林、人工林中开展抚育间伐等人工经营中，林下资源采集、开挖生土防火隔离带等活动，要充分重视野生动植物及栖息地和森林景观资源的保护，避免对自然生态系统产生较大的影响；及时监测评估野生动植物种群及栖息环境的变化。

通过合作、教育和强制措施，控制林区及附近区域的狩猎、捕鱼及采集等活动的管理，与社区群众合作形成共管协议；加强对社区群众的生物多样性保护教育，同时采取强制措施执行国家关于野生动植物保护的规定。

3. 种质资源保护与利用

动植物种质资源是维护动植物遗传多样性的基础。种质资源保护是生物多样性保护的一个重要方面，也是森林培育和森林健康中必须关注的重要内容，需要从国家、区域和森林经营单位等层次上开展森林物种种质资源的保护与合理利用。

通过建立完善各级林木种质资源保存机构、保存网络，建立完善的种质资源保护与利用体系。根据项目区的特点，可建立异地保存林（圃）和种质资源（活体）库、自然保护小区等方式，收集与保存区内的珍稀保护物种，重要的乔、灌、草、竹藤等种质资源。加强林木种质资源保存、推广和利用的社会化服务体系建设。

4. 预防外来有害生物入侵

项目区目前还未发现外来的有害生物，但还应加强外来物种管理，严格防范外来有害物种入侵。积极倡导利用乡土种、特有种，防止有害物种跨区域迁移。

在补植补造、"四旁"绿化，林药的引种驯化试验过程中，需加强对籽种、苗木的检疫；对将来引进外来树种种植等活动，规定在确保其具有很好的生态适应性和不会造成入侵性危害之前，不得大面积栽植。通过加强以上措施，预防外来有害生物的入侵。

对入侵危险性大的外来有害生物，制定专项应急预案，采取严密的预防措施，在组织、技术、物资等方面做好应急准备。

5. 加强森林病虫害的防治

积极开展森林病虫害的监测防控，及早发现各种疫情，严防森林病虫害的传播蔓延。

（五）能源建设

黄山示范点为解决示范区群众对薪材消耗问题，在项目实施期内，共建沼气池 31 口，节柴改灶 54 口，推广使用节柴炉 466 具。

太安项目示范区是高寒贫困山区，每年每个农户的薪柴消耗量在 4～5 吨，农户修枝和砍伐阔叶树是获得薪柴的唯一途径，为此平时过度修枝和砍伐阔叶树在一定程度上对森林资源造成了破坏，特别是过度砍伐阔叶树种，改变了林分内树种结构，使项目区内针叶纯林、针叶相对纯林、针叶混交林面积比例过大，增加了森林火灾、森林病虫害的发生概率，影响到了森林健康。

目前虽然有的农户对一般的土灶进行了节柴改造，但在薪柴的消耗量上并没有明显下降，原因在于薪柴最主要是消耗在煮牲畜的饲料上。由于太安项目区气候相对冷凉，农户对大小牲畜的喂养主要以熟食为主，所以近一半以上的薪柴都消耗在这里。从目前的情况看，太安乡的能源建设相对滞后，这也是关乎森林健康的一个重要的外因，所以能源建设将作为一个重要的项目内容来抓。

从项目区的实际出发，2007 年、2008 年对项目区内 120 户农户实施了太阳能（太阳能热水器）建设，其中太安项目区 60 户，吉子项目区 50 户，天红项目区 10 户。通过以上能源建设，项目区农户薪柴消耗量明显减少，安装太阳能热水器后的农户所消耗的薪柴由原来的 4～5 吨减少到 2～3 吨，效果非常明显，在很大程度上减少了项目区的薪柴消耗量，进一步保护了项目区的森林资源，项目区群众对森林资源的保护意识得到了进一步提高。2009 年按照实施方案和年度施工计划，对整个项目区继续实施了 70 户太阳能热水器建设，进一步巩固和提高了能源建设所取得的成效。

（六）公众意识教育和参与

项目建设采取参与式工作方法，充分听取项目区村干部、群众对实施项目的建议。为进一步促进森林健康和可持续经营，还需全面增强公众生态意识，提高公众参与林业生态建设的自觉性，接受和支持恢复及保护森林健康所采取的各项措施。

黄山示范点项目实施以来有针对性地对护林员、林业技术员和参与种植造林的农户分别进行了培训。2003 年，对项目区群众进行了广泛的宣传，印制发放项目宣传单 1000 多份，召开村民大会一次，参会人员达 200 人，培训业务人员 5 次共 80 多人次，为项目建设奠定了一定的群众基础和技术力量。2004 年，组织培训 4 次，参训人数为 270 人次，其中护林员 15 人、村干部 12 人、村民 80 人、业务人员 20 人。在村民自愿的基础上，制定了群众认可的护林公约。2005 年，对护林员和林业技术人员进行野生动植物监测的培训，对参与造林的林农进行造林及其相关知识培训，并与农户共同完善了村民公约。村民自我约束、自我管理的能力得到了提高。通过有计划的培训，项目区内的广大干部管理水平得到了提高，公众也掌握了实用技术。

太安示范点加强对公众的宣传和培训，重点对中小学开展森林健康知识、健康理念的宣传和培训，并逐步将中小学建设成森林健康科普教育基地。

1. 宣　传

加强宣传教育，争取全社会的广泛支持。通过印发有关法律、法规、条例、森林健康宣传手册，张贴标语，利用广播、电视、会议、授课等方式对公众进行大力宣传教育。主要宣传教育内容为森林健康概念、林业可持续经营思想、环境保护知识等，广泛争取广大群众支持，使广大干部群众在思想认识上达成共识，为森林健康项目的顺利实施创造良好的社会氛围。

项目区共举行 8 次大的宣传活动，在宣传形式上采取在中小学校讲授森林健康知识、在集市上散发宣传册等方式。

2. 培　训

根据项目建设要求及当地社区需求，对项目管理人员和技术人员、社区参与农户开展各类培训。

（1）各级项目管理人员、技术员。培训内容：森林健康概念、项目管理、森林经营、病虫害防治、森林防火、项目监测、参与性工作方法、生物多样性保护等。培训方式：授课、研讨、交流会、参观及考察，参加国家林业局组织的培训等。

（2）项目区各村干部、参与农户。培训内容：育苗技术、造林技术、森林抚育管理、病虫害防治、森林防火技术等。培训方式：实际操作与讲授相结合。

通过有计划的培训使项目区内的广大干部提高了管理水平，公众掌握了实用技术。此外，丽江示范区还组织相关领导和技术人员参加考察培训、研讨交流等活动，得到各级领导、国内外专家的指导和帮助。先后有 2 人次参加国外考察学习，14 人次参加国家林业局组织的项目研讨会。

（七）果园改造

黄山示范点为使项目区的群众能从项目中得到实惠，有针对性地对原来老苹果园更换了树种，将 240 亩苹果园改造为梅园。

（八）科技支撑及相关研究

中美合作森林健康项目云南丽江示范区科技支撑单位为中国林业科学研究院资源昆虫研究所。根据科技支撑实施方案，开展了以下科技支撑工作：一是对不同林分生长变化规律进行研究。每年春季（3～4月份）对项目区所设置的固定样地及临时样地进行综合调查和研究。二是进行了不同林分物种多样性的研究。三是开展了不同林分对水土保持影响效果的研究。四是开展了森林病虫害预警预报系统的研究。项目区森林病虫害主要发生在云南松、华山松、铁杉及梅、苹果园内。松赤枯病、中华松针蚧、华山松球蚜、苹果棉蚜危害面积大，危害程度为中等或严重，云南木蠹象、松尺蠖、松叶蜂、天牛等仅为零星危害。通过 2003～2010 年的连续监测，获取了大量的数据，现正在进行数据分析及建立森林病虫害预警预报系统。

（九）森林健康指标体系

在外业调查、农户访谈及分析的基础上，针对项目区森林特点及培育目标，重点从森林生态系统、可持续经营方法及森林给社区带来的效益三个方面探索并初步确定了村级森林健康评价指标体系。

（十）林下资源开发及科研

林下资源开发也是森林健康项目的一个重要建设内容，包括林药种植和野生食用菌人工促繁及观赏植物的开发。

在黄山示范点主要以观赏植物开发和林药种植为主，对有观赏价值的植物进行培育，使之产生经济价值。观赏植物开发选定 2 个农户，主要进行盆景开发。林药种植主要采取扶持重点户，带动示范区农户共同发展的方式。在此基础上，根据离市区和市场近的实际，带动公司进入示范区投资，现有格林恒信公司及丽江百岁坊玛咖公司进入示范区大面积推广玛咖种植，每亩产值近6000元左右，给山区林农带来了相应的经济效益；并随着云南白药集团对滇重楼需求量的增加，海拔高度适合的地域的缺少，给黄山示范区重楼种植户带来了新的市场，林农增加了投入，现种植面积已达800亩，产值近2000万元。随着林下种植的推广，玉龙县目前也开始了新的林业生产经营方式，把黄山示范区的成功经验逐步向全县16个乡镇进行推广，大力发展林下产业，辟出林区致富新路。

三、项目发展成效

中美合作森林健康项目丽江示范区代表性强，地类包括荒山、疏林地、有林地、退耕地；林分类型多样，包含有针叶林、阔叶林和针阔混交林，局部还有保存完好的原始林；特色突出，具有森林培育、保护、科研和社区生产生活、景区旅游及农家乐休闲开发利用等为一体的特点，项目建设取得明显成效。

媒体报道：心态决定生态　生态关乎康养

【中国科学网　2017-06-28】在2017年6月17日举行的"大生态+森林康养"国际论坛上，中国林业经济学会副理事长、北京林业大学经济管理学院院长陈建成教授强调：研究森林康养，要和生态系统、文明体系紧密联系起来。森林康养、生态系统、文明建设是三位一体的。其核心是人的心态。心态决定生态，生态关乎康养，康养体现文明。

他说，森林康养如今在国内国际都是热门话题。这不仅体现了发展水平的提升，也体现了人类对健康的美好追求。

在他看来，应该全方位、科学地理解森林康养。森林康养要从森林的三大功能来全面认识，不能片面化理解。现在人们关注森林康养，主要是讨论利用森林的服务功能、建设康养产业基地或者在旅游区增加康养设施。但还需从森林的另外两种功能的发挥上，进一步深化对森林康养的认识。

他说，要充分发挥森林的物质生产功能。其中重要的是利用木材这种低碳产品来替代当前的高碳产品，减少钢材、水泥等的使用。这事关应对气候变化、减少碳排放的大问题。木材具有突出的固碳作用，远优于高碳材料。应大力推进木结构建筑的发展。让人们不仅到森林里去康养，还可通过木结构来改善大环境、改善居住环境，使人们每天都能享受到森林带来的生态福利、绿色红利。

他强调，无论是森林的生态服务，还是森林的物质生产，都需要进一步扩大森林面积和提高森林质量。要有足够的森林面积且分布均匀，才能实现生态良好。森林康养的品质，必须建筑在健康的森林基础之上。根据我国现实需要和发展需求，我国森林覆盖率必须达到30%以上，才能做到这一点。我们也有条件能够做到这一点。只有发挥森林的木材利用功能，才是对森林功能的最好修复。这是提升森林质量最好的办法之一，更是真正应对气候变化给人们带来灾难的重要举措。

一说到砍树，不少人都有很多顾虑。以木替钢是不是提倡得早了一点？他认为，发展的理念要走在发展的实践前面。要用先进的理念引领发展。现在要有这个理念，森林功能发挥要依据我们国家林业发展的现实，就是合理地利用木材。适度利用，科学经营，不能乱砍滥伐，过度采用。要与时俱进地运用新的理论来重新审视木材利用问题。在绿色发展的趋势下，要用创新的思维来解决森林不足的问题。协同共享，开放务实，就会解除顾虑，逐步实现木材对高碳材料的替代。

他指出，要充分利用森林的文化功能，帮助人们科学认识自然、认识生态，正确处理自然、生态和康养的关系。提倡尊重自然、亲近自然、顺应自然、道法自然。亲近自然，多走出去；亲近自然，从简装修。现在装修很复杂，结果好不容易装修好房子，人却累出毛病或受污染"拜拜"了。欧洲很多地方装修非常简单，值得学习。森林康养就是要提供良好环境，要善待地球，应该从整个地球系统来看森林康养。这样对森林康养的理解，才能进入到科学的境界。

他说，实施大生态的战略，不仅要有可操作的实践路径，而且必须树立大生态意识。大生态意识包括生态优先、生态价值和生态文化传播。在绿色发展的系统思考中，重新审视林木采伐利用问题，不要简单化。要用森林可持续经营理论和供给侧结构性改革理论指导森林康复，真正实现森林越采越用越多。要用习总书记的"绿水青山就是金山银山"理论为指导，在确保生态优势的基础上推进林业可持续发展。（铁铮等）

（一）初步建立具有指导意义的村级森林健康示范区

针对示范区存在的森林健康问题、问题产生的原因及社区群众对森林的需求，示范区建设在培育健康森林、森林保育措施及社区参与等方面做了有益的探索和尝试，为培育健康森林，实现森林可持续经营提供了指导和借鉴。如在示范区建设过程中，注重森林健康与森林可持续经营相结合；强调建立社区参与、资源共管的森林管理机制；按照自然进程，遵循森林健康的基本理论，采取不同的森林保育措施。

（二）示范区森林逐步向健康的方面发展

遵循森林健康的基本理论，通过应用生态学及森林培育方法，采用有效的营造林技术及其他生物措施，目前示范区森林结构得到进一步改善、抵御灾害能力不断增强、功能不断完善，正逐步向健康的方向发展。区内森林植被覆盖率明显提高，灌、草恢复较快，封育范围内的森林覆盖率在70%以上。项目区森林生态系统结构趋于稳定，抵御生物和非生物因素的能力得到提高。示范区几年来的监测结果显示，示范区建设初期植株生长情况一般、人为干扰大、局部密度大、树种单一，导致林分质量差、植株生长慢。通过对原有阔叶树种进行保护，并在林窗、林间空地、沟边、房前屋后栽种阔叶树种，目前针阔混交比有所提高，林分结构逐步趋于合理，呈现出良好的势头。低海拔段的云南松、华山松的树高、胸径年均生长量较大。此外，通过对灌木林地实施封育管护，目前已有一部分云南松小苗成长为幼树，取得了良好的效果。同时，土壤的结构变化、质地及其他物理性状都向良性方向发展。

（三）示范区生态环境得到改善

通过封育管护、荒山造林以及水土流失治理，示范区森林防护功能得到提高，生态环境得到有效保护和改善。过去项目区内水土流失比较严重，雨季常常发生洪水危害、塌方、滑坡现象，洪水冲毁田地的现象也经常发生，给村民的生产生活带来了一定的影响，同时，水土流失还造成水库泥沙淤积。通过实施项目，现在水土流失、塌方、滑坡已得到有效遏制，河沟两岸生态环境大为改观。

（四）示范区生物多样性得到保护

通过近几年来项目建设，示范区森林生态系统结构趋于稳定，生态环境不断改善，为区内生物多样性保护创造了良好条件。同时，通过对示范区动植物种类、群落结构、土壤类型、植物生长调查及生态景观等研究，摸清了示范区的生物多样性现状。目前，示范区内有植物种类66科共217种，其中：乔木22种，灌木60种，草本135种。

在与项目区相连的文笔湖、吉子水库观察到白鹭23只，凤头潜鸭42只，赤麻鸭330只，斑头雁30只。特别是位于太安项目区吉子水库，每年来这里越冬的水禽数量和种类呈逐年增多的趋势。

项目区栖息有小型鸣禽，偶见中型鸟类。小型鸣禽有麻雀、山雀、燕子、柳莺、绣眼鸟；中型鸟类有野鸽子、灰背隼、红隼等。观测到的数量为山下部小型鸣禽16只，中型鸟类野鸽子2只、红隼2只；中部小型鸣禽17只，中型鸟类野鸽子6只；

神泉附近小型鸣禽 14 只，中型鸟类 1 只；上部小型鸣禽 23 只，中型鸟类灰背隼 1 只。另外，还观测到野兔、麂子、松鼠等。

区内典型植物群落有多变石栎林、云南松林、光叶石栎、光叶高山栎灌木林、针阔混交林（华山松、响叶杨、光叶高山栎）、桃林、青梅林、高山栲、青刺尖灌木林、苹果林。从群落垂直分布来看，海拔 2392～2650 米为云南松中幼林、灌木林，海拔 2650～2800 米为多变石栎硬阔叶林，海拔 2800～3100 米为华山松、响叶杨混交林，海拔 3100 米以上为光叶石栎、光叶高山栎稀疏灌木林。

（五）薪材消耗明显减少

项目区建设沼气池，推广节柴灶、节柴炉以及建设太阳能热水器后，每年薪柴的消耗量减少近 30%，为此引导村民以电代柴、以煤代柴，使用液化气，极大节约了烧柴量，保护了森林植被，项目区群众的薪柴消耗量呈逐年下降的趋势，有效保护了森林资源。

（六）村民保护森林的意识增强

项目实施以来，加大了森林保护的宣传力度，项目区内各村民小组进一步规范和完善了保护森林的村规民约，强化管护措施。随着森林保护措施的加强，森林景观得到较大改善。观光农业、旅游业、农家乐不断得到发展，村民的经济收入不断增加，广大人民群众意识到：把山上的树管好了，生态保护好了，来投资和旅游的人就会增多了，群众的收入也就随之增加；也认识到发展旅游业就要建设和保护好森林资源，保持良好的生态环境。

（七）项目的实施给村民带来了实惠，增加了经济收入

通过造林、管护森林，解决了部分农村剩余劳动力就业问题，并获得了一定的劳务收入。村民在不破坏森林植被的情况下，还可以到项目区采松子、采蕨菜、捡野生菌等得到收入。项目的实施减轻了村民的负担，解决了项目区的森林管护费。项目实施以前，护林员的报酬由各家各户凑粮、凑钱支付，项目实施以后护林员的报酬从项目资金中给予补助。

（八）项目管理人员的管理能力和专业水平提高

项目管理人员多次参加森林健康的培训、研讨、参观考察，开阔了眼界，拓宽了思路，增强了森林健康项目的管理能力，提高了专业技术水平。

四、总结与思考

目前项目的经验有以下几个方面：

(1) 坚持培育健康森林与满足群众生产生活需要相结合。始终坚信只有培育健康的森林才能更好地满足群众的需求，只有满足了群众对森林的需求，才能促进社区持续地自我管理森林。因此，在项目规划、设计及实施过程中，始终把培育健康森林与满足项目区农户需求结合起来统筹考虑。在设计项目建设内容时，一方面考虑有利于森林保育，另一方面要兼顾群众对森林的实际需求，正确处理好森林保护与社区生产生活的关系，所制定的建设内容、措施都充分考虑到了社区对森林的实际需求，这样才能保证项目的顺利实施，避免因项目建设而影响到群众的生计问题。

(2) 坚持以营林措施为主，多种措施相结合。森林的可持续经营措施是培育健康森林的重要保证，可以说，没有有效的培育措施就不可能有健康的森林。针对项目区森林健康所关注的重点、范围和影响森林健康的原因，以及根据森林培育目标，在分析、诊断和发现问题的基础上，依据森林的自然进程，应用现代林业的理论和方法，采取了一系列有效的培育措施，包括以造补、封育为主的营造林技术措施，以及能源建设、能力建设、制度建设和森林健康意识教育等多种技术和非技术措施。这些措施为提高项目实施效果，促进项目区森林向健康方向发展提供了最根本的保障。

(3) 坚持参与式的工作方法。应用有效的参与式工作方法，通过村民大会、村民小组讨论、农户访谈、协助村民制定森林管护公约等方式，鼓励项目区群众广泛参与项目决策、实施和利益分配，一方面，能快速、准确、全面地获取示范区的信息资料，为识别项目区所面临的森林健康问题、社区对森林的需求，找出森林与社区发展的机遇和潜力，提出解决问题的途径和措施提供依据。另一方面，因群众的全过程参与，使项目设计和建设内容充分体现了群众的需求，反过来又激发了群众参与项目建设的积极性，这样确保了项目的持续性，同时，群众的参与一定程度上也充分体现和促进了村民的民主管理。

(4) 加强项目的检查和指导。第一，严格按照当时国家林业局审批的实施方案，认真编制年度施工作业设计，按程序审批后组织实施。第二，按照年度施工设计进行检查，检查验收合格后才拨付项目资金，反之，就不付项目资金。第三，项目实施期间，国家林业局、云南省林业厅、丽江市林业局有关领导和专家多次到项目区检查、指导工作，省外项目区的领导和专家11次到丽江示范区进行交流活动。第四，中国社会科学院、中国林业科学研究院受国家林业局委托到项目区对项目进行中期评估。第五，中美双方专家多次到项目区指导项目工作，为项目实施提供技术支持。美国林务局官员及专家3次到项目区视察、指导工作，国家林业局派专家7次到项目区对项目开展咨询活动。第六，云南省林业厅造林绿化处组织有关技术人员对项目实施情况进行了检查和评估。第七，邀请省、市发改委、林业部门的领导和专家对项目2002～2006年度的工作进行了阶段性总结。

(5) 注重对当地社区的宣传和发动。为了让广大群众了解和认识森林健康理念，通过印发宣传资料、制作宣传碑、召开形式多样的项目介绍和宣传动员会，不断增强当地群众保护森林、保护环境的意识，把森林健康的理念贯穿于项目建设的始终，尽可能让广大群众进一步加深理解森林健康理念及森林健康示范项目的目的和意义，激发群众自觉参与保护森林的积极性。

(6) 加强科研，提高项目建设的科技含量。针对示范区森林健康所面临的问题及项目建设的目标，项目建设十分注重科研投入，项目科技支撑单位与多个部门合作开展了有针对性的科研工作和技术培训，为项目实施提供技术上的保证，同时为科学评价项目成效提供科学数据。另外，还多次邀请北京林业大学、南京林业大学、中国林业科学研究院等高校和科研单位的专家对项目工作进行调查研

媒体报道：以文化力量推动森林康养发展

【光明日报 2017-06-27】"森林康养提供的就是良好环境。"在日前于贵阳举行的"大生态＋森林康养"国际论坛上，中国林业经济学会副理事长、北京林业大学经济管理学院院长陈建成指出，要充分发挥森林的文化功能，倡导尊重自然、亲近自然、顺应自然、道法自然，引导人们正确处理自然、生态和康养的关系，"森林康养、生态系统、文明建设是三位一体的"。森林康养是指以森林景观、森林食材等为载体，配套养生、休闲、医疗等服务设施，开展森林度假、疗养、养老等活动。在国务院2013年发布《关于促进健康服务业发展的若干意见》后，作为大健康产业的新业态，森林康养在我国发展迅速。目前，贵州、四川、江西等省份均建设了森林康养基地。而从世界范围看，森林康养在不少国家已形成完整产业，比如韩国专门建设了森林康养林，而在日本，几乎全民参与"森林浴"。陈建成表示，森林康养如今在国内国际都备受关注，"体现了发展水平的提升，也体现了人类对健康的美好追求"。（王长江）

究和技术指导，美方专家也多次到项目区指导项目建设工作。

但是仍然存在着一系列的问题：

（1）森林健康是森林经营的新理念，森林健康试验示范项目的实施没有可借鉴的经验和模式，从项目的规划到实施，一直是"摸着石头过河"，所以项目实施走了一些弯路。

（2）由于项目建设期间，2005年丽江发生50年不遇的自然干旱，导致两个项目点项目建设中荒山及疏林地造林保存率较低，造林成效不显著。

（3）宣传、培训内容不够全面，力度有待提高。在项目实施过程中虽然进行了形式多样的宣传、培训，但宣传面不广，内容不够全面，森林健康示范项目的宣传和培训力度还有待提高。

（4）项目的宣传、学习、交流不足。作为新的森林经营理念，在全国不同的地区开展试验示范项目建设。项目建设的目的是一致的，为了探索培育和发展森林健康之路，明确森林健康的概念和内涵，建立森林健康指标体系，各项目区之间要加强相互间的学习、交流和研讨，共同实现项目建设的目的，真正起到项目建设的示范作用。

（5）太安项目区内林分质量低，结构不合理、密度较大、林木生长缓慢、林分蓄积量低的部分云南松林，已设计林分改造，采取抚育间伐措施，但因各种原因未能实施。

休闲氧吧

因此，针对项目建设中存在的问题，为进一步搞好森林健康示范项目工作，真正起到森林健康示范作用，提出以下建议和要求：

(1) 初步建立中国特色的森林健康理念。在充分吸收和借鉴国外森林健康理念的基础上，结合中国林业改革和发展的具体情况，在近几年来森林健康示范项目建设取得初步成果的同时，初步建立具有中国特色的森林健康理念，建立中国特色森林健康模式，明确培育和发展森林健康的目标和任务。

(2) 加强项目信息资源的交流和合作。森林健康示范项目作为中美合作项目在中国不同地区进行试验示范，首先应以国外先进的理论和技术为基础，结合各地实际开展项目建设工作，但项目实施多年来，对国外在森林健康建设方面的信息得到的很少，国内各项目区之间的交流也很有限，这样对森林健康示范项目建设很难形成共识。建议国家林业局把国外森林健康的理念和森林健康建设方面的信息充分灌输到项目建设中，加强项目区之间的沟通和交流，相互学习，共同进步，把森林健康示范项目建设好。

(3) 在项目建设中注重社区建设，充分了解社区对森林的依赖和需求，解决群众需求与森林保护的矛盾，提高群众爱林护林的积极性，在健康的森林中满足人们对森林的需求，实现人与自然的和谐发展。

第十六章

四川省夹江县推动绿色发展

茶山美景——生态茶叶防控，让茶叶更加绿色环保（张勇刚 摄）

一、基本概况

夹江县地处四川盆地西南缘，为乐山市北大门，幅员749平方公里，人口35万。辖21个乡镇124个行政村（居委会）。拥有承包耕地面积36万亩，森林覆盖率达42.23%；拥有规模以上工业企业108家，涵盖建筑陶瓷、水电、碳纤维、食品、饮料等多个产业。建有2个省级经济开发区，为四川重要的军民融合区。夹江位于青衣江下游冲积平原，山川俊秀土地肥沃；建县于隋开皇十三年，之前的秦汉时期为南安县，故有"蜀中名邑""天府宝地"的美誉。

近年来夹江实施"绿色发展，美丽崛起"战略，不仅有力促进了县域经济的转型升级，更是极大提高了夹江县的美誉度和影响力。综观夹江绿色发展，主要呈现三大特点：

其一，县域经济提速增效。2018年与2015年相比，全县地区生产总值完成156.87亿元，增长9.3%；固定资产投资完成125.98亿元，增长15.6%；社会消费品零售总额完成68.05亿元，增长11.9%；地方一般公共预算收入完成8.2亿元，增长1.8%；城乡居民人均可支配收入分别达到34232元、17078元。全县经济实力在乐山市名列前茅。

夹江县风光

世界灌溉工程遗产东风堰（张勇刚 摄）

其二，亮点突出、特色鲜明。全县已形成了以粮油、蔬菜、茶叶、水果、畜禽为主导的农业产业体系，以高档建筑陶瓷为引领，以碳纤维、水电、信息为主导的新型工业体系，以文化民俗旅游为特色的现代服务业体系，先后创建了"首批世界水利灌溉遗产所在地""中国西部瓷都""中国书画纸之乡"等众多优质品牌。夹江高档建筑陶瓷产品在四川乃至中国占有较大的市场份额，并开始出口蒙古、吉尔吉斯斯坦等"一带一路"沿线的国家和地区；手工书画纸秉持传统工艺，品质堪与安徽等地的同类产品媲美；全县种植茶叶约 25 万亩，是乐山市峨眉山茶的四大基地县之一。

其三，城乡一体整体推进。夹江县立足城乡融合绿色发展的理念，把优化美化城市环境与开展乡村振兴通盘考虑，县域内城乡绿色生态治理成效显著。三年来，全县环境质量有了明显改善（用环境质量指标作对比），消除了过去"光灰夹江"的不良印象，还原了千年古县的绿水青山，基本实现了"看得见青山，望得到绿水，记得住乡愁"的目标。

二、主要措施

进入新时代，夹江深入贯彻落实习总书记"绿水青山就是金山银山"的一系列讲话精神，认真践行"创新，协调，绿色，开放，共享"发展理念，积极应对环境污染带来的极大压力，坚持"绿色发展，美丽崛起"的发展战略，发挥县域

春到茅坝（张勇刚 摄）

特色优势，切实抓好项目载体，坚持城乡融合整体推进的方针，不断推动全县绿色生态发展，取得了阶段性的明显效果。

绿色发展的"夹江模式"是：

（一）夯基础

具体讲，就是加强生态屏障建设，保护绿色生态资源，夯实绿色发展的生态基础。

一是抓住国家实施长江上游生态屏障建设项目的机遇，继续推进生态环境保护和建设。三年来实施国家和省市重点生态保护项目 9 个。

二是坚持生态保护优先的原则，实施山水林田湖生态保护和修复工程，坚决打好大气、河流、土壤污染防治三大战役，重点治理工业和农业污染，实施最严格的环境保护执法，处理违规违法案件 157 起。

三是积极开展春季植树造林活动，保护和建设各类湿地和天然生态林，生态修复能力大大提高。全县森林覆盖率达到 42.23%；全年空气质量优良的天数达到 75% 以上。

（二）抓关键

受历史条件的局限，夹江在过去数十年的发展历程中，一度出现重速度、轻质量、轻环保的问题。特别是低档次的建筑陶瓷迅猛发展，使空气质量不断恶化，给绿色发展带来很大压力。为此，夹江县在推进绿色发展中，首先从治理工业污

中国西部瓷都夹江

石墨烯发热陶瓷（张勇刚 摄）

染这个关键环节抓起，不断减少二氧化碳排放，带动工业转型升级，提高绿色发展质量。

一是强力推进"退城入园"。2017年7月，夹江县正式开始陶瓷企业"退城入园"行动，全面实现园区外的陶瓷企业退出城市规划区，搬迁进入高起点高标准的陶瓷工业园区，通过技术革新改造实现升级换代。截至2018年9月底，关闭设备旧、产量低、能耗高的老厂30余家。2018年，累计完成投资100亿元，园区工业集中度达80%。

二是加快工业企业科技创新。入园的建陶企业，全部淘汰了落后产能，引进和研发新技术、新材料、新设备，新建了高科技高档次的生产线；坚决取缔用煤作燃料的生产线，实施了以清洁能源替代技改工程，普遍改烧煤为烧天然气。

三是积极推动转型升级。引导陶瓷与文化结合，研发出文化艺术陶瓷、石墨烯地暖陶瓷等新产品，走在全国四大建陶产区的前面。最近西部国际陶瓷城项目落地夹江，加快建设建陶物联港，补位夹江县商贸、物流、仓储等功能平台短板，促进建陶业高标准、高规格、高质量的发展，实现既优质高效又绿色低碳的目标。

目前，夹江陶瓷产量已占到全国的8%，全省的80%，产值达315亿元，带动就业12万人。"产业＋文化＋旅游"的模式，得到省市领导和专家的充分肯定。

（三）优结构

实践证明：优化农村产业结构，发展乡村生态产业，是整个绿色产业发展链条中的重要一环。围绕实施乡村振兴战略，不断转变农业生产经营方式，努力实现农产品"绿色化、优质化、特色化、品牌化"。

一是抓好农村特色生态产业。利用良好的生态条件，依托乐山市峨眉山茶品牌优势，积极开展优质绿茶基地建设，规模居全省第二；发展茶叶加工企业600余家，带动就业12.5万人，出口"青衣江"牌绿茶2.3万吨，茶农年人均增收

复澄壶（张勇刚 摄）

茶艺表演（张勇刚 摄）

6380 元。

二是推进茶产业与旅游的深度融合。台资"天福茶园"成功申报为 4A 级旅游景区，年接待游客 120 万人。

三是积极推广绿色生态无公害种养殖，加强"三品一标"认证力度，开发脆红李、水蜜桃、柑橘和葡萄等优质水果种植 1.3 万亩，产量达到 1.2 万吨，产值 1.5 亿；发展规模化标准化畜禽生态养殖场 301 个，2018 年出栏生猪 32.3 万头、家禽 574.8 万只。

四是努力创新经营模式。积极扶持产销一体的农村专业合作组织 400 家，建立电商销售网点 198 个，2019 年上半年网上营业额达到 11.66 亿元。2018 年农民年人均纯收入达到 17078 元，位居乐山市前列。

（四）挖资源

夹江有 1400 多年的建县历史，文化积淀丰厚，地处乐山大佛、峨眉山、东风堰世界遗产旅游金三角，拥有首批世界水利灌溉遗产东风堰，古法造纸技艺和夹江年画皆为国家非遗。本着"人无我有，人有我优"的发展理念，充分挖掘千年古城的文化民俗等低碳绿色资源，发挥夹江文旅资源优势，壮大现代服务产业。

一是深挖文化旅游资源，促进文化与旅游的深度融合。启动了创建"天府旅游名县"的工作，开展了东风堰与千佛岩的改造提升，正在努力加快 4A 级景区建设。

二是不断丰富千年纸乡的文化内涵。积极探索"产业＋文创＋研学"旅游模式。保护纸乡的古村落、老作坊，保护和传承古法造纸技艺，恢复种植原料竹林 400 亩；积极争创竹纸制作技艺游学基地，发展相关企业 480 余家，从业人员 30000 多人，高档手工书画纸占到全国 60% 以上。

三是加快文创产品的研发。目前主要以纸为媒、以传统年画为基础，开发文

滨江广场望峨楼（戴毅全 摄）

创产品10多种，每年接待手工纸和年画游学旅客50多万人。

四是开辟全域旅游新格局。开辟和延伸藏羌彝文化产业走廊，实施"天福茶园"扩容增效工程，扶持发展乡村旅游接待点，真正使绿水青山变成金山银山。

（五）抓治理

近些年，夹江县按照习总书记"城镇化要发展，农业现代化和新农村建设也要发展，同步发展才能相得益彰，要推进城乡一体化发展"的指示，坚持城乡统筹、相互融合的发展观念，积极开展城乡环境综合治理，打造宜居、宜业、宜游的绿色夹江，统筹推进以"美丽夹江，宜居城乡"为目标的人居环境治理。

一是创建国家卫生县城。把创建国家卫生县城作为乡村振兴的第一步，扎实开展"创卫"工作。实施了滨江生态走廊、滨江湿地、龙腾公园等一批城市生态项目建设，推动环境卫生治理全覆盖，消除了城区环境卫生死角；创新城市管理办法，强化环境卫生执法，坚决禁止破坏环境卫生的行为。通过一段时间的扎实"创卫"，优化了县城的营商和居住环境，加快了美丽夹江县城建设。

二是争创四川乡村振兴先进县。围绕习近平总书记提出的"实现乡村振兴"目标，在农村积极推进省级生态乡村示范乡镇建设，开展生活垃圾、污水、畜禽粪便治理，实施"厕所革命"和村容村貌提升等五大治理行动。建立乡镇污水处理厂20多个，在条件具备的镇村实施了生活垃圾集中清运，正在推进农村厕所改造，计划投入6000万元。

三是打造一批示范村镇。引进资金打造了千佛禅意小镇，率先建成了甘霖新生村、界牌桃花村、龙沱修文村、马村石堰等一批美丽乡村示范点，推出了千佛岩、二郎庙康养基地，以及甘江、木城、华头三大历史文化古镇等对外招商。目前，省级、市级实施乡村振兴战略工作先进乡镇1个。

三、总结与思考

夹江按照全面建成小康社会的要求，大力推动绿色发展，努力实现美丽崛起，不断开创县域经济社会发展新局面。经过一段时间坚持不懈的努力，收到了一定成效，也收获了一些体会。

（1）必须坚持绿色发展理念。要努力适应当前发展趋势，强化绿色发展和可持续发展理念，并将这种新的理念贯穿在规划和工作当中；要以环境生态优良、发展优质高效为目标，以绿色、低碳产业支撑县域经济发展，加快改造提升老旧企业，坚决将高耗能、重污染项目拒之门外；引导干部群众树立绿色发展意识，让人民群众分享绿色发展、美丽崛起带来的好处和实惠，从而变成他们的自觉行动。

（2）必须抓好项目载体。优良项目是加快发展的载体，没有项目做支撑，绿色发展就是一句空话。这些年围绕发展夹江绿色县域经济，夹江县努力在生态农业、低碳工业和现代服务业上，狠抓项目的发现、论证、储备和包装、促销，先后引进了水电七局、九龙集团和碧桂园等一批企业，参与到绿色发展中来。

（3）必须拓宽投入渠道。有投入才有产出，绿色发展也不例外。夹江县努力拓宽绿色发展的投资渠道，创新财政资金和社会资本相结合的投入机制，有效增加了绿色发展的资金投入，全社会固定资产投资年均增加16.2%。

（4）必须抓好科技创新。积极引进科技实用人才，鼓励创新生产技术和工艺，大张旗鼓地表彰全县各行业的优秀工匠，有效提升了绿色发展的质量。单是建陶企业近三年实施技改项目25个，引进和建成高端陶瓷生产线18条，获得的各项专利就达到8项，开发绿色环保新产品13个，使夹江建陶能够立于不败。

（5）必须有利于改善民生。要创新绿色产业发展方向和途径，大力开展水利、交通、旅游、环保等公共基础设施建设，带动低碳环保社会和宜居宜业环境建设；要努力增强绿色产业对群众就业增收的促进能力，通过现代工业、现代服务业以及乡村振兴项目的实施，不断促进经济的稳定增长，提高城乡居民收入，增强群众的获得感和幸福感；要引导群众的绿色低碳生活方式，建立绿色生态和谐社会，为县域的绿色发展、美丽崛起奠定广泛扎实的群众基础。

第十七章

黑龙江省的冰天雪地也是金山银山

中国雪乡——位于黑龙江省牡丹江市境内的大海林林业局辖区内的双峰林场（银盐 摄）

一、基本概况

黑龙江省土地面积广博，人口相对稀少，特别是由于气候原因，部分地区的农业受到限制，森林覆盖率达65%以上。相对于其他省份，黑龙江省具有独特的产业边界，山区、林区占有近25%省域面积，在这25%的区域中，形成了独特的冬季旅游资源。而黑龙江的冰天雪地是在其独特的地理条件下形成的天然气候环境，是不可多得的宝贵资源。2016年3月7日，习近平总书记在参加全国"两会"黑龙江代表团讨论时指出，绿水青山是金山银山，黑龙江的冰天雪地也是金山银山。这一理论不仅是黑龙江发展建设的画龙点睛之笔，也是生态文明价值观的生动体现。继此之后的2016年5月23日，习总书记到黑龙江考察调研，特别强调生态就是资源，生态就是生产力。习总书记在伊春考察时强调，"我国生态资源总体不占优势，对现有资源的保护具有战略意义。伊春森林资源放在全国大局中就凸显了这种战略性。如果仅仅靠山吃山，很快就坐吃山空了。这里的生态遭到破坏，对国家全局会产生影响。国有重点林区全面停止商业性采伐后要按照绿水青山就是金山银山、冰天雪地也是金山银山的思路，摸索接续产业发展路子"。

"冰雪之冠上的明珠"哈尔滨冰雪节（杰子 摄）

中国雪乡之冬雪漫林间（铁夫 摄）

习近平总书记在学习《胡锦涛文选》报告会上的讲话指出："科学发展观是党的指导思想的重要组成部分，必须长期坚持，认真贯彻。"生态文明是科学发展观的重要组成部分之一。冰天雪地与金山银山关系的辩证思想，不仅突出了习近平总书记对黑龙江转型发展的具体要求，也拓展了生态文明思想的内涵外延。

对经济发展来说，黑龙江冰天雪地的环境有其不利的一面，但这种自然环境也是其他地区所少见的，具有无可比拟的特色和优势。如果能够在发展中充分发挥冰天雪地的自然环境优势，打造冰雪文化、发展冰雪经济，就能激发出黑龙江乃至东北地区新的发展潜能，化冰雪资源为冰雪文化、冰雪经济。"冰天雪地也是金山银山"突出了东北地区经济发展的生态文明特色，强调了黑龙江的经济发展、经济转型只有在生态文明的基础上才能获得成功。古人说，毁土灭祖，罪莫大焉。那种认为环境破坏是发展的必要代价的观点，是完全错误的。大众旅游时代的到来，为东北地区把冰天雪地变成金山银山提供了新的契机。

供给创造需求，生态文明建设一定能进一步推动黑龙江的供给侧结构性改革。深入贯彻落实习近平总书记系列重要讲话精神，转变观念换脑筋，牢固树立绿色发展理念，提升生态功能，促进经济转型发展。近年来，东北旅游业迅速发展，赏雪景、观雾凇、看冰雕、泡温泉、体验冬捕、戏雪、滑雪……"冰天雪地"这种特有冷资源给东北地区带来了多种旅游项目，也给当地群众带来了实实在在的收益。

黑龙江地处"一带一路"建设的重要区域，"冰天雪地也是金山银山"的理论，为黑龙江的"一带一路"建设指明了方向。任何地区只要拥有自己良好的生态环境、拥有自己独有的资源禀赋，都可以把生态资源利用好、经营好，发展绿色经济，促进百姓致富。黑龙江在"一带一路"建设中，只要以生态文明为发展的基本遵循原则，以"五大发展理念"为指引，以更宽广的眼界和胸怀，落实"冰天雪地也是金山银山"的发展理念，深入学习研究、贯彻落实好习近平总书记系列重要讲话的精神实质，坚持用发展的观点、辩证的观点、群众的观点思考问题，就可以走出一条以生态文明为基础指引的可持续发展之路。

加快经济发展不能以牺牲自然资源为代价，绿水青山是金山银山，黑龙江的冰天雪地也是金山银山。各地要根据当地的实际情况，充分利用自然资源和区位优势，大力发展特色产业，振兴经济发展。

二、发展模式

长期以来，"冰天雪地"几乎与"恶劣"的自然环境画上等号，"冰天雪地"这样的冷资源一直没有得到很好的开发利用。近年来东北旅游业的发展就是"冰天雪地也是金山银山"的有力印证，冷资源也可以成为热产业。一年四季中，冬季是东北最富有魅力的季节。千里冰封，万里雪飘，冰天雪地给了东北特有的颜色。过去，人们对于冰天雪地的质疑多源于旅游基础设施建设跟不上，安全性没有很好保障等方面。随着旅游投资快速增长，基础设施水平显著改善，东北的旅游经济也得到快速发展。赏雪景、观雾凇、看冰雕、泡温泉、戏雪、滑雪，"冰天雪地"这种特有冷资源给东三省带来了不一样的旅游项目。加上东北独有的文化，东北旅游变成了名副其实的热产业，也给群众带来了实实在在的收益。

天地空间是历史赋予的厚重礼物，冰雪是自然馈赠的上等佳品，形成了黑龙

黑龙江伊春雾凇（俞方平 摄）

踏雪巡逻（曹峰 摄）

江独有的大气景观，如大湿地、大界江、大平原、大森林、大草原等，冬季只有到黑龙江才能感知"惟余莽莽""山舞银蛇"的北国气势。如何将这种感知形象打造成各具特色的旅游产品，变成惠及民众、引领地方积极发展的动力源，是需要解决的关键问题。

　　首先，如何看待冰天雪地？冰天雪地是黑龙江人生于斯长于斯的环境物质。生活条件和生产、生活方式无时无处不受到自然的限制。在与环境和气候的斗争中，形成了有别于其他土地的生命特征。这些人文特征和冰雪的结合已经成为独特的产品，给人以体验、游戏、娱乐和互动。因此，要将环境景观化，景观产品化，产品商品化，商品效益化。中国有句俗话"端着金碗要饭吃"，这就是一个典型的资源"商盲"案例。其根源可以从两个方面来探究，一是从所有者方面，所有者没有发现"金碗"的其他价值。或者说，他只看到"碗的装饭"功能，没有看到"金碗"的其他功能。他在意的是"碗"，而忽略了"金"。殊不知，如果碗的持有者发现或者开发了金碗的其他功能，所得到的收益，不是讨来的一碗饭所能衡量的。目前，对于冰天雪地的印象或者商业价值，基本还停留在"用碗讨饭的层面"。所以，有必要重新认识冰天雪地，从不同的角度来诠释和开发冰天雪地的价值。二是从需求者而言，其需求的不确定性，决定了产品价值的多元性。特别是对于生活在供给奇缺环境中的消费者，就在于供给者的营销策略如何来开发和引导消费模式。仍然以这只金碗为例，它可以成为观赏的展品，有别于瓷碗、铁碗和陶碗；也可以溢值变现，成为收藏品或者工艺品。还可以作为原料重新打造成其他产品，产生倍增于"讨饭碗"的商业价值。因此，碗的价值和持有人的预期收益涉及宣传效应和营销方式。"不买贵的只买对的"仅是消费群众的一种方式，要创造高贵的品质和与价格对应的产品，让消费者认为贵得合理、买得舒心，这才是市场的最佳营销组合。然而在这方面，消费者也是处在低端的消费层次，不在品质上提档升级，只在价格上压价让利，这样既不持久，也不会提升产业的层次和发展后劲。

其次，如何将冰天雪地变现？一谈到变现，就会不自觉地进入商业运作模式。任何产品兑现经济效益，都需要进入市场领域来实现。国家的改革开放，一直在释放市场红利，红利的流动性刺激产业的发展。冰天雪地的自然性决定了开发的低成本准入过程。同时，区域气候的相似性又产生了产品的同质化。比如，黑龙江省有151家滑雪场。在雪场分级中，又出现雪场同档次积聚，同一级别的滑雪场对应市场的消费者相似。可是，仅用滑雪这一种方式实现雪的商业价值，常常产生时空的不饱和与时间的不确定，也就是业界所说的冰雪产业靠天吃饭的半自然产业模式，一旦出现暖冬或者厄尔尼诺现象，滑雪场的效益就会出现亏空。所以，将冰天雪地变现的路径和方式应该是产业发展的重中之重。

再次，冰天雪地怎样成为金山银山？在冰天雪地商业运作中，习总书记确定了方向，指定了目标。就是既有保护又有开发，在开发中保护，在保护中开发。既要解决现实的生活和就业，又要给子孙留下发展空间和资源环境。因此要结合区域均衡发展和可持续理念，做特色开发，做保留性开发，做高附加值开发。

（一）大兴安岭地区打造独具特色的边疆北极冰雪文化品牌

按照习近平总书记的指示精神，大兴安岭地委、行署站高立远，科学谋划，确立了创新发展"六大产业"，深入实施"三大工程"，着力营造"两大环境"的转型发展总体目标，明确提出将培育生态旅游业，特别是冰雪旅游，作为林区转型发展的支柱产业，大力实施以"魅力兴安·极致冰雪"为主题的冬季冰雪旅游发展战略。通过重新认识冰天雪地，科学谋划冰雪产业，把发展冰雪经济作为助推林区转型发展的一项重要举措。大力开发冰雪旅游产品，不断丰富冬季旅游内容；深入挖掘冰雪文化内涵，不断创新冰雪文艺创作；积极承办大型冰雪赛事，不断扩大国内国际知名度；全面推广校园冰雪教育，不断提升青少年冰雪运动技能；广泛开展群众性冰雪文体活动，着力营造全民参与的良好氛围。运用扬长避短、扬长克短、扬长补短的方式，有效激活冰雪资源，做大做强冰雪产业，努力塑造黑龙江"冰雪酷省"形象，将大兴安岭冰天雪地的冬季变成转型发展的春天。

大兴安岭地处祖国最北，冬季漫长寒冷，年降雪期5~7个月，极端最低气温-53.2℃，积雪期长达半年。由于降雪早、雪期长、雪量大、雪质好，加上天然纯净的生态环境和独特的山地形态，成为挑战酷寒、体验冰雪的理想之地，发展冰雪经济具有得天独厚的资源优势。按照习近平总书记提出的"三亿人参与冰雪运动"的重要指示精神和省委、省政府"赏冰乐雪"系列活动的安排部署，大兴安岭积极组织开展具有本地特色的冰雪文化活动。设置了三个板块百余项活动，包括速度滑冰比赛、中小学生冰雪运动会、雪地足球比赛、初冬晚春滑雪竞技赛等赛事以及群众性冰雪系列活动,间接参与人数达 3 万人。组织开展了"赏冰乐雪""百万青少年上冰雪"活动暨青少年冬季阳光体育大会、2016～2017 年度"赏冰乐雪"系列活动暨大众初冬滑雪竞技赛。在承办好常规赛事的基础上,积极打造冬至马拉松赛等特色赛事活动,力争吸引更多的国内外滑雪爱好者来旅游参赛,以赛事带动大众冰雪旅游项目,形成具有鲜明特色的吃、住、行、游、购、娱冰雪产业链,打造一条由加格达奇区到漠河的冰雪文化旅游长廊。因地制宜,建立风格各异,集体育运动、娱乐健身、旅游观光、餐饮服务为一体的特色冰雪文化项目,整体推动全区冰雪文化产业发展。经过多年磨砺,成功打造多个冰雪文化品牌。其中,"中国初冬晚春滑雪胜地"品牌,利用初冬晚春别处无雪我独有的资源优势,吸引众多省内外的滑雪爱好者来玩雪,成功举办了多届全国自由式滑雪雪上技巧赛、自由式滑雪空中技巧冠军赛、"赏冰乐雪"大众初冬滑雪竞技赛等多个重大体育赛事。"漠河国际冰雪汽车拉力赛"品牌,被确定为全省优秀旅游线路;"北极熊冬泳基地"品牌,连续 9 年成功举办了"中国加格达奇国际冬泳邀请赛"。众多的冰雪文化品牌,吸引了大批国内外优秀运动员、新闻媒体、冰雪爱好者来到大兴安岭,搅热了这里的冬天,延伸了旅游和文化产业链条,提升了大兴安岭的知名度和美誉度。

　　依托丰富的冰雪资源,整合诸多游乐项目与冰雪原生态景观,在加格达奇甘河南岸建成一座集休闲观赏、冰雪娱乐、体育锻炼、亲子互动为一体的多功能冰

2017 年 12 月 25 日,大兴安岭加格达奇区第十届中国北极熊国际冬泳邀请赛 (郭旭东 摄)

雪游乐园。冰雪游乐园占地面积7公顷,其中冰雕、雪雕展区面积2公顷,突出全民参与度和娱乐性。园内有冰雕和雪雕作品35座,游艺用冰场3个,马爬犁、鹿爬犁、雪地摩托、雪地越野车等雪道4条,冰滑梯、雪坡滑道、九子迷宫、演艺舞台、雪地足球场、餐饮服务区等活动设施15处。园区建设突出林区自然风光和冰雪特色,游人在这里可以欣赏到美轮美奂、独具创意的冰雕和雪雕作品,尽情享受银装素裹的北国风光和极致的冰雪文化。在亲子互动环节,推出多种冰雪娱乐项目,包括雪地拔河、雪地足球、雪地排球、冰上保龄球等活动项目,让每个家庭和游客在感受快乐的同时,进一步增进亲情和友情。在游乐环节,200米冰滑梯、雪地越野摩托车、驯鹿爬犁、冰上爬犁、冰上自行车、抽冰尜、冰雪秀场等各种传统与现代相结合的冰雪娱乐项目,使游客不仅能够欣赏到冰雪之美,还可以尽情享受冰雪活动带来的欢乐。同时,还推出欢乐跨年夜、欢乐情人节等系列冰雪游园活动,在平安、浪漫和唯美中掀起林区冰雪旅游的新高潮。在漠河北极村推出全省首家开滑的滑雪场,打造了北极雪雕园、北极冰雪大世界和北极冰雪游乐园等高标准、高品质景区景点,全新推出10余个系列冰雪游乐项目。在北极村的雪雕园里,建成多座极具特色的雪雕作品,有深受孩子们喜爱的古灵精怪的动漫人物白雪公主和七个小矮人等,每幅作品都充满浓厚的时尚气息,栩栩如生的雪雕艺术作品让一路向北来漠河看雪的南方游客惊叹不已。新增的冰雪旅游项目提升了北极冰雪旅游的观赏性、互动性和趣味性,为大批游客尽情体验北极冰雪带来无限欢乐。2016年冬至期间,在漠河举办了军休干部纪念婚活动、2016钢管舞高寒挑战赛、东北亚绿色发展(漠河)论坛和2016第一届神州北极冬运会暨第二届中国漠河极寒露营挑战赛,通过举办各类节会活动,精心打造神州北极旅游品牌。在呼中全力打造以"冷文化"为核心的最冷小镇旅游品牌,谋

雪乡人家(铁夫 摄)

划开展林海雪原森林穿越、泼水成冰艺术秀、极寒勇士耐力赛等特色冬季旅游活动。按照节气时间，合理配置冰河红柳、魔界探秘、寒冬冰雾、大岭雾凇、杜鹃傲雪、白山云海、呼玛河冬韵等最冷小镇十大景观旅游线路，确定最佳观赏点，将其串联成最冷小镇独特景观，开辟沿河欣赏雾凇树挂景观带、雪地徒步雾凇树挂景观带，让游客在最佳地段欣赏到最美的雾凇树挂景观，充分体验最冷小镇带来的乐趣，感受最冷小镇的冬季之美。大兴安岭通过整合"极北、极寒、极雪、极景、极奇"等资源和景观，将重点开发"三区七最"冬季旅游系列产品。"三区"即神州北极极致冰雪挑战区、最冷小镇森林穿越探险区、激情兴安冰雪娱乐体验区；"七最"即最北神奇天象观赏、最冷冰雪极寒挑战、最原味神圣世界探秘、最纯净林海雪原穿越、最长雪期滑雪体验、最纯极致冰雪美景、最北圣洁冰雪祈福。

（二）巧打"冰雪牌"："冷资源"转化为"热产业"

亚布力是哈尔滨市郊的普通小镇，却因拥有亚洲首屈一指的多等级雪道蜚声海内外，成为滑雪产业的"领军者"，亚布力的成功只是黑龙江发展冰雪产业的缩影。

"冷资源"咋能变成"热产业"？农民们说，可以种植"寒地花菇"，出口到世界各地；工人们说，可以研制新型压雪机、造雪机，打造中国冰雪装备研发制造基地；商人们说，可以举办冰雪经贸论坛，扩大对外商贸合作；IT创业者们说，可以发展云计算，节能又降耗。

做大做强冰雪经济产业。经省人大立法批准，从2016年起，黑龙江省政府将每年12月20日设立为"黑龙江省全民冰雪活动日"。出台加快冰雪旅游产业发展实施意见，对发展冰雪旅游产业的目标、任务、措施等提出明确要求。依托全省冰雪旅游资源分布与产业布局，黑龙江重点打造哈尔滨都市时尚冰雪旅游区、哈尔滨—亚布力—雪乡—镜泊湖滑雪旅游度假带、哈尔滨—大庆—齐齐哈尔—五大连池冷热矿泉冰雪旅游带、哈尔滨—伊春—逊克森林冰雪旅游带、哈尔滨—漠河极寒冰雪旅游带。受冰雪旅游拉动，黑龙江2016年机场旅客吞吐量1894.9万人次，增长12.7%；省外手机漫游入省用户数8211.3万户，增长14.2%；省外银行卡在黑龙江刷卡交易额2302亿元，增长39.4%，冰雪产业已成为拉动黑龙江经济转型升级的重要引擎。近年来，黑龙江省通过对冰雪产业扩量升级，从供给侧和需求侧两端发力，加快冰雪产品供给侧结构性改革，推动形成政府引导、社会协同、企业主体、群众参与的发展格局，促进冰雪旅游、冰雪文化、冰雪体育、冰雪教育、冰雪装备制造等产业深度融合发展，全面提升冰雪产业层次，以实现黑龙江冰天雪地经济效益、社会效益、生态效益的同步提升。

三、总结与思考

黑龙江是我国最北边省份，冬季酷寒且时间长，气候条件恶劣，不利于各项经济活动的开展。但是，多年来的气候劣势由于冰雪的集聚效应，成为广受国内欢迎的观光目的地，变气候劣势为资源优势，最终形成了独特的冰雪产品。但是，相对于产业的规模要求，黑龙江的环境、气候、资源、区位、文化、体育和旅游并没有很好地融合，尚未形成合力。特别是邻近省份的后来居上，使黑龙江冰天雪地的核心竞争力受到冲击。为此，要找出差距，寻求路子，敢于开发出冰雪旅游的新道路，做冰雪产业的引领者（郑少忠，2017；张贵海，2016）。黑龙江省的发展实践表明，"绿水青山就是金山银山"中的"绿水青山"并不仅仅局限于森林等资源，"冰天雪地也可以是金山银山"，黑龙江省政府做到了因地制宜，针对本地独特环境优势发展不同策略，走上了一条独具北国冰雪风光的发展道路。

这里从政策、市场、环境要素三个方面深入分析了黑龙江成功转型旅游业发展的主要因素。

其一，政策方面。政府政策在经济转型发展中发挥着很重要的作用。在习近平总书记关于"绿水青山就是金山银山""冰天雪地也是金山银山"的重要讲话精神指导下，黑龙江省利用冰天雪地发展冰雪经济，赋予了新的内涵，提出了新的要求，提供了根本遵循，发力供给侧改革，分享"大众旅游"红利。按照习总书记的重要指示，从推动振兴发展的战略高度，科学谋划冰雪经济，发展壮大冰雪产业，为现代服务业注入新活力，广泛开展群众性冰雪活动，营造发展冰雪经济的浓厚氛围，加快建设冰雪经济强省（贾辉，2016）。

其二，市场方面。黑龙江省是冰雪富集区域，之所以能挖掘出金山银山，在于冰雪资源的多样性特征。不同的冰雪类型，其产生的社会需求导向和商业价值差别很大。由于冰雪功能的多元性，综合考量适合冰天雪地的各种开发方式。江河湖泊的冰资源，山岭沟壑的雪资源，还有平原冰雪、草原冰雪，每一种冰雪形态，都可以包装成冰雪产品，都有其特别的市场需求。实现冰天雪地的全时空和全域旅游的零距离对接，将会创造无限的市场契机，黑龙江的寒冷气候变成效益，黑龙江的冰雪变成产品甚至变成理财产品、金融产品，将为时不远。

其三，环境要素方面。在开发方式上，要紧紧抓住资源要素，依托环境要素，在供给和需求两个维度双向定位。在供给方面，所提供的产品是什么形态，通过什么方式来实现？冰雪资源从地理上可以分为山地冰雪和都市冰雪，从属性上可以分为自然冰雪和人文冰雪，在形态上可以分为有形态冰雪和无形态冰雪，或者

哈尔滨"冰雪节"（新华社记者 王建威 摄）

说自由态冰雪和规范态冰雪。不同的冰雪类型产生的社会需求导向和商业价值差别很大。所以，要做市场评估，每个区域的冰雪要做市场精细化分析。比如，哈尔滨冰雪大世界，就是典型的有形态冰雪景观。其主要提供的是观赏功能，其市场辐射是中远程市场。根据三年的入园人数资料分析，哈尔滨市区人口进入冰雪大世界不超过8%，大量消费者都来自于外地。这种形态的冰雪景观产生复游率有限，基本是一次性消费者居多。而亚布力滑雪度假区是典型的无形态冰雪，其主要提供的是体验功能，特别是近程市场的复游率很高，由此产生很多的重复消费者，也会成为景区内的持续消费者。所以，在冰雪的开发中要兼顾，要扩展。

冰天雪地的开发方式也要综合考量，这是由冰雪功能的多元性决定的。冰雪可以做运动载体，打冰雪体育牌；也可以做观光标的物，呈现旅游色彩；还可以作为产业的生产力要素组合，承载产业链的一环。比如，适应雪地运输的雪地摩托，防止雪地打滑的特殊轮胎，防止冰雪危害的雪地救援设备，等等。当然，还有给人们带来乐趣的滑雪滑冰设备和器械。因此，关键在于看如何挖掘，看如何评估产业取向和优势。

冰雪本是自然物，才子佳人诵咏之。生活在冰雪环境的人类的生活方式，本身也是冰雪的衍生产品，对应的冰雪饮食和穿戴，居住与行走的设施和工具，都是其他区域的人们无法想象的景观。这种旅游和体验源自对生活的深度挖掘，会成为不可多得的旅游产品。民族的、民间的、民俗的冰雪传说和故事也是挖掘金山银山财富的过程。

习近平总书记说"冰天雪地也是金山银山"，就在于冰天雪地是个大舞台、大市场，冰雪为每个人提供梦想的空间。可以说，每个人的创造和创新都会在天地间有所回报。冰天雪地中，也会大有作为。

2022年冬奥会将在中国举办，从体育方面给冰雪产业发展助力，参加冰雪赛事的微众人群，一定会影响参与冰雪运动的小众人群，带动爱好冰雪旅游的大众人群，以冰雪旅游为载体的产业将会融合于社会之中，普惠万民。

第十八章

山西省吕梁山生态脆弱区两山理论试验区

绿满吕梁山（吕梁市林业局提供）

一、基本概况

吕梁山生态脆弱区位于山西省西部黄土高原丘陵沟壑区，涉及忻州、吕梁、临汾3个市23个县和4个国有林区，属于全国14个集中连片特困地区之一，生态环境脆弱，发展基础薄弱，生态治理和脱贫攻坚任务十分艰巨，是全省乃至全国生态扶贫工作的主战场之一。

山西地处祖国中西部内陆区，是京津的西部生态屏障，生态区位十分重要。特别是位于山西西部的吕梁山生态脆弱区，是典型的黄土高原丘陵沟壑区，也是红色革命根据地、全国著名的老区，又是全国著名的生态脆弱区和国家级集中连片贫困区，还是全国黄河流域水土流失最重、输入黄河泥沙最多、人口过度承载、土地过度垦殖、生态环境严重退化的地区。吕梁山生态脆弱区，人均排污量是全国平均值的2.8倍，其中总悬浮颗粒物和二氧化硫排放量是全国平均值的6.2倍，烟尘排放量是全国平均值的6倍。项目区约85%以上面积被黄土和次生黄土所覆盖，土壤质地疏松、孔隙多、易溶蚀，生态问题严重。

(1) 水土流失严重。吕梁山生态脆弱区是黄河中游水土流失最严重的地区之一，土壤侵蚀模数5000～10000吨／（平方公里·年），年均输入黄河泥沙量2.9亿吨，占黄河年均输沙量的1/4，是黄河泥沙的主要来源区。境内沟壑密度在3公里／平方公里，沟壑密度占土地总面积的40%～60%，是全国土壤侵蚀最严重的地区之一。

(2) 干旱缺水。项目区80%以上是干沟，常在暴雨期间形成山洪。黄土高原

2014年10月22日，在山西省柳林县吕梁山深处的李新村，山村女教师李锦明和学生从校外的水井抬水回学校（新华社记者 詹彦 摄）

径流量小，水资源短缺，人均河川地表径流量（不含过境水）仅相当于全国平均水平的 1/5，耕地径流量不足全国平均水平的 1/8，人均水资源最少，只有 200～400 立方米，是全国水资源贫乏的地区。

（3）土地沙化。项目区沙化面积 431.64 万亩。北部沙化土地集中分布，主要分布在神池、五寨、河曲、保德、偏关、岢岚 6 县。沙化土地分布区降雨稀少，蒸发强烈，风沙活动剧烈，沙尘天气频繁。

（4）植被稀少。二类调查成果显示：项目区森林覆盖率为 18.91%，与同口径全省森林覆盖率 20.11% 相比，低 1.2 个百分点。脆弱区气候干旱、土壤贫瘠，形成了造林地保存率较低、森林树种单一、林分结构稳定性差、林地生产力低、抵御自然灾害能力弱的特点。

（5）宜林面积多。项目区现有宜林地 1181 万亩，其中兴县宜林地最多，为 151.94 万亩；蒲县宜林地最少，为 7.85 万亩。该工程 8 年规划总任务 856.00 万亩。宜林地面积大，生态治理任务艰巨，工程全部实施后宜林地造林率也仅为 72.5%。

（6）造林难度大。项目区十年九旱，立地条件越来越差，造林难度越来越大，造林投资不足一直制约林业发展，特别是林牧矛盾较为突出，造林绿化成果巩固任务非常艰巨，而以往的工程造林，由于投入少，难以满足造林成本的实际需求，结果造成工程造林成活率差、保存率低、成林困难、工程质量不高、治理进度缓慢。

（7）贫困范围广。《中国农村扶贫开发纲要（2011～2020 年）》将吕梁山区列为连片特困地区予以重点扶持。吕梁山区不仅是我国典型的生态脆弱区，也是国家 14 个特贫片区之一，尚有贫困人口约 100 万人。23 个县中，国家扶贫开发工作重点县 18 个，其中国家集中连片特困县 13 个（静乐县、神池县、五寨县、岢岚县、兴县、临县、石楼县、岚县、吉县、大宁县、隰县、永和县、汾西县），省定扶贫开发工作重点县 5 个，生态扶贫和产业富民任重道远。

（8）经济条件差。吕梁山生态脆弱区不仅生态不良，而且经济落后，水土流失、风沙危害和集中连片的贫困现象相互叠加。项目区共涉及 3 个市 23 个县（区），有 186 个乡镇 4029 个行政村。总人口 374.5 万人，约占全省人口的 1/10。据统计，2010 年项目区国内生产总值 641.24 亿元，占全省国内生产总值的 6.97%。人均国内生产总值 17124 元。财政收入 166.91 亿元，占全省的 9.22%。城镇居民人均可支配收入低于全省平均水平 15647 元，农民人均收入低于全省平均水平 4736 元。

根据国家与山西省的生态建设目标及改善民生福祉的目标，建立吕梁山生态脆弱区两山理论试验区，是十分必要而迫切的。山西省实施生态修复工程的战略意义：是保护中华文明发源地的重要善举；是支撑山西经济转型国家战略的重要平台；是服务京津冀一体化国家战略的重要内容；是践行习近平总书记两山理论的重要示范。习近平总书记关于"绿水青山就是金山银山"的表述，生动形象提纲挈领地表达了科学进行生态环境保护、建设、利用、管理的目的、意义、途径和效益。吕梁山区建设两山理论试验区的重要意义：是建设生态文明的具体体现，是塑造山西形象的重要内涵；是对两山理论实践模式创新的重要探索；是优化国土空间开发格局，推进绿色城镇化和美丽乡村建设的重要举措；是推进供给侧结构性改革，建立绿色循环、低碳发展产业体系的重要抓手；是实现精准脱贫，全面实现小康社会的重要保障；是革命老区率先脱贫、实现"中国梦"的重要途径；是全国生态脆弱区、敏感区实现生态环境保护、治理和合理利用，实现产业转型发展的重要示范。

媒体报道：用"两山"理论指导生态脆弱区脱贫攻坚

【绿色中国 2017-02-21】北京林业大学"两山"理论课题研究组2017年2月21日在京发布最新成果，建议在生态脆弱区、革命老区和贫困地区，加紧建设"两山"理论试验区，打好生态产业脱贫攻坚仗。

课题组负责人、北京林业大学经济管理学院院长陈建成教授说，习近平总书记提出了"两山"理论，高度重视脱贫攻坚和生态建设结合的问题，指出"脱贫攻坚要与生态建设相结合，增加重点生态功能区转移支付，扩大政策实施范围，让有劳动能力的贫困人口就地转化为护林员等生态管护员"；习总书记特别强调："要通过改革创新，让贫困地区的土地、劳动力、资产、自然风光等要素活起来，让资源变资产、资金变股金、农民变股东，让绿水青山变金山银山，带动贫困人口增收。"要积极响应总书记的号召，通过建立"两山"理论试验区尽快探索出有效途径，为改变生态脆弱区、贫困山区的面貌作出积极贡献。

陈建成指出，国家要求确保到2020年农村贫困人口实现脱贫，这是全面实现小康社会最艰巨的任务。生态脆弱区是精准扶贫的关键和难点。在全面贯彻落实《中共中央国务院关于打赢脱贫攻坚战的决定》精神中，充分利用生态脆弱区的资源优势和国家生态建设的战略和政策优势，大力发展生态产业，促进农民增收，提高贫困地区自我发展能力，是实现生态保护脱贫、产业特色脱贫的有效途径。要以精准扶贫、精准脱贫为基本方略，树立"绿水青山"就是"金山银山"的强烈意识，支撑引领生态脆弱区生态建设与产业发展。

课题组研究认为，在生态脆弱区、贫困区建设"两山"理论试验区有重要意义。

这是建设生态文明的具体体现，具有塑造地方形象的重要内涵；是对"两山"论实践模式创新的重要探索；是优化国土空间开发格局、推进绿色城镇化和美丽乡村建设的重要举措；是推进供给侧结构性改革，建立绿色循环、低碳发展产业体系的重要抓手；是实现精准脱贫，全面实现小康社会的重要保障；是革命老区率先脱贫、实现"中国梦"的重要途径；是全国生态脆弱区、敏感区实现生态环境保护、治理和合理利用，实现产业转型发展的重要示范。

课题组发布研究成果时指出，建设"两山"理论实验区应该遵循的原则是：理论研究与实践探索相结合，生态优先与合理利用相结合，政府引导与市场主导相结合，点上突破与面上推进相结合，规范管理与创新发展相结合。在具体建设中，要用生态工程推动，用生态产业带动，用特色产品拉动，用机制创新驱动，全面协调融合，系统推进试验区建设工作。

在谈到着重开展的建设内容时，陈建成说，首先是要运用生态工程建设推动区域增绿，通过构建特色生态经济型防护屏障，形成以通道绿化为骨架、城镇村庄绿化为节点、荒山荒地绿化为板块的整体格局。构建多部门共同实施的生态综合治理工程，构建山清水秀的森林生态体系，构建稳定高效的经济林产业体系，构建环境友好的人居绿化体系，构建现代畜牧业发展体系；生态工程与产业系统整合，整流域推进。防护林建设要绿化工程与经济林果相结合；大力推进整流域、规模化治理，按山系、按流域整体实施。

他强调，在试验区建设中，要大力发展生态产业带动区域循环低碳经济发展。大力发展新兴综合性生态产业。通过引入战略投资，将清洁生产、生态建设、农民持续增收、企业盈利等有效结合起来。结合造林绿化等生态建设的要求和需要，发展光伏林业；利用林下灌草、林业生产剩余物、农作物秸秆等运用气化等手段发展生物质能源产业；因地制宜发展道地药材、现代牧草等综合种植业。

陈建成十分看重大力发展生态旅游和休闲康养产业。他说，以旅游开发实施精准扶贫、发展山区经济、致富山区人民，既能实现以发展促进保护的生态环境治理目标，又能够满足"全面建成小康社会"过程中居民日益增长的旅游休闲需求，是带给城乡人民"望得见山、看得见水、记得住乡愁"的环境和生活的重要一环。在开展生态休闲旅游中，要建立兼顾自然保护、旅游发展、社区振兴综合目标的科学、高效的旅游管理机制与体制，构建科学的山区区域旅游开发空间结构；积极发展以环境解说与自然教育、森林康养、自然体验等为内容和特色的生态旅游观光、度假、休闲旅游产品。通过扶持乡村社区开展乡村旅游，实现旅游精准扶贫、乡村社区振兴、乡村文化传承、城乡居民交流等目标；建设一批规划科学、设计用心、管理先进的示范旅游景区、示范旅游公路、示范旅游步道（绿道）、示范旅游接待中心城镇、示范旅游村、示范游客中心等，以点带面，最终实现全面发展。

陈建成说，要通过发展特色林果生产、加工及营销拉动地方优势产业发展。充分利用现有林地资源发展新型林果业，强化现有林果产品提质增效；大力推进特色经济林产品深加工；引入新技术及战略投资强化产品深加工；加大对林产品企业的扶持力度，积极引进战略合作资本，培育壮大龙头加工企业，进一步延伸加工深度，提升产品附加值；打造山区特色产品品牌，运用互联网＋、电子商务等现代技术手段，提升特色产品社会影响力和销售能力。

他指出，要通过机制创新驱动，保障生态保护与产业的持续健康发展。①建立生态产业发展基金。引进战略投资，以企业为主导建立生态产业发展基金，支持区域生态产业发展。②建立多方式融资平台。运用PPP模式、产业投资基金、生态债券等多种融资方式，建立全方位投融资平台，拓宽社会资本参与生态建设和区域发展的途径和渠道。③开展林业产品与服务的供给侧改革。针对山区特色产品进行战略规划，通过统一品牌，统一标准，统一打造，统一经营建立特色品牌，运用"互联网＋"、电子商务等技术手段开展营销。

课题组认为，运用金融创新推动生态产业发展非常必要。一是加快林业投融资机制改革和创新，充分发挥公共财政投入的引导带动作用，整合使用中央和地方财政资金支持社会资本参与的项目，通过林业PPP项目建设增强抗风险能力，为生态脆弱区建设提供多元化资金保障；二是鼓励社会资本出资设立生态产业投资基金和发行企业债券，探索利用信托融资、项目融资、融资租赁、绿色金融债券等多种融资方式和工具，为社会资本投资提供投融资平台，拓宽社会资本参与生态建设的途径和渠道。课题组强调，要建立政产学研用高效协同融合的科技支撑体系，建立"两山论"试验区理论与应用研究中心。充分利用高校、科研单位、高新技术企业等技术优势和人才优势，深入开展"两山"理论及应用实践研究，为试验区建设提供智库支持；制定各类优惠政策和合理的分配机制，推进新技术落地，引入高端人才，形成政产学研用高效协同融合的科技支撑体系；盘活现有农林业科技存量，增强林业科技创新的整体能力。

（铁铮）

二、总体思路

（一）指导思想

习总书记的两山理论生动形象地表达了我们党和政府大力推进生态文明建设的鲜明态度和坚定决心。按照尊重自然、顺应自然、保护自然的理念，贯彻节约资源和保护环境的基本国策，把生态文明建设融入经济建设、政治建设、文化建设、社会建设各方面和全过程，建设美丽中国，努力走向社会主义生态文明新时代。

在吕梁山区建立两山理论试验区，要以习近平总书记两山理论与国家精准扶贫目标为指导，按照省十一次党代会提出"让黄土地披上绿装"的要求，通过构建"三带三区"绿色发展新格局，重塑吕梁山区"绿水青山"的美好形象；坚持产业发展与生态建设相结合，将修复生态环境、重塑绿水青山的过程变成群众增收致富的过程，让"绿水青山"变成取之不尽用之不竭的"金山银山"，将吕梁山区建成两山理论的试验区和实现"表里山河生态美好的壮丽形象"的示范区。

（二）建设原则

要以习近平总书记关于生态保护的系列讲话精神作为基本原则，全面贯彻"十三五"规划的绿色、创新、协调、开放、共享五大发展理念。建设具体原则为：一是理论研究与实践探索相结合；二是生态优先与合理利用相结合；三是政府引导与市场主导相结合；四是点上突破与面上推进相结合；五是规范管理与创新发展相结合。

（三）建设目标

吕梁山区两山理论试验区的建立目标是通过生态工程实现生态脆弱向生态良好的转变，通过生态产业形成吕梁山区独特的绿色产业发展新格局，通过特色产品与服务为贫困群众提供稳定增收的渠道，通过机制创新建立良好宽松的政策环境，最终实现生态文明理念深入人心，全面协调融合发展，生产力高、景观美、效益好的新吕梁。

吕梁市石楼县红枣基地（山西省林业厅提供）

三、规划布局与建设内容

吕梁山生态脆弱区位于山西省西部黄土高原丘陵沟壑地区,行政范围涉及忻州、吕梁、临汾3个地级市的23个县,项目区土地总面积5516.43万亩,占全省总面积的23.46%。

根据地理特点,可以布局"六大"区域,构建"三带三区"发展新格局。"三带三区"包括沿黄生态景观修复带、吕梁山系森林保育带、交通沿线绿色景观带、干鲜果产业发展重点区、特色经济林发展示范区、重要河流及支流源头水源涵养区。在具体建设中,要用生态工程推动,用生态产业带动,用特色产品拉动,用机制创新驱动,全面协调融合,系统推进试验区建设工作,着重开展如下建设内容。

市	县 数	范 围
合 计	23	3市23个县
忻州市	7	河曲县、保德县、偏关县、神池县、五寨县、岢岚县、静乐县
吕梁市	9	兴县、岚县、临县、方山县、离石区、柳林县、中阳县、石楼县、交口县
临汾市	7	永和县、隰县、汾西县、大宁县、蒲县、吉县、乡宁县

(一)运用生态工程建设推动区域增绿

通过构建特色生态经济型防护屏障,形成以通道绿化为骨架、城镇村庄绿化为节点、荒山荒地绿化为板块的整体格局。具体包括:①构建多部门共同实施的生态综合治理工程,构建山清水秀的森林生态体系,构建北部防沙治沙、中部水土保持、南部生态经济防护林体系,构建稳定高效的经济林产业体系,构建环境友好的人居绿化体系,构建现代畜牧业发展体系。②生态工程与产业系统整合,整流域推进。防护林建设、绿化工程与经济林果相结合;大力推进整流域、规模化治理,按山系、按流域整体实施。

(二)大力发展生态产业带动区域循环低碳经济发展

大力发展新兴综合性生态产业。通过引入战略投资,将清洁生产、生态建设、农民持续增收、企业盈利等有效结合起来。具体包括:①发展光伏林业。结合造林绿化等生态建设的要求和需要,发展光伏林业。②适度发展生物质能源产业。

利用林下灌草、林业生产剩余物、农作物秸秆等运用气化等手段发展生物质能源产业。③因地制宜发展道地药材、现代牧草等综合种植业。④大力发展生态旅游、休闲康养产业。以旅游开发实施精准扶贫、发展山区经济、致富山区人民,既能实现以发展促进保护的生态环境治理目标,又能够满足"全面建成小康社会"过程中居民日益增长的旅游休闲需求,是带给城乡人民"望得见山、看得见水、记得住乡愁"的环境和生活的重要一环。开展生态休闲旅游,具体要建立兼顾自然保护、旅游发展、社区振兴综合目标的科学、高效的旅游管理机制与体制。确定核心景区(自然保护区、森林公园、湿地公园、地质公园、红色旅游景区、乡村旅游目的地等)、重要接待服务城镇、主要交通通道,构建科学的吕梁山区区域旅游开发空间结构。积极发展以环境解说与自然教育、森林康养、自然体验等为内容和特色的生态旅游观光、度假、休闲旅游产品。通过扶持乡村社区开展乡村旅游,实现旅游精准扶贫、乡村社区振兴、乡村文化传承、城乡居民交流等目标。建设一批规划科学、设计用心、管理先进的示范旅游景区、示范旅游公路、示范旅游步道(绿道)、示范旅游接待中心城镇、示范旅游村、示范游客中心等,以点带面,最终实现全面发展。

(三)通过发展特色林果生产、加工及营销拉动地方优势产业发展

具体包括:①充分利用现有林地资源发展新型林果业,强化现有林果产品提质增效。②大力推进特色经济林产品深加工。③引入新技术及战略投资,强化产品深加工。加大对林产品、中药材、饲料加工企业的扶持力度,积极引进战略合作资本,培育壮大龙头加工企业,进一步延伸红枣、核桃、沙棘等加工深度,提升产品附加值。④打造吕梁特色产品品牌,运用"互联网+"、电子商务等现代技术手段,提升特色产品的销售能力和社会影响力。

2015年4月12日,山西省吉县吉昌镇大山果库,果农在包装苹果(新华社记者 燕雁 摄)

（四）通过机制创新驱动生态保护与产业持续健康发展

机制创新是驱动吕梁山生态脆弱区发展，实现两山理论试验区建设目标的根本保证。具体开展的创新内容包括：①建立吕梁两山理论试验区管理委员会。省政府牵头建立多部门协调机制，成立吕梁两山理论试验区管理委员会作为常设机构，负责具体政策制定和组织实施。②建立生态产业发展基金。以吕梁两山理论试验区管委会牵头，引进战略投资，以企业为主导建立生态产业发展基金，支持区域生态产业发展。③建立多方式融资平台。运用PPP模式、产业投资基金、生态债券等多种融资方式建立全方位投融资平台，拓宽社会资本参与生态建设和区域发展的途径和渠道。④开展林业产品与服务的供给侧改革。⑤强化品牌战略和营销战略。针对吕梁山特色产品进行战略规划，通过统一品牌、统一标准、统一打造、统一经营建立特色品牌，运用"互联网＋"、电子商务等技术手段开展营销。

四、总结与思考

（一）强化顶层设计，成立试验区管理委员会

以省委、省政府名义建立吕梁山生态脆弱区两山理论试验区综合协调机制，统筹发改委、林业厅、农业厅、财政厅、水利厅等相关机构，设立试验区管理委员会作为常设机构，负责具体政策制定和组织实施工作。为推进这一建设的顺利进行，要强化顶层设计，从战略高度统筹考虑，充分利用国家各行业各部门的有利政策，理顺现有多头管理、多层次不同目标的规划建设，剖析多渠道资金投入与运用等繁杂多样的体制弊端，强化整个吕梁山两山理论试验区一盘棋，统筹规划与实施。

（二）运用金融创新推动生态产业发展

一是加快林业投融资机制改革和创新，充分发挥公共财政投入的引导带动作用，整合使用中央和地方财政资金支持社会资本参与的项目，通过林业PPP项目建设增强抗风险能力，为吕梁生态脆弱区建设提供多元化资金保障。二是鼓励社会资本出资设立生态产业投资基金和发行企业债券，探索利用信托融资、项目融资、融资租赁、绿色金融债券等多种融资方式和工具，为社会资本投资提供投融资平台，拓宽社会资本参与生态建设的途径和渠道。

（三）制定试验区开发建设优惠政策

结合建设目标，统筹现有政策，制定引入企业的产业支持政策、减免税费政策以及金融支持政策。例如在财政税收政策方面，山西省财政可以根据本级财力情况给予试验区支持。山西省在测算安排一般性转移支付补助和各类专项补助时，要充分考虑试验区薄弱的经济基础以及脆弱的生态环境等因素，适当增加补助数额，给予试验区重点支持。

（四）建立政产学研用高效协同融合的科技支撑体系

建立吕梁两山理论试验区理论与应用研究中心。充分利用高校、科研单位、高新技术企业等技术优势和人才优势，继续深入开展两山理论及应用实践研究，为试验区建设提供智库支持。同时，政府制定各类优惠政策和合理的分配机制，推进新技术在吕梁落地，引入高端人才解决吕梁山区发展中存在的问题，形成政产学研用高效协同融合的科技支撑体系。通过高校和科研单位的教育和培训，为吕梁山区发展提供创新人才。充分盘活现有农林业科技存量，重组优化科技机构的组织、层次、布局和学科的结构、比例，实施分类管理和运行，使经济增长方式从要素驱动型向创新驱动型转变，增强农林业科技创新的整体能力。

开放的心态，满满的热情，转型绿色发展，创造绿色财富，助力绿色福祉，实现生态惠民，让"绿水青山就是金山银山"的光辉思想在山西开花结果。

第十九章

山西省安泽县连翘产业助推生态脱贫

连翘花海（任晓红提供）

一、基本概况

安泽县位于山西省临汾市东南部、太岳山东南麓,辖4镇3乡,面积1967平方公里,人口8.26万。林木覆盖率67.2%,名列山西省榜首。

安泽县连翘资源丰富。安泽县连翘古称"岳阳连翘",以个大、饱满、药用价值高而闻名全国,素有"全国连翘生产第一县"之称。20世纪80年代就有"大药场"之美誉。

安泽县天然野生连翘总面积150万亩,年产量400万公斤,占全国连翘总产量的四分之一,是名副其实的全国连翘第一县,也是全省中药材"一县一业"基地县,2016年通过"安泽连翘"国家地理标志保护产品认证。

安泽连翘得益于安泽得天独厚的地理气候条件,全县年平均气温9.4℃,昼夜温差大,年平均降水量539.1毫米,空气相对湿度66%,海拔800~1592米,黄河一级支流沁河由南至北纵贯全县109公里,水源充沛。各种自然条件极适合连翘生长、发育。连翘产业具有管理成本低、效益产出高、一次投入、连年收益的特点,是实现林业可持续发展助推生态脱贫的有效途径。

安泽连翘花开成美景(国家林业和草原局宣传办提供)

国家地理标志认证牌匾（任晓红提供）

二、发展模式

1. 县级行动

为践行习总书记提出的"绿水青山就是金山银山"重要思想，安泽县委、县政府将连翘产业列入了2017年政府重点实施项目，制定了以连翘为主的"十三五"中药材发展规划。

其一，建立示范基地，带动农户发展。在黄花岭景区建设了6000亩天然连翘精细化管理示范基地，示范带动全县连翘产业发展。除精细化示范基地外，国有林场还自主实施连翘抚育管理7680亩；7个乡镇还各建设有50亩以上人工种植示范园，每个行政村建设有10亩以上的人工种植示范园和200亩以上的野生

航拍精细化管理后连翘花海（任晓红提供）

抚育示范基地。

其二，强化精细管理，提高经济效益。精细管理增收入，以村为单位，大力推广封山集中管理，吸纳贫困户参与管护，实施果树化精细管理，杜绝提前抢青，确保连翘的成熟度，全面提高连翘产量和品质。精细化管理前产值：全县野生连翘150万亩，年收购量400万公斤，平均每亩5.3斤，按市场平均收购价5元/斤计算，每亩26.5元。精细化管理后产值：每亩160株，每株连翘5斤，每亩产量可达800斤，按市场平均收购价5元/斤计算，每亩产值4000元。

其三，强化采摘监管，提高产量品质。为强化管理，提高安泽连翘产量和品质，安泽县人民政府办公室印发了《关于做好禁止提前采摘青翘工作实施方案》和《关于禁止青翘提前采摘的通告》，专门成立了禁止提前采摘青翘工作领导小组，设立了18个由林业、公安、交通、交警部门组成的出入县境检查站和104个乡村检查站，对安泽连翘资源进行严格管控。

其四，创新组织模式，提高销售价格。统一销售增收入，由各村公司与河北安国等药材购销商签订收购合同，统一保护价收购销售，牢牢把握市场价格话语权，按每斤增加1.5元计算，预计可增收400余万元。

连翘苗木培育（任晓红提供）

野生连翘抚育前（任晓红提供）

秋冬季精细化管理抚育后效果图（任晓红提供）

其五，延长产业链条，促进联动发展。在发展种植和初加工的基础上，积极与药商企业洽谈，加快构建药源生产体系、中药材加工体系、市场营销体系和中药材产业服务体系建设，推进安泽县中药材全产业链开发，全力打造国家级连翘加工基地和山西省中药材集散中心。以现代生物医药产业开发区建设为依托，引进更多知名药企入驻安泽，开发更多以连翘为主的中药材产品，真正把连翘产业做大做强。例如，广州香雪公司到安泽县注册公司以来，连翘价格由每斤4元左右上涨到8元以上，每年还提供200余个就业岗位。现已开发出了连翘叶茶、花茶，下步还准备开发保健品、食品、饮料、生活用品等系列产品，进一步提高连翘产业效益。

通过连翘产业发展，既改善了生态环境，也促进了脱贫致富，实现了"绿水青山"与"金山银山"双赢。通过造林绿化、精细化管理、管护、采摘、加工、销售各环节，贫困户全程参与。实现产业提升、贫困群众脱贫。最终实现连翘产业生态、经济、景观三赢。安泽县是省级贫困县，在"决战2017"的脱贫攻坚战中，认真贯彻习近平总书记扶贫开发重要战略思想，全面落实中央、省、市工作部署，以党建为引领，凝聚脱贫力量；以链条为保障，创新脱贫模式；用好旅游、光伏、

连翘加工场（任晓红提供）

安泽县连翘产业助力精准扶贫推介会（任晓红提供）

连翘扶贫"三件宝",全力推进"输血式"扶贫向"造血式"致富转变,夯实脱贫根基。全县建档立卡的贫困乡镇3个,40个贫困村3472户8508人,2016年底已实现1678户4400人脱贫。

2. 良马乡行动

良马乡位于安泽县东部,东与屯留县张店镇接壤,西与府城镇相邻,南与杜村乡毗邻,北与和川镇相接,是"临汾市东大门"。总面积315平方公里,辖12个行政村,57个村民组,90个自然庄,1975户,6603人,建档立卡户104户191人。耕地面积30209亩,309国道横贯全乡5个行政村26公里,乡政府驻地良马村距县城28公里,全乡森林覆盖率67%。

良马乡连翘覆盖面积30万亩,居全县面积第一。2017年以来,大力发展连翘产业,每村抚育200亩连翘示范区,种植10亩连翘示范田。乡政府集体种植50亩连翘示范田,助推脱贫攻坚,促进贫困户增收,壮大村集体经济。

英寨村野生连翘抚育案例

英寨村地处山西省临汾市安泽县城东25公里,距良马乡政府10公里,全村197户,总人口535人,耕地面积4600余亩,人均收入9000元。2017年,在乡党委政府的领导下,英寨村在黄花岭建立了200亩连翘抚育示范区,并成立了公司,带动贫困户13户26人。体制机制上,建立了村委会+公司+贫困户脱贫运行新模式。建立了两种利益分配模式:①贫困户统一采摘,一部分利润分给贫困户,一部分壮大集体经济;②公司雇人采摘,除发放工资之外,剩余收入一部分利润分给贫困户,一部分壮大集体经济。

---

3. 安泽连翘产业助力精准扶贫专家论证意见

2017年7月24日,中国林业产业联合会森林药材和饮品酒业促进会与山西省林业厅共同组织国内有关专家,在安泽县考察天然连翘林抚育示范现场、人工林栽培示范基地、连翘加工企业和听取相关汇报等基础上,对"安泽县连翘产业助力精准扶贫"实施情况进行了论证。专家组经过质询讨论形成如下意见:

第一,安泽连翘作为"国家地理标志保护产品",为传统道地中药材,以量丰质优而闻名,已成为国家品牌,山西名片。"世界连翘在中国,中国连翘数安泽"已成为行业共识。

第二,安泽县通过对天然连翘林清杂露翘、更新复壮等技术措施,变一般灌木林为特种灌木经济林,在确保生态效益的基础上,显著提高了连翘果实的单位面积产量,成为发展多功能林业的典型案例、践行两山理论的鲜活示范。

第三,通过技术和机制创新,发挥资源优势,为政府、企业和农民建立了多赢平台，切实提高了贫困农民的收入和幸福指数，成为县域经济发展的新引擎，助力精准扶贫的新举措。

第四，充分发挥得天独厚的天然连翘林和丰富多彩的森林景观优势，深挖连翘文化，发展森林旅游，推进生态观光和森林养生深度融合，有力地推动了康养事业的发展，成为了安泽生态文明建设的重要载体。

第五，发展连翘产业，集生态、经济、社会效益为一体，利国、利民、利于社会。安泽连翘可以做成大产业、大品牌、大事业，对于助力精准扶贫、践行两山理论、推进绿色发展、提升安泽影响力，实现全民健康和全面小康社会具有积极的作用。

建议：进一步加强产业发展规划、科学研究，完善连翘产业各环节的标准化体系建设和精细化管理制度，拓宽和延伸连翘产业链条，提升连翘产业市场化程度，为实现五大发展理念奠定基础。

三、总结与思考

山西省安泽县通过大力发展连翘产业，既改善了生态环境，也促进了脱贫致富，实现了"绿水青山"与"金山银山"的共赢发展，可以说是践行两山理论的鲜活示范。分析安泽县连翘产业发展过程中的成功因素，可以发现自然条件、技术进步、产业带动、政府规划引领是其中重要的四个方面。

(1) 自然条件方面，山西省安泽县自然气候条件得天独厚，适宜连翘生长，是闻名的传统地道中草药连翘生产基地，具有悠久的历史，为连翘产业的发展奠定了良好的自然基础。

(2) 技术进步方面，在野生连翘的基础上，安泽县借力山西林科院等技术力量不断加强精细化管理，采取可借鉴、可复制的综合抚育与管理技术，切实提高了连翘的产量和品质，进而提高了连翘种植的经济效益，为农民增收、生态惠民提供了保障。可见，连翘种植技术的进步，也是其成功发展的一个重要因素。

(3) 产业带动方面，建立与药材购销商的合作关系，积极引进连翘加工企业，延长产业链，提高产品附加值，这也带动了连翘产业的发展。

(4) 政府规划引领方面，在产业发展初期，需要政府从规划、示范、技术、监管、销售、加工等方面予以扶持。安泽县在这些方面的举措包括，建立统一的发展规划，建立县、乡、村三级示范基地，推广连翘精细化管理技术，出台禁止抢青的规定并监管实施，通过帮助建立与购销商的合作关系来确保最低收购价格，积极引进连翘加工企业带动相关产业联动融合发展等，这些为连翘产业的发展提供了很好的政策环境。

第二十章

山西省芮城县花椒产业助推生态脱贫

田地中长势良好的花椒树（姚兴茂 摄）

一、基本概况

芮城县位于晋陕豫三省交界的黄河"金三角"地带,北依中条山,南临黄河,东接中原,西连秦川,是山西省的南大门。全县辖7镇3乡,40.44万人,其中农业人口28.9万。

芮城是华夏文明的重要发祥地之一,180万年前,西侯度人在这里繁衍生息,点燃了人类文明的第一把圣火。60万年前,匼河先民在这里刀耕火种,薪火相传,创造了旧石器时代的黄河文明。女娲补天、风后布阵、舜耕历山、大禹治水、虞芮闲田等古老的故事都发生在这片神奇的土地上。《诗经·魏风》七篇即是采撷于此的古代民歌。全县拥有各级重点文物保护单位245处,其中国家重点文物保护单位12处;清凉寺新石器时代古墓群荣膺"全国2004年度十大考古新发现"之一。

芮城是新兴道教祖师吕洞宾的诞生地、成道地和道教祖庭所在地。为纪念吕洞宾而修建的永乐宫是我国现存最早、最大和保存最为完整的道教宫观,以其精

花椒丰收景象(姚兴茂 摄)

美绝伦的壁画艺术、巍峨宏大的宫殿建筑、充满奇迹的原貌搬迁和博大精深的道教文化闻名遐迩。

芮城是镶嵌在黄河岸畔的一颗璀璨明珠。黄河流经县境80公里，沿线的大禹渡景区以大禹治水、引黄高灌和黄河风光而驰名中外；圣天湖景区以冬观天鹅、夏赏荷花而誉满全国；凤凰咀景区以女娲陵冢、关河壮美而名冠九州。芮城天蓝地绿，山青水碧，生态优美，先后荣获"国家生态文明先行示范区""全国光伏领跑技术基地""国家全域旅游示范区""中国最美生态文化旅游名县""中国书法之乡""全国休闲农业和乡村旅游示范县""中国花椒之乡"等殊荣。

2017年地区生产总值完成82.22亿元，财政总收入完成6.58亿元，一般公共预算收入完成3.22亿元，规模以上工业增加值完成15.98亿元，固定资产投资完成53.25亿元，社会消费品零售总额完成34.93亿元，城乡居民人均可支配收入分别完成27487元和10404元，同比增长5.8%和6.1%。

新时代，新征程。芮城县委、县政府以习近平新时代中国特色社会主义思想为指引，抢抓机遇，奋力跨越，在"走进新时代，建设大运城"的伟大实践中书写壮丽的芮城篇章。

二、花椒产业发展情况

芮城县依山傍河，一面阳坡，境内沟壑纵横，干旱少雨。受自然条件影响，县域西部沿山一带自隋唐时期就开始在荒山荒沟栽植花椒，迄今已有1400多年的历史。由于特殊的地理位置和自然环境，区域内气候温和、光照充足、昼夜温

"大红袍"花椒（姚兴茂 摄）

"中国花椒之乡"牌匾　　　　　　　　　　"全省经济林建设十强县"牌匾

差大、无霜期长，生产的"大红袍"花椒品质优良，香气浓郁，深受市场青睐，改革开放以后群众开始广泛种植。1952年全县有"大红袍"椒树4052株，1980年有2.3万亩138万余株，2010年发展到8万亩480余万株。近年来，县委县政府牢固树立"以人民为中心"的发展理念，大力扶持花椒产业发展，通过"扩规模、强基础、重科技、延链条"，2017年底全县花椒种植规模达到11.2万亩672万余株，产量和品质大幅提升，产品深加工也扬帆起步，花椒产业逐步成为沿山一带农户脱贫致富和乡村振兴的主导产业。2003年被国家林业部门首批命名为"中国名特优花椒经济林之乡"，2008年8月经农业部批准获得"国家地理标志保护产品"，2014年芮城县被中国经济林协会命名为"中国花椒之乡"。

三、发展模式

（1）成立协会，不断壮大基地。扶持成立芮城县花椒协会，现有会员200余人；扶持发展花椒专业合作社36个，社员达到930余人，以组织化带动花椒产业快速发展。2011年，芮城县委、县政府出台了《关于大力发展干果经济林的决定》，明确提出"建立风陵渡花椒经济林生态观光循环圈"的发展目标，并从政策、资金、技术、基础设施建设等方面给予大力支持。从2014年开始，每年将花椒经济林发展和提质增效列入全县十大重点工程，县财政每年给予100万元专项扶持资金。2012～2017年每年发展花椒经济林5000亩，6年新增3万余亩。目前全县花椒种植面积11.7万亩（其中幼树2万亩，老化树2万亩，成树7.7万亩），年产干椒6375吨，产值达到5.1亿元。特别是风陵渡镇现有花椒5.3万亩，年可产干椒4770吨，实现产值3.82亿元，占到全镇农业总收入的65%以上。

（2）重视科技，推进提质增效。近年来，先后争取上级专项资金1000余万元，用于花椒产业提质增效。2016～2017年在风陵渡镇古伦、王辽、六官、七

花椒采收（姚兴茂 摄）

里、中天、王瑶、西侯度等12个沿山村，实施了3万亩花椒提质增效脱贫工程。坚持引进来和走出去相结合，加强技术培训，每年聘请山西农业大学教授和山西省林业专家举办技术讲座，深入田间地头现场指导，分批组织椒农赴甘肃武都和陕西韩城、凤县等地观摩取经，县林业部门编发了《花椒标准化管理手册》，重点培养了25名乡土专家团队，定期深入各乡镇加强技术指导，不断提升花椒田间管理水平。特别是经过改良后的"大红袍"花椒，不仅果穗大、颗粒多，容易采摘，而且丰产性更强，盛果期亩产湿椒800～1200斤（干椒200～300斤，一般3.5～4斤湿椒可晾晒1斤干椒），平均亩产量增加30%以上。同时，果肉更厚、油包更大、颜色更红、味道更浓、麻素更高，产品深受双汇集团王中王香肠、十三香集团、今麦郎方便面集团等大中企业欢迎，并与风陵渡花椒深加工企业百利香食品调味厂建立长期供应花椒合作关系。远销四川、重庆、新疆、西安、北京、上海等地区和大中城市市场。

(3) 夯实基础，改善生产条件。2018年是"花椒产业攻坚年"，芮城县委、县政府坚持多措并兴，破难攻坚。一是破解交通难。2018年县政府投资5600万余元，实施风陵渡田上村—西侯度长8.6公里、宽8.5米公路改造项目；投资3400余万元，从风陵渡阳贤村—西侯度村新修一条长6公里、宽8.5米二级道路，修通后将全面改善花椒产区的交通条件。二是破解灌溉难。由于风陵渡镇沿山一带属贫水区，无法通过打井引用地下水灌溉农田，政府投入专项资金，在六管、王辽、古伦等村，对原有的蓄水池进行加固修缮，并跨村铺设引水管道10余公里，初步缓解了灌溉难问题。三是破解销售难。财政投入100万元，在古伦村建设1000平方米的花椒交易市场；风陵渡镇通过招商，引进资金2000万元，建成2万平方米的黄河金三角区域最大花椒及农副产品交易市场。目前全县有花椒加

花椒生产厂房内情景（姚兴茂 摄）

工销售企业7家，从业人员200余人，年实现销售量6375吨、销售收入5.1亿元。基础设施的完善为产业转型升级奠定了更加坚实的基础。

(4) 延伸链条，提升经济效益。全县现有花椒籽加工企业21个，主要生产花椒籽油。仅风陵渡镇就有17个加工厂，从业人员170人，年加工花椒籽5万吨（本地花椒籽8500吨），加工量占全国市场60%以上，河北、河南、山东、陕西、四川及运城周边花椒籽源源不断涌向风陵渡，该镇已成为华北地区和黄河金三角地区花椒籽加工基地。其中，总加工量的20%为花椒籽油，主要用于油漆中间体工业用途，市场价3600元／吨；80%为花椒籽饼，主要用于鸡鱼饲料、肥料等，市场价650元／吨，产品价值每年可达6200余万元，经济效益相当可观。同时，县内延伸发展有花椒酱、花椒粉和花椒芽菜等下游初加工产品，远销北京、上海、四川、重庆、新疆、西安等地。今年通过"凤还巢"计划，引进了芮城在外民营企业家赵向勤，投资300万元建设花椒深加工基地，项目建成后，年可转化加工花椒60吨，实现产值600万元，带动椒农人均增收1200元。

四、总结与思考

(1) 推进规模升级，实现基地化园区化发展。一要继续扩大种植规模。2018～2020年在风陵渡成立花椒研究所、百亩新品种示范园，在阳城、大王、陌南和西陌镇沿山一带和永乐、阳城、东垆沿黄河二阶台地及沟坡地，再发展花椒种植4万亩，确保全县花椒总面积超过15万亩规模。二要大力发展示范园区。新发展的4万亩花椒中，建设2个5000亩示范园区，8个"双千亩"基地，

"狮子头"花椒（姚兴茂 摄）

2个500亩新品种基地。在风陵渡镇建设1个万亩花椒示范园区，在阳城、大王、学张三个乡镇分别建设5000亩花椒现代示范园区。三要引进新品种。在全县建立花椒嫁接苗繁育基地，以"大红袍"为基础，引进"狮子头""武都无刺花椒""南强一号"伏椒等花椒优良品种接穗，培育芮城"大红袍"新品种，大量引进无刺花椒、伏椒品种，减少秋椒面积，提高单株品质，提升颗粒形成率。四要规范合作社运营。鼓励通过"合作社＋基地＋农户"模式发展适度规模种植，实现生产、技术、管理一体化推进。如风陵渡相义平花椒合作社多次组织社内嫁接能手，到甘肃武都区采集无刺花椒接穗，为合作引进新品种，带动了基地花椒品质和产量实现了质的飞跃。

(2) 推进技术升级，健全现代科技服务体系。一方面要不断引进专业技术人才，进一步加强与农林科技院校合作，委托培养一批花椒种植管理专业人才，充实林业部门和乡镇技术队伍，形成"县有管理中心、乡（镇）有服务站、村有专业合作社和协会、户有技术员"的科技服务体系。另一方面要全面实行标准化生产，聘请专家教授，成立芮城花椒技术顾问委员会，在定期开展技术培训的同时，进一步细化《花椒栽植管理技术手册》，完善各环节生产管理标准。组织县乡技术人才包园区、包基地、包村，实行专业人才与农户接对子、签订服务协议，全面推进精细化标准化生产。继续坚持每年实施2万亩花椒提质增效项目，通过修剪、拉枝、施肥、防治病虫害等技术的应用推广，用科学技术带动花椒产业。

(3) 推进产业升级，开发多元化系列化产品。积极推行"电商＋企业＋合作社＋椒农"产业发展模式，实现花椒生产、加工、销售一条龙服务。充分发挥政府资金的撬动作用，采取贷款贴息、以奖代补等方式，积极引导金融资本、工商

椒香四溢（姚兴茂 摄）

资本、民间资金更多投向花椒精深加工产业。鼓励发掘花椒粒、花椒叶、花椒籽等原料多元化价值，开发椒油树脂、花椒精油、花椒籽炼油、椒目仁油、花椒芽菜、花椒辣酱、花椒籽有机肥料、椒叶营养茶、椒仁营养素、花椒涂料等食用、美容、养生、装饰系列产品。加大招商引资力度，鼓励支持联办创办花椒加工企业，鼓励更多个人及现有油品企业投身花椒加工业，不断提高花椒深加工能力和营销能力，增加花椒附加值，延长产业链条，带动多元化发展。

(4) 推进品牌升级，提升芮城花椒市场竞争力。一要利用和加大"中国花椒之乡"这一金字招牌宣传的投入，使芮城"大红袍"花椒走上电视台、进入互联网、各种贸易促销会及博览会。二要积极发展以花椒协会、合作社、家庭农场、深加工企业为主体的流通渠道和销售队伍，精心组织、主动出击，在知名省会城市建立花椒直销网点。三要加强工商、质监等职能部门的联动作用，花椒收获季节加强市场监管，及时打击查处以次充好、掺杂使假等不良行为，净化市场，不断提升"芮城花椒"的品牌效应。四要在产业融合发展上下功夫，围绕花椒主产区印象风陵、西侯度遗址、凤凰咀等旅游景点，在周边建设花椒产业休闲旅游循环圈，大力发展花椒采摘园、椒林观光园，以花椒食品为特色的农家乐等，发挥产业聚集效益，实现旅游强县、花椒富民的双赢。

第二十一章

陕西省宁陕县猪苓产业发展

层峦叠嶂——秦岭群山（冯纪顺 摄）

一、区域自然地理概况

宁陕县，隶属于陕西省安康市，位于安康市西北部，秦岭中段南麓，属北亚热带湿润型气候，是中国南北气候的过渡带，长江、黄河水系的分水岭；是陕西省会西安市南枕的绿色屏障，安康市的北大门，距西安最近距离72公里，是关中通往川渝的交通要塞。东接柞水、镇安，南连石泉、汉阴、汉滨区，西邻佛坪，北靠长安、周至、鄠邑区。县境南北长130公里，东西宽110公里，总面积3678平方公里。

全境山岭纵横，秦岭主脊横亘于北境，平河梁横贯境中，这两大主要山脉构成了该县地形地貌的主要骨架。总的地形北高南低，地势高差2425米，垂直差异很大。全县可分为高山、中山、低山河谷3种地貌类型。

鸟瞰县城（刘家华 摄）

高山区为海拔1000米以上的地区，主要分布在秦岭主脊山脉和平河梁山脉的上中部地带，面积2184.7平方公里，占全县总面积的59.4%，土壤类型以棕壤和黄棕壤为主，土层较深厚，土壤较肥沃，富含有机质。气温较低，雨量充沛，具有山地北温带和山地中温带的气候特征。林特资源极为丰富，是宁陕县用材林的主产区和水源涵养、水土保持基地。有13个乡（镇）的37个村，129个村民小组，3207户农户，农业人口14378人。山大林深，地广人稀，农耕地面积较少，以旱坡地为主，基本上无水田。农作物一年一熟，主要种植马铃薯、玉米、小麦和杂粮。

平河梁之秋——宁陕县平河梁国家级自然保护区（郭玉军 摄）

中山区为海拔820～1000米的地区，主要分布在中部和西部，是长安河、汶水河、蒲河、旬河和池河的上游地带。包括18个乡（镇）的51个村，194个村民小组，5284户农户，农业人口22932人，占全县农业人口的37.04%。总耕地面积1329564亩，占全县总土地面积的24.1%。具有山地南温带的气候特点，气候温和，雨量充沛，野生植物种类繁多，林特资源丰富，适宜于多种农作物生长。饲草饲料资源丰富，有中、小型草场草坡155384亩，占全县总草场草坡面积的57.8%，牧草生长繁茂，水源充足，为该县主要牧场。农作物种类主要有小麦、水稻、玉米、马铃薯、杂粮等，二年三熟或一年二熟，农耕面积和粮食产量均占全县的40%左右。

低山河谷区为海拔820米以下地区，位于宁陕县南部，分布在长安河、蒲河、汶水河、旬河、池河的下游河谷地带。包括16个乡（镇）的56个村，233个村民小组，5409户农户，农业人口24608人，占全县农业人口的39.74%。土地面积910974亩，占全县总面积的16.5%。土壤类型以水稻土、潮土为主。为北亚热带气候，温暖湿润，适宜多种农作物的生长，主要种植水稻、小麦、油菜、玉米、豆类等，一年二熟。作为宁陕县的粮食和油料生产基地，粮食和油料产量分别占全县总产量的45%和55%以上。经济林特作物主要有桑、桐、棕等亚热带植物。此外，还有大量的栎类树种。主要特产有蚕茧、油桐、棕片、木耳等。铁炉坝、汤坪、华严、城关等乡已初步成为蚕茧生产基地，油坊坳、筒车湾、汤坪一带已初步成为木耳生产基地。该地区位于低山河谷，南北方向有公路通过，东西两侧均有地方公路连接，交通比较便利，大部分乡村分布在县城和区公所周围，距集镇较近，经济文化相对发达。

宁陕县属北亚热带山地湿润气候，用焦金斯基的气候大陆公式，宁陕气候大陆度为50.2，受大陆性气候影响。宁陕日极端最低气温为-13.1℃（1975年12

渔湾春早——宁陕县城关镇渔湾村（田宁朝 摄）

月 15 日）；日极端最高气温为 36.2℃（1976 年 7 月 31 日）。最冷月为 1 月，平均气温为 0.5℃；最热月为 7 月（有个别年份在 8 月），平均气温 23.3℃。气温平均日较差 9.2～12.0℃，年较差 22.8℃。宁陕县平均年降水量 921.2 毫米。

宁陕县水资源丰富，沟河纵横，但流量不大，多为小河沟岔。县境内流域面积在 5 平方公里以上的河沟共有 120 多条，其中流域面积 5～10 平方公里的 23 条，10～50 平方公里的 75 条，50～100 平方公里的 11 条，100～200 平方公里的 4 条，200～500 平方公里的 4 条，500～1000 平方公里的 2 条，1000 平方公里以上的 1 条。

宁陕县地处秦岭中段南坡，素称"南山老林"。森林面积大，活立木蓄积量高。全县现有森林面积 395.58 万亩，占安康地区有林地面积的 28.8%；林分蓄积 2970.93 万立方米，占安康地区林分蓄积的 54.9%，陕西省林分蓄积的 12.9%；森林覆盖率为 71.9%。主要有冷杉、铁杉、油松、华山松、栎类、杨类、桦类等混交林和部分纯林，还有大量的木竹、箭竹和华桔竹林。

宁陕县境内鸟类有 13 目 36 科 120 种；兽类有 7 目 23 科 57 种。有珍贵动物 21 种，其中兽类 15 种，鸟类 5 种，两栖爬行类 1 种。水产动物种类较多，主要有鲤鱼、鲢鱼、草鱼、鲫鱼、鲶鱼、蛇鱼、泥鳅、黄鳝等 24 种，还有鳖、蟹等。

宁陕县境内有种子植物 136 科 591 属 1178 种（含种以下等级），占全国种子植物总科数的 45.1%，总属数的 19.9%，总种数的 4.7%。宁陕县地处中国—日本和中国—喜马拉雅两大植物亚区的分界线上，是华北、华中和横断山脉 3 个植物区系的交汇点。

二、区域社会经济概况

2016年，宁陕县生产总值实现26.62亿元，同比增长10.5%。全体居民可支配收入14615元，增长9.0%；城镇居民人均可支配收入25358元，增长8.7%；农村居民人均可支配收入8270元，增长8.5%。粮食总产量为19611吨，同比增长0.97%。食用菌产量达到4182吨，同比增长4.16%。药材面积达到32060亩，完成药材产量5226吨。宁陕县完成造林面积1933公顷，比2015年增长7.41%。生漆产量34吨，与2015年持平；核桃产量976吨，同比增长2.74%；板栗产量3905吨，同比增长0.31%；花椒产量37吨，基本同2015年持平。水产品产量719吨，同比增长27.91%。宁陕县农业机械总动力6万千瓦；农用化肥施用量（折纯）345吨，同比持平；农用地膜10.83吨，比2015年下降3.30%。截至2016年，宁陕县下辖户籍总人口7.4515万人。

三、区域林业产业概况

宁陕县山大人稀，交通不便，信息闭塞，九山半水半分田是宁陕地貌特征的真实写照。20世纪90年代以前，全县人民靠山吃山，伐木为生，"木头经济"占宁陕社会总产值的80%以上。1999年实行禁伐以来，宁陕人民的生活受到很大影响。宁陕的餐饮服务业、木材加工业、运输业等行业难以为继，从业人员从此开始了背井离乡外出打工的生涯。面对现实，县委、县政府为了增加农民收入，

宁陕县新场镇村民喜获成熟天麻（胡茂毅 摄）

宁陕县四亩地镇罗家沟板栗种植基地发展板栗园林下套种（马兰 摄）

组织专家学者对全县自然资源进行了一次全方位的考察论证，得出了绿色产业才是宁陕经济发展的必然选择，提出了发展以核桃、板栗为主的经济园林，同时加快林下经济建设，以食用菌、天麻、猪苓等项目为依托，长短结合，促使县域经济持续健康稳定发展（骆荣君，2015）。

宁陕地处我国暖温带与亚热带的交汇处，因而是物种最丰富的地区之一，被称为天然宝库。境内中药材多达1034种，其中"秦岭猪苓"因品质优良、有效成分高而驰名四方。猪苓是非褶菌目多孔菌科树花属药用真菌。子实体幼嫩时可食用，味道十分鲜美。其地下菌核黑色、形状多样，是著名中药，有利尿治水肿之功效。含猪苓多糖，试验抗癌。主治功能：利水渗湿。用于小便不利、水肿、泄泻、淋浊、带下。

针对得天独厚的生产环境优势和资源优势，宁陕通过几年的引导和扶持，涌现出了一大批猪苓种植专业村和专业种植大户。全县猪苓半野生化种植已发展到3000余亩百万窝的规模，成为宁陕"秦岭绿色药谷"平台上一匹耀眼的"黑马"。

旬阳坝镇，距宁陕县城东北34公里。辖4个行政村7个村民小组。省森工企业宁东林业局驻于旬阳坝街。全镇总人口3026人，其中非农业人口1368人，人口密度18.12人／平方公里。旬阳坝镇地处秦岭中段南坡腹地，平均海拔1300米，土层肥沃、通透性好、保水保肥，野生中药材资源丰富，是猪苓的最佳适生区。该镇以"打造猪苓强镇"为思路，在示范基地建设上做文章，在综合利用上下工夫。

与参照物对比大小的宁陕县江口回族镇江河村瓢槽沟的猪苓（江口回族镇惠农中药材种植专业合作社 龚洵玲 摄）

陕西省宁陕县城关镇村民涂隆润、冯方贵共同投资3.7万元栽植猪苓，今年收获猪苓2500斤，收入13万元（田宁朝 摄）

四、两山转型发展历程

20世纪90年代，旬阳坝镇农民立足本地的林业资源优势，大规模砍伐林木，形成了木材经济。随着天保工程的实施，林农在木头上再无文章可做，纷纷外出打工，打工人数占到全县劳动力的70%左右。农民说："林是集体的，有钱不敢投，有劲无处使，只能外出打工挣现钱。"

2002年，旬阳坝镇干部汪顶宗探索的猪苓半野生栽培技术取得成功，之后不断探索出了立体栽培、循环利用、平地种植等实用新技术，经过5年的发展，使猪苓种植业成为了全镇的主导产业，也是农民收入的主要来源。

猪苓种植业被当地群众称为"地下黑金"和"地下银行"，流传着"一窝一头猪、十窝一头牛、百窝万元户、千窝小洋楼"的顺口溜。由于猪苓的生长习性是喜阴喜潮、林下腐质土最佳，受林地资源的限制，猪苓种植业整体规模扩张不快。

2007年7月，宁陕县作为陕西省试点县开始集体林权制度改革，旬阳坝镇猪苓产业依势发展。2008年，是旬阳坝镇猪苓产业的转折年。当年该镇率先顺利完成了集体林权制度改革，农民人均分配的林地面积超过50亩，户均超过200亩。这为发展猪苓产业提供了充足的林地资源，促进了猪苓种植规模迅速扩大。随着规模的扩大和价格的飙升，盲目跟风、一拥而上、户自为战、单打独斗、信息不灵、技术不规范、发展不均衡等问题逐步显现。2009年，恰逢县委、县政府把猪苓种植作为全县农民增收的重要项目来抓，列入2009年全县四大农民增收项目之一。为了遵循市场经济规律，做强做大猪苓产业，在汪顶宗的带领下，顺应市场需求和群众愿望，及时成立了集生产、加工、销售为一体的旬宝猪苓合作社，2010年在陕西省工商局注册了"旬宝"猪苓品牌商标。林改后的3年来，在旬宝猪苓合作社的引导扶持带动下，全镇猪苓从2008年的2万窝发展到2010年的10万窝，规模扩大了5倍，打造"猪苓之乡"的步伐加快。

近年来，该合作社立足林改后的林地资源优势，始终坚持市场化运作，坚定不移地走"合作社＋农户＋基地＋企业"的发展路子，采取了一系列行之有效的措施，争取了各方面的支持，广泛发动群众，想社员之所想、急社员之所急，切实解决社员生产、生活中的实际困难，把小猪苓做成了全县的大产业（主导产业），取得了由"砍山吃山"到"护山靠山"产业性质的根本转变，农民收入稳步快速增长，2010年该合作社项目村的人均纯收入达到5229元，较2008年的1718元增长了2倍多，2012年，全镇新栽植猪苓4万窝，开挖3万窝，收入620万元，全镇人均纯收入增加2300元，占人均纯收入的60%，猪苓产业一跃成为全县的龙头产业，实现了助农增收、富民兴社的根本宗旨。

宁陕在探索实践的过程中，成功地摸索出了一套猪苓半野生人工栽培技术，推广后得到了非常好的收效。为了进一步把猪苓产业做优做强，扩大"秦岭猪苓"的影响力和知名度，该县已与中国医学科学院药物研究所达成协议，利用其在猪苓有性繁殖方面的科研优势，在全县进行猪苓有性繁殖研究及大面积推广。同时与北京大学安康药物研究院、安康北医大制药股份有限公司建立了技术经济依托关系，共同组建猪苓产业实体公司。还在省内外有关院校和科研单位聘请一批专家来县策划、指导、调研，帮助建立符合GAP认证的中药材种植基地和SOP（标准作业程序）制度。为吸引开发商来县投资发展猪苓，宁陕出台了一系列鼓励招商引资开发的优惠政策。规定从投资之日起三年内免征企业所得税，从获利年度起两年内免征农林特产税，对种植、加工企业行政性收费实行最低限额。在土地出让上优惠30%的基本金，在服务上推行政务一厅式办公，采取一系列措施保障投资者的合法权益，最大限度为企业创造全方位的宽松环境。同时借西部大开发机遇，改进基础设施建设，为投资兴业者提供硬环境支持。

宁陕目前正着手建立猪苓优良品种繁育园、优良猪苓品系选育基地，准备近期发展5000亩的猪苓规范种植基地，计划用五年左右时间，实现农村户均一亩

巍峨秦岭（马玉龙 摄）

猪苓、人均增收400元、财政增收400万元的目标，尽快把宁陕建成全省最大的"猪苓之乡"。该县将猪苓作为名贵地道药材列为发展重点，现规模已扩大到50万窝。有性繁殖已作为课题与科研单位正处试验、示范阶段。"猪苓之乡"将为打造"秦岭绿色药谷"擎起一片蓝天。

五、总结与思考

具体来看，宁陕县旬阳镇的两山转变成功离不开以下几个因素：

其一，林地资源丰富，自然条件适中。在国家退耕还林和政府产业扶持政策激励下，近10年来，宁陕县林地面积不断扩大，森林保护工作不断加强。据勘查，全县534.1万亩林地中，可开发林下经济的林地为70%左右，为林下经济的发展提供了广阔的空间。宁陕是秦岭腹地，自古就有"秦岭无闲草，遍地皆是药"的说法。宁陕药材资源丰富，名贵品种多。由于县境内生态环境优良，无污染，在目前全国中药材频频爆出产地污染、药材品质下降的状态下，宁陕药材以产地环境优良、品质上乘的特点会更加赢得市场的青睐。宁陕土壤和气候适合多种中药材生长，适宜发展林下经济。

其二，合作社改变传统经营模式。要做大做强猪苓产业，让林农的林地有更多的收益，就必须改变传统落后的经营模式。在旬阳坝镇党委、政府的引导和支持下，旬阳坝镇干部汪顶宗，农民张保龙、朱学礼、张保斌、熊顺义、赵本全等50余名猪苓栽培专业技术人员和生产大户经过半年多的积极筹备，自筹资金6万元，于2009年6月11日在宁陕县工商局注册成立了"宁陕县旬宝猪苓专业合作社"。按照"自我管理、自主经营、自我服务"的原则，大伙一起制定了猪苓开发专业合作社的章程。在旬宝猪苓专业合作社这一典型的引领下，宁陕县因势利导，制订猪苓药源基地建设3年规划，安排财政扶贫贴息贷款600万元，实施猪苓标准化种植，科学管理，建设龙头企业，扩大种植规模，现在全县有11个镇新发展猪苓50万窝，全县猪苓累计达106万窝，年产50多万公斤，产值2500多万元，宁陕已步入全国猪苓大县前列。

其三，科学技术的普及推广。要种好猪苓必须推广普及科学技术。合作社建立了猪苓产业示范基地和猪苓研究实验基地，聘请了西北农林大学教授担任技术顾问，经常请长期从事猪苓种植技术研究的专家教授到示范基地讲课指导，积极培养专业技术骨干。同时，合作社还请相关单位的专家来旬阳坝镇为猪苓示范基地的土壤、猪苓产品进行检测检验，获得第一手科技资料。此后，合作社又开展起猪苓的人工繁殖、品种选育、产品深加工等一条龙产业链建设，并为猪苓产品和猪苓专用蜜环菌注册了商标，开办起自己的网站。这一系列措施解决了猪苓销售渠道不稳定等一系列问题，合作社的成功运作为猪苓产业的发展壮大创造了良好的环境，使全镇农户看到了希望，排除了发展猪苓产业的后顾之忧。综上，宁陕县旬阳坝镇在拥有丰富自然资源的前提下，通过合作社的引导扶持带动，使农民由砍树转向大力发展林下经济，靠山来发家致富，并且在实现经济效益的同时，注重森林的保护工作，实现了良好的生态效益，虽然还面临着许多管理等方面的问题，但是已经较好地实现了由"绿水青山"到"金山银山"的转变。

第二十二章

河北省巨鹿县美丽乡村建设

河北省巨鹿县柳洼村柳洼风情小镇一角（新华社记者 牟宇 摄）

一、基本概况

巨鹿县位于河北省南部,邢台东部中心区域,总面积631平方公里,耕地面积64万亩,总人口42万,辖7镇3乡291个行政村(居),建有2个省级经济开发区、4个省级农旅园区,地理位置优越,交通便利。

建设美丽乡村,既是乡村振兴战略实施、城乡统筹发展的有效路径,也是农村广大群众的美好梦想。作为地处黑龙港流域的平原县,巨鹿坚持把"环境美、产业美、生态美、精神美"作为美丽乡村建设的根本遵循,注重发挥本地的特色产业、历史文化和自然生态资源优势,建成了37个美丽乡村,打造了柳洼风清、金银花园艺、寻虎红色教育、合舜花木、皇韭等一批有特色品位、有乡愁记忆的特色小镇,走出了一条"美丽乡村+特色文化+乡村旅游"融合发展的路子,广大群众建设美丽乡村、过上幸福生活的梦想逐步成为现实。先后被评为"中国建设美丽乡村典范县""全省美丽乡村建设先进县""河北省特色农业发展先进县"。

河北省巨鹿县小吕寨镇西孟庄村农民在采摘金银花(新华社记者 牟宇 摄)

二、发展模式

巨鹿县按照全面建成小康社会的要求,以创新、协调、绿色、开放、共享发展理念为引领,以实施"四美五改 美丽乡村"行动为载体,坚持示范引领、提高标准、因地制宜、分类指导、市场运作、多方参与,把改善农村人居环境与发展现代农业、发展乡村旅游、壮大特色产业、推进扶贫攻坚相结合,通过五位一体、统筹推进等方式建立长效机制,在尊重农民意愿的基础上,开展美丽乡村建设的寻梦、追梦、圆梦、筑梦之旅。

(一)寻 梦

"三笔优势账"找准美丽乡村建设道路。建设美丽乡村,既要因地制宜、突出特色,又要发挥优势、找准路径。面对不靠山、不邻海、不傍旅游景区的基本县情,巨鹿县勇于发挥自身优势,把地方特色资源作为切入点和发力点,凭借"三笔优势账",明晰建设方向,找准建设路径,开启了建设"巨鹿版"美丽乡村的寻梦之旅。

一是历史文化资源账。巨鹿是秦时三十六郡之一,相传唐尧禅位虞舜于此,是著名的巨鹿之战、黄巾起义交战之地,还是大唐名相魏征、杰出天文学家僧一行等历史名人故里,有世界"东方的庞贝古城"之称的巨鹿宋城遗址,有张角创始的道教音乐和道教文化,也有非物质文化遗产四股弦、洪拳、手织汉锦等,历史文化资源丰富、底蕴深厚。

二是特色农业产业账。巨鹿县地势平坦、土壤肥沃,耕地面积广阔,物产丰富,经培育形成以中药材、设施蔬菜、小杂粮、畜牧养殖、食用菌为主的五大特色产业,是品牌农业示范县、全国最大金银花主产区,曾先后被评为"中国金银花之乡""中国枸杞示范基地""国家串枝红杏标准化生产基地""国家级小杂粮良种繁育基地"。在金银花、杏、枸杞原来"老三样"的基础上,正在加快发展草莓、菊花、林下食用菌、克瑞森葡萄、柱状苹果等"新N样",构筑"一村一品""一区域一特色"的农业特色产业发展新格局,加快特色农业大县向特色农业强县转变。

三是自然生态环境账。老漳河、小漳河、滏阳河等59条河渠、近千个坑塘遍布全县,地下水为天然弱碱水,县城建成区绿化覆盖率42%,全县森林覆盖率达到32%。被评为国家级生态示范区、中国最佳生态宜居县、全国绿化模范县,被河北省林业厅誉为"冀南最绿平原县"。巨鹿还是河北省全域旅游示范区创建

河北省巨鹿县草迷杨村的农民在晾晒枸杞（新华社记者 杨世尧 摄）

巨鹿县阎疃镇阎疃村农民在"林下经济"种植区内摆放食用菌菌棒（新华社记者 牟宇 摄）

试点县，先后实施了洪溢河中央城市生态公园、双万亩生态观光园、老漳河休闲农业园区、北部淡水养殖及垂钓区等一批生态旅游项目，基本搭建起旅游片区、景观廊道、特色游园、美丽乡村等在内的全域旅游发展体系。同时，坚持以节庆活动为爆点，助推巨鹿全域旅游发展，成功举办3届五彩杏花节、27届红杏商务节、8届金银花旅游文化节、首届旅发大会暨农民丰收节，全面提升巨鹿旅游品牌，正在打造"千湖之县、旱地水乡""金银花海、康养福地"。

河北省巨鹿县四股弦艺人在向育英小学学生介绍四股弦伴奏乐器（新华社记者 牟宇 摄）

（二）追 梦

"六化联动"绘就美丽乡村建设蓝图。建设美丽乡村，既要改善农村人居环境，又要保留乡村文化生态。为把群众心中的美丽乡村梦变成现实，巨鹿县坚持传统现代相融合、里子面子相协调、生态生活相统一，将"四美"要求和乡村产业发展、乡村旅游要素、乡村文化建设内容细化分解为六个层面，加快实现美好蓝图。

一是顶层设计一体化。坚持把美丽乡村建设和乡村旅游、现代农业、脱贫攻坚、大健康产业发展等统筹谋划布局，实现了一张图规划、一体化推进。

二是基础设施城市化。按照"一步到小康、一步推进城乡一体化"思路，重点实施了路网、电网、水网、绿网、气网、讯网、排污网、交通网、文化网、城乡垃圾处理一体化十网全覆盖工程，让农村群众享受到和城市居民一样的美好生活。

三是环境生态田园化。对环村路、河渠坑塘、房前屋后等进行绿化，改善了生态环境；对闲置宅基地和破旧房屋进行清理改造或拆除，打造成小公园、小游园、小菜园、小树林、小林荫式停车场，增添了田园风情；街巷墙壁涂绘了文化墙，房檐、屋顶搭上了新型材料瓦，美化了村容村貌，建成了"道路有绿带、街角有游园、庭院有花果、村庄有菜园"的田园式美丽乡村。

四是特色农业链条化。按照"一二三产融合"理念，加快推动特色产业链条式发展。金银花园艺小镇聘请园林专家，开发出金银花盆景、根雕产业。柳洼风清小镇为恢复柳树种植传统，周边区域新栽柳树6000亩，打造"中国柳树博园"，并从山东聘请柳编技艺传承人发展柳编产业，开拓文化产业的发展空间，推动特色产业转型升级、快速发展。特别是金银花产业围绕一二三产融合发展，注重标准化种植，与中国农科院合作，建设万亩金银花生态种植基地，从测土配方、土壤改良、病虫害防治、新品种培育、质量标准化体系等方面持续用力，研发生产高品质、绿色无公害、有机产品；注重研发先进设备，在全国率先创新设立了每年1000万元的县科技创新券，2019年增加到2000万元，引导企业研发金银花采摘机、烘干机、分筛机等，提高金银花采摘、烘干效率，提高产品品质；注重高端技术支撑。加强与中国科学院、中国中医科学院、中国管理科学研究院、中国农业科学院、北京中医药大学等多个国家高端科研机构合作，建设中国中医科学院金银花小分子露剂（巨鹿）研究所、中国农科院中药材生态种植土壤复修（巨鹿）研究所、中国农科院农产品深加工设备（巨鹿）研究所、巨鹿县富硒功能研究所、巨鹿金银花研究院等科研机构；建设金银花土壤"中医调理剂"专用肥生产企业，改善土壤状况；开发金银花藤、叶产品，研制金银花饲料添加剂这一"绿色抗生素"，提升巨鹿金银花品牌产品的前沿性，拓展市场空间。特别是将台湾穆拉德生物医药大健康产业园作为关键技术支撑，采用2个诺奖技术，研制生产王老吉凉茶和保健食品、化妆品、蛹虫草、茅台蛹虫酒等系列产品，带动以金银花为主的中药材特色扶贫产业向更高端、更有科技含量、更高附加值、更有竞争优势方向发展。

五是乡村文化品牌化。注重挖掘、保护和开发乡村文化资源，修复并保护一批老房子、土炕、古树等；挖掘并继承酥鱼、豆腐、山核桃等一批传统制作工艺；传承并弘扬四股弦、手织汉锦等一批非物质文化遗产，将乡村文化打造成为乡村品牌。

六是农民生活品质化。围绕"吃穿住用购玩"等影响生活质量的关键要素，开展文艺社团、连锁超市和志愿者进美丽乡村等系列活动，完善贫困户和留守老人、妇女、儿童等救助机制，组织最美庭院、最美儿媳评选等，极大地丰富了农村文化生活，使百姓生活得更有幸福感、获得感。

（三）圆　梦

"四点发力"激发美丽乡村建设干劲。建成美丽乡村，既要调动一切外部积极因素，又要激发广大群众内生动力。为打赢建设美丽乡村攻坚仗，巨鹿县以树样板作示范、擂台赛鼓干劲、组合拳筹资金、联手牌聚合力的方式，探索出了"美丽乡村＋特色文化＋乡村旅游"融合创建的路子，全面激发了广大干部群众创建美丽乡村的热情。

一是打响当头炮，把样板树起来。按照"连点成线、点线成面"思路率先在村庄基础好、班子战斗力强的柳洼、金玉庄等5个村，开展了特色小镇创建活动，并打造成为全县的示范样板。特色小镇建成后，效果显著，有效带动其他乡村快速走上建设之路。

二是打好擂台赛，把干劲调起来。建设美丽乡村，改善人居环境是基础工程、首要条件。巨鹿立足实际，结合乡村振兴战略实施，以全省农村人居环境整治全域完成任务县为载体，科学谋划、统筹实施了农村主街道和连村路改造提升、农村胡同硬化和危旧房屋拆除、农村公园和美丽庭院建设、农村污水治理、农村垃圾处理巩固提升、农村改厕、村庄绿化及环村林带建设、村规民约全面实施、"千湖之县"建设、智慧农业建设等十大专项行动。

特别是将农村危旧房屋拆除、"五小"特色景观园区建设作为突破口。按照能拆则拆、应拆尽拆、不强拆的原则，全面摸排、全面掌握全县需要拆除的危旧房的数量，形成拆旧建园的目标图、施工图、路线图。县主要领导带队，月月开展"擂台赛"，对各乡镇、村拆旧建园情况，进行现场观摩展示、打分评比，结果全县通报。作为每季度"三榜两台"评选的重点内容，作为对各乡镇、各有关部门、各村年终评先评优的重要事项，以严格的考核奖惩机制，督促各级各部门主动作为、快速推进、高效落实。

三是打出组合拳，把资金拢起来。县政府注册成立巨美乡村建设有限公司，撬动金融资本用于美丽乡村建设；整合农业、扶贫、水利等各类项目资金，集中向美丽乡村建设投放；引进北京碧水源、启迪桑德、山水集团等一批超10亿元PPP项目，实现互利共赢。

四是打赢联手牌，把力量聚起来。县委、县政府主要领导亲自谋划、研究部署，主管县领导一线指挥、创新推动，为美丽乡村建设加压鼓劲、提气造势。乡镇和县直部门协调联动、高效配合，乡村干群士气高涨、干劲十足，全县形成了人人支持参与美丽乡村建设的热烈氛围。

（四）筑 梦

"四项机制"巩固美丽乡村建设成果。巩固和维护美丽乡村建设成果，既要注重发挥政府主导力量，又要充分发挥市场主体作用。在美丽乡村建设之初，巨鹿县就统筹考虑后期管护运营的问题，注重运用市场的思维、机制和办法，为美丽乡村可持续发展提供源头活水和制度保障。

一是建立项目推进机制。推行项目建设绿色通道，对受时间限制不能及时履行招投标程序的项目，开创性的实施"事前审核、事中监督、事后评审"项目推进机制，大大加快了美丽乡村建设进度。推行美丽乡村EPC（工程总承包）创建模式，完善资金筹措、资金监管、成本控制、工程建设等制度，保障了美丽乡村建设水平和质量。

二是建立管护运行机制。设立基础设施和环境管护资金，以政府购买服务方式，招聘专业公司负责设施购置、维护和运转，确保美丽乡村管护常态化。依托北京启迪桑德循环经济产业园，推行户分类、村收集、县集中处理的垃圾处理一体化模式，彻底解决乡村环境管护难题。将危旧房屋拆除、"五小"特色景观园建设同精准扶贫紧密结合。对"五小"特色景观园的建设、设施管护、环境维护、运行监管等，设置就业扶贫岗位，优先让贫困群众参与，既提高就业扶贫覆盖率，增加了村集体收入，又保证建设成果的长效性、持续性。

三是建立经营发展机制。积极探索"政府投入＋企业运营""集体出资＋群众管护""谁投资、谁受益"等多种股份制经营模式，变资源为股权，变农民为股民，推动美丽乡村资源产业化，让广大群众共享美丽乡村建设红利。

四是建立监督监管机制。县政府主管部门牵头，建立乡村巡查制度，推行"第一书记驻村、乡镇干部包村、村干部包片"美丽乡村管护制度，完善环卫评比"红黑榜"制度，制定《农村环境综合整治考核奖惩办法》《保洁员管理办法》等，实现了监督监管全覆盖，美丽乡村建设有了更坚实的保障。

三、总结与思考

习近平总书记指出："即使将来城镇化达到 70% 以上，还有四五亿人口在农村。农村决不能成为荒芜的农村、留守的农村、记忆中的故园。城镇化要发展，农业现代化和新农村建设也要发展，同步发展才能相得益彰，要推进城乡一体化发展。"为实现美丽乡村建设目标，建议主要采用以下几个方面措施。

(1) 加强组织领导。各级党委、政府和有关部门要统一思想，提高认识，把美丽乡村建设摆上重要议事日程。县级是组织实施的责任主体，要作为一把手工程强力推进，形成齐抓共管的工作格局。市、县、乡三级都要成立美丽乡村建设领导小组，一把手任组长，抽调精干力量，组建强有力的办公室。各级领导干部要带头示范，省、市、县四大班子成员每人每年都要分包一个重点村，其中省、市四大班子成员和县级党委、政府主要负责同志分包的重点村要建成精品村。为确保人居环境整治高标准、高质量推进，巨鹿县先后在县委全会、县"两会"、全县三级干部大会上做出安排部署，从领导层面统一思想、形成共识，为美丽乡村建设奠定了坚实的组织保障。

(2) 科学编制规划。规划编制要实施分类指导，体现不同地域不同特色。各地要聘请有资质、水平高的规划单位和设计人员，制定全县域规划，与城镇建设规划、土地利用规划、生态环保规划相衔接，科学布局村庄，明确村庄分类，统筹安排基础设施建设。每个村都要有修建性村庄规划，包括民居、道路、绿化、环境整治、供水供电、污水和垃圾治理等专项规划内容，到户民居改造设计方案及其他建设项目的设计方案，并通过村民代表大会等形式征求村民意见。乡镇要成立规划委员会，组织群众参与规划的编制和审定，并监督执行规划。围绕改善人居环境，建设美丽乡村，巨鹿县先后研究出台了专门的指导意见、实施方案。特别是科学规划、探索实施生活区、产业区、生态区、景区农村"四区"同建新模式，加快乡村振兴，引领美丽乡村建设。

(3) 改善村风村貌。"绿水青山"就是"金山银山"，美丽乡村建设要做内外兼修，绝不能以牺牲环境为代价来换取农村经济的增长，要大力开展农村人居环境整治，突出净、硬、亮、水、绿、美。围绕"净"，巨鹿县在完成城乡垃圾一体化处理基础上，对生产性垃圾进行资源化、财产化处理。围绕"硬"，巨鹿县在村村通公路的基础上，推进街道胡同硬化全覆盖。围绕"亮"，巨鹿县全县域农村实现了路灯全覆盖，重点景区与主城区道路实现路灯连接。围绕"水"，借助河渠坑塘较多的有利条件，按照五优先，即离水源近的优先、集体产权的优先、坑塘大的优先、景区优先、成方连片的优先，分三类建设"千湖之县"。如，第一类归纳为九个"上"，即修上路、种上树、蓄上水、养上鱼、墁上道、围上栏、造上景、修上台、赋上文。围绕"绿"，按照特色景观线的标准，大力实施道路绿化、美化工程，县城主干街道按照一街一景的标准，加快树木花草新植补栽，注重层次特色，建设精品街道；国省干道重点依托巨鹿农业特色，规划建设金银花大道、杏花大道、菊花大道、月季花大道、木槿花大道等一批绿廊绿道，叫响"最绿最美平原县"。围绕"美"，坚持乔、灌、花、草、藤立体化建设，打造现代农业、设施农业、观光农业，实现四季有绿、四季有花、四季有果。同时，巨鹿县坚持以新兴旅游产业发展，带动环境改善、生态提升，持续办好杏花节、红杏商务节、金银花旅游文化节、旅发大会的基础上，持续扩充建设内容。在此基础上，要抓好乡风文明建设，加强农村文化娱乐设施和休闲文化广场的建设，积极开展最美庭院、最美儿媳评选，积极设置乡风文明"红黑榜"，教育引导农民养成健康的生活方式。

(4) 拓宽筹资渠道。政府加大支持力度，每年财政支持资金要逐步增长。要以县为平台，按照"统筹安排、集中投入、专款专用、形成合力"的原则，整合农业、扶贫、交通、水利、电力、教育、医疗卫生等各类涉农项目资金向美丽乡村建设倾斜。加快省、市、县三级美丽乡村投融资平台建设，按年度目标要求落实融资任务。以市、县为主导，金融部门积极配合，推进"信用工程"建设，对农户进行评级授信，被评为信用户的农户可得到免抵押、免担保的信用贷款。各级财政部门可统筹安排财政涉农资金，对符合条件的贷款户给予适当贴息支持。鼓励有条件的地方设立政府性担保基金，对银行业金融机构担保贷款发生的风险给予合理补偿。利用多种途径，撬动金融资本、社会和城市工商资本投入美丽乡村建设，引进产业实力雄厚的战略投资者和经营者参与美丽乡村建设。加强资金监管，提高使用效率，确保资金安全。

（5）用好民居改造政策。要充分利用民居改造的相关政策，不断拓展居民改造资金来源。用好保障房政策，移民搬迁村、中心村的村民向县城、城镇周边集中，变成城市居民，享受城镇保障房政策。用好移民搬迁政策，为移民户提供适当补贴和免息贷款。用好危房改造政策，对符合条件的农户进行补助。用好节能建筑改造政策，改善民居门窗、墙体的节能保温效果。充分保障农村宅基地的用益物权，在不改变农村集体土地所有权和农民宅基地使用权的前提下，允许农民将依法取得的房屋通过租赁合作等方式与城市居民共同经营。全面推广农宅合作社，鼓励多种形式的村企共建，实现收益共享。用好城乡建设用地增减挂钩政策，增减挂钩中要统筹做好农村居民的拆迁补偿安置和美丽乡村建设工作，增减挂钩土地节余指标交易流转收入要按照土地出让收支管理规定，优先支持腾出建设用地指标的村庄建设。为激发乡村干部尤其是群众拆旧建园工作积极性，巨鹿县对危旧房屋拆除实行以奖代补政策，每拆除一户，并在拆除危旧房屋地基上，建设小游园、小公园、小菜园、小树林、小林荫式停车场的，实行以奖代补政策，调动乡村及群众的积极性。连片拆除15亩以上，并对土地进行复垦的，按相关政策给予大额资金支持，实现农村可持续发展。

（6）健全完善股份合作制。重点推行政府＋龙头企业＋金融机构＋合作社＋农户"五位一体"股份合作模式，组建法人合作社和股份合作体，通过创新产业组织模式，整合优质资源要素，解决土地节约、工商资本进入、承贷主体、农民权益保护等问题，让资源变股权、资金变股金、农民变股民、自然人变法人，强力推进美丽乡村产业发展。结合2018年村"两委"换届，巨鹿县每个村都研究成立了村级经济组织、中介组织、服务公司等，实现抱团发展、合作发展。今年以来，积极采取村集体资产核查清算、村集体租赁群众土地发展种植金银花特色产业等新模式，发展壮大村集体经济。

（7）加大"四新"推广力度。制定新材料、新技术、新装备、新样式"四新"推广方案，出台奖励政策，明确年度目标任务，督促指导各地建设示范户和示范村。要推动大宗新型材料生产的本地化，通过扶持本地企业和引进外地企业，开发生产更多适应当地需求、物美价廉的新产品。各地农村新建学校、村委会办公室、村民中心等公共设施，都要使用钢结构、尾矿砂等新型建材以及装配式新型建筑方式。采取奖补办法，支持新民居建设采用钢结构等。充分发挥政府、驻村工作队、乡村干部群众等多方面的作用，通过示范村和示范户带动、对农民教育培训等形式，形成推广应用"四新"的浓厚氛围。

（8）广泛发动群众。通过示范引导、讲习所培训、组织外出参观、党员干部带头、政策引导等多种形式，引导农民投资、投工、投劳，出主意、想办法。对于改厕等农民投资投劳较多的项目，要积极探索项目资金拨付由报账制改为补贴制的办法，切实调动农民的积极性、主动性和创造性，依靠群众的力量和智慧建设美丽家园。

（9）强化驻村帮扶。结合机关干部下基层锻炼和扶贫工作，每年从省、市、县选派机关干部组成工作指导组和工作组，进村入户开展工作，帮助争取政策、项目、资金和破解难题。驻村干部要恪尽职守、勇挑重担，会同村"两委"编制规划，制定年度任务目标和具体工作方案，监督资金使用情况，协调推动任务落实，实绩突出的要优先提拔重用。

（10）严格专项考核。对美丽乡村建设工作实行增比进位管理考核，坚持一季一调度、半年一观摩、一年一考核。把美丽乡村建设工作考核单列出来，制定考核办法、明确考核标准，抽调专业人员进行考核，考核结果与干部使用直接挂钩。对年终考核排名靠前的县（市、区），给予通报嘉奖，对排名靠后的县（市、区），全省通报并对主要领导进行约谈；连续两年排名靠后的，按照有关程序对主要领导进行调整。

（11）实施激励政策。加大"以奖代补"力度，每年认定一批美丽乡村，数量上不设名额限制，凡是达到省定标准的村均予以奖补，并对村"两委"班子给予适当奖励。对实绩突出的乡镇党委书记、乡镇长分别给予专项工作奖。

（12）营造良好舆论氛围。各级宣传部门和新闻媒体要通过多种有效形式大力宣传美丽乡村建设的重要意义、总体要求和主要任务，统一干部群众思想认识，引导工作深入广泛开展。要充分发挥电视、广播、报刊、网络等主流媒体的作用，通过开辟专栏、组织专访等形式推出一批典型，推广成功经验，努力打响美丽乡村建设这一品牌，形成全社会关心、支持美丽乡村建设的良好氛围。

第二十三章

福建省长汀县水土保持治理促发展

郁郁葱葱的长汀县河田镇（黄海 摄）

一、基本概况

长汀县地处福建西南部闽赣交界区域，为武夷山脉南段，贯穿全境的汀江塑造了长汀中部盆地地貌，形成了长汀县丘陵分布于山地边缘和盆谷周围独特的地貌。这种特殊的地貌形态造就了长汀县的山地坡面在自然力作用下极易产生水土流失的现象，而且坡度越陡，就越容易造成水土流失。

长汀县生态环境恶化更深层与主要的原因还是历史人文因素。长汀从唐代开元年开始，至民国初年一直是闽西的政治、经济和文化中心。这多少也给自然环境带来不少压力。不过直到民国初年水土流失才猛烈发生，土地严重退化。以河田镇为例，河田在百年前是个山清水秀的山村，但是近百年来由于接连遭遇封建宗派山林纠纷以及国民党反共"围剿"导致森林植被的严重破坏，导致水土流失的发生。到20世纪40年代，河田水土流失已经非常严重。自1940年福建省研究院在长汀河田设立"土壤保肥试验区"以来，长汀县水土流失治理已经跨过70多年的风风雨雨，在这过程中，有过成功，也有过失败，不过最终还是走上了蓬勃发展的道路，成为南方水土流失治理的一面旗帜。

2001年，习近平同志在长汀县河田镇亲植的香樟树如今已郁郁葱葱（黄海 摄）

二、发展模式

（一）"三个结合" 完成一种创举

长汀水土保持的创新从两个方面推进，一是"大封禁"与"小治理"；二是运用"反弹琵琶"的思维创新理念和技术。两个方面的创新模式将水土保持与生态保护、经济发展和新农村建设结合起来。

"大封禁"就是对水土流失区实行封山禁采禁伐，通过封育保护治理，依靠生态自我修复能力，恢复植被。"小治理"就是对侵蚀特别严重的小部分水土流失剧烈区辅以人工治理，通过撒种、补植、修建水平沟、治理崩岗等生物或工程措施，为生态修复创造条件，加快植被恢复速度。"大封禁，小治理"，是与当地生产力发展水平相适应的最优水保选择。"大封禁"，手段简单，容易理解和执行；"小治理"，是因为群众自有财力和地方公共财政能力有限而采取的阶段性措施。

封禁要有堵有疏，否则封禁就难以长久。"堵"就是禁止群众上山砍柴，"疏"就是给群众烧柴以出路。当年，省里每年补助群众烧柴经费和苗木补助基金 50 万元，先在河田试点，慢慢扩大到所有项目区乡镇。到 2000 年，项目区内农户烧煤球每个可得 4 分钱煤票补贴，每户定量每天 5 个煤球。"疏"的另一个办法，就是通过政策引导群众建沼气池，每口可得 680 元补贴，约占建设成本的一半。仅在河田水土流失区，农户就建沼气池 2463 个，1.3 万户居民告别做饭烧柴草的传统方式。

治理水土流失成就生态美、百姓富。图为游客在长汀县三洲镇万亩杨梅基地采摘（黄海 摄）

"反弹琵琶"是长汀科学实施水土保持的独特创造,是根据植被从常绿阔叶林—针阔混交林—马尾松和灌丛—草地—裸地的演替规律,按不同坡地水土流失的程度进行逆向综合治理。露湖强化治理片区是"反弹琵琶"治理的一个典型。这里地处河田镇朱溪河流域,属强度、极强度水土流失区,面积28345亩。采用等高草灌带种植法、小穴播草种植法治理,由易到难,最终长出了草、灌、乔混交群落,面积达2579亩。"草牧沼果"是长汀人的另一种尝试。以草为基础,沼气为纽带,果、牧为主体,形成植物生产、动物养殖与土壤改良三者链接的良性物质循环和能量转化系统,从而达到治理水土流失、抑制乱砍滥伐、增加农户收入的目的。据不完全统计,全县已建设沼气池6800多口,覆盖了近20%的农户;全县10年新增果业面积近4万亩,植被覆盖率由30%提高到75%。这一做法是顺应自然规律的治理模式,尤其适用于极强度的水土流失区。

长汀水土流失区建成国家湿地公园(黄海 摄)

(二)"治山"与"治穷"并举

创造条件多方吸引社会资本。县里采取拍卖、租赁、承包等方式,建立山林权流转制度;规定山林经营权一定30年不变,每亩租金在28元以下;对项目区种果给予种苗、肥料、蓄水和抚育管理补助,且免交管理与生活用建筑的各种费用;路网统一由政府组织施工,无偿提供业主使用;建立开放式、多元化博士生工作站,为高校、科研单位提供实践平台和应用基地,提高治理科技含量。创新的效果出来了,满山翠绿,给农民创造了新的就业机会,调整了产业结构,

治理水土流失成就生态美、百姓富。图为长汀县三洲镇林农种植杨梅喜获丰收（黄海 摄）

农民收入由20世纪90年代的500多元增长到现在的5000多元。农民看在眼里，喜在心头。

矢志不移推进水土流失治理，为福建生态文明建设书写了浓墨重彩的篇章。以对人民群众、对子孙后代高度负责的态度，福建省委和省政府加大力度，攻坚克难，全面推进生态文明建设，努力探索"百姓富"与"生态美"有机统一的永续发展路径。

（三）政府发挥中流砥柱的作用

长汀的水土流失状况得到历届省委、省政府的高度重视，1983年时任福建省委书记的项南同志就曾写下《水土保持三字经》，亲自指导督促长汀的水保工作。从2000年开始，福建省在财政并不富裕的情况下，每年给长汀县安排1000万元的专项治理经费，从而拉开了长汀大规模治理水土流失的序幕。习近平同志任福建省省长时也曾多次给予重点关注，对于长汀县的治理予以大力支持并加以监督。提出"一任接着一任，锲而不舍地抓下去"，推动省里专门成立水土保持工作领导小组，由省委书记、省长亲自担任组长，省领导、省直部门和协作单位、经济较发达县（市、区）挂钩帮扶水土流失治理重点县。多年来，习近平同志不断叮嘱要认真总结推广长汀治理水土流失的成功经验，加大治理力度、完善治理规划、掌握治理规律、创新治理举措，全面开展重点区域水土流失治理和中小河流治理，真正使八闽大地更加山清水秀，使经济社会在资源的永续利用中良性发展。

在长汀县，打造"长汀经验"升级版，让生态助力发展已成为全县上下的共识。长汀人认识到，经过多年治理，长汀的植被覆盖率大大提高，在巩固以往治理成果的基础上打造"长汀经验"升级版，努力向"进则全胜"的方向迈进。本着这样的思路，长汀县紧紧围绕发展主轴，加快汀江生态经济走廊规划建设，生态人居、生态环境、生态经济、生态文化、生态制度等五大体系建设工程加快实施，长汀百姓正从生态保护和生态建设中越来越多地受益。

（四）有效的激励制度

在全国率先开展集体林权制度改革，较早推行流域上下游生态补偿机制，在财政资金使用上推行"以奖代补"，实行领导干部环保"一岗双责"制度。近年来，一系列生态文明建设的创新举措在福建接连出台。唯 GDP 的政绩考核办法正式成为历史，福建取消对 34 个限制开发区域县（市）的地区生产总值考核，改为实行农业优先和生态保护优先的绩效考评方式，政绩考核"指挥棒"越来越绿。

让绿色赶走贫困，绿色才永不褪色。在长汀，生态农业、旅游开发、生态工业等蓬勃发展，良好的生态正成为长汀经济发展的"金山银山"。2012 年起，每年向包括长汀在内的 22 个水土流失治理重点县投入的水保专项资金成倍增长；2013 年，水土流失的治理重点在全国率先从县延伸至乡镇；2014 年，治理重点进一步延伸到建制村，一批让群众望得见青山、看得见绿水、记得住乡愁的水土保持生态村犹如星星之火，在八闽大地呈燎原之势。原计划"十二五"末期全省完成水土流失治理面积 900 万亩的目标，2014 年已超额完成（完成治理 941 万亩）。

2016 年，福建的森林覆盖率达 65.95%，连续 36 年居全国第一，也是全国唯一水、大气、生态环境指标均为优的省份，"清新福建"的金字招牌愈发闪亮。"生态兴则文明兴，生态衰则文明衰"。曾经饱受水土流失之害的长汀现已成为山海画廊、人间福地，散发出更加迷人的魅力，实现人与自然的和谐共处。

长汀水土流失区治理前后对比

三、总结与思考

习近平总书记指出:"要正确处理好经济发展同生态环境保护的关系,牢固树立保护生态环境就是保护生产力、改善生态环境就是发展生产力的理念。"从千里赤地到绿满汀江,长汀人民的水土流失治理之路,其实质就是尊重自然规律、经济规律,尊重群众意愿的改革创新、科学发展之路。"滴水穿石,人一我十",长汀坚持"政府主导、群众主体、社会参与、多策并举、以人为本、持之以恒",形成了一整套有效的做法与经验。30年来,长汀累计治理水土流失面积162.8万亩,减少水土流失面积98.8万亩,森林覆盖率由1986年的59.8%提高到2012年的79.4%,治理区植被覆盖率由15%～35%提高到65%～91%,实现了"荒山—绿洲—生态家园"的历史性转变。

第一,生态环境恶化的客观情况与人民群众主观意识的提升促进了当地的发展。长汀县农民长期砍林烧柴的习惯,是导致水土流失的主要原因。"山光、水浊、田瘦、人穷"是长汀以河田为中心的水土流失区生态恶化、居民贫困的真实写照。随着政府宣传力度的加强,居民主体意识不断提升,认识到环境与自身利益的密切相关,不再甘心受困于现状,积极响应政府号召,同水土流失抗争到底。

第二,政府主导与社会参与为发展提供保障。政府在治理水土流失问题上应发挥其调控、监督、激励、投资等主导作用,引导社会广泛参与,"由一变十"实现全民治理。政府积极倡导、全力推动长汀水土流失治理,把生态优势转化为经济优势,让良好生态造福子孙后代。建设生态文明是关系人民福祉、关乎民族未来的大计。

第三,产权明晰助力生态改善。在产权利用上,长汀县推进个人承包、联合承包、租赁、拍卖等四种模式的同时,还建立山林权流转制度,对未治理而群众又不治理的水土流失地,政府收回经营权,重新发包。产权明晰后带给长汀多渠道、多层次、多元化投资治理的良好局面,同时有效提升经济效益,良好带动了群众积极性,对于水土保持工作的展开形成可持续性。在明晰产权的同时要做到投入少产出多,治理水土流失与治穷相结合,与调整产业结构相结合,与绿色产业相结合,与增加农民收入相结合(高云才,2010)。

第四,较高的民众参与率为当地生态的改善提供了重要人力资源。广泛的群众基础是长汀治理水土流失成功的重要因素之一。因此,改善生态环境机制建设的核心,就是要尊重百姓的主体地位和意愿,并切实保障百姓的利益,例如长汀借助农村四荒拍卖或租赁的方式,实现村民的主体地位,从而加快治理水土流失的脚步，是开源节流的有效措施之一。

第五，科学技术的提高与推广助推生态与经济的发展。长汀县在治理水土流失过程中开创性地运用"反弹琵琶"技术，按不同坡地水土流失的程度进行逆向综合治理。此项技术的运用极大地推动了长汀生态改善与发展。但是长汀在水土保持预测预报领域、高新技术在水土流失治理中的应用等方面仍是制约其水土流失治理的瓶颈。因此，今后长汀县应该大力推广"3S"等先进技术在水土流失治理中的应用，不断提高治理效率。另外，应该加强科学技术知识的普及，对一些实用的技术，通过现场示范或者集中培训传授给农民，把技术转化为生产力。此外还应注重加强对外交流。

第六，政府政策的综合供给程度的提高给予有利的制度保障。长汀县一方面整顿稀土矿点采石场，捣毁非法矿点，治理废弃矿山，迅速恢复被破坏的山体植被；另一方面加强气象观测、水文控制和土壤监测网络的建设，从政策到机制上探索符合南方水土流失治理的新路子，并重点处理好预防与治理、局部与整体、近期与长远的利益关系，从而使生态环境大为改善。因此，政府应全方位、多角度制定政策机制，为生态改善提供有效的制度保障。

第二十四章

福建省三明市森林资源发展

福建省三明市三元区格氏栲自然保护区原始森林（三明市林业局 鄢金灼 摄）

一、基本概况

森林创造了三明的历史与文明，见证了三明的兴衰。三明通过不断丰富经济发展和生态保护之间的辩证关系，将进一步实践"绿水青山就是金山银山"理念，促进森林资源的保护与开发。

（1）森林资源发展成效。三明市森林资源丰富，是全国南方集体林区综合改革试验区，享有福建"绿色宝库"的美誉，2016年，全市森林面积2646.1万亩，森林覆盖率达76.8%，活立木蓄积量达1.65亿立方米，林木平均蓄积量列全省第一，森林资源总量和主要林产品产量均占全省的1/4，是全国重点林区。三明市被誉为"中国最绿省份的最绿城市"，"十二五"期间，全市造林绿化面积304万亩，建有国家级林木良种基地3处，建成速生丰产林基地475万亩、短周期工业原料林基地103万亩；建成国家木材战略储备基地99万亩，制定了全国首个《国家木材战略储备基地地方规范》。

（2）森林资源分类保护。建立生态公益林管护新机制，全市730万亩生态公益林管护责任全面落实。探索重点生态区位商品林赎买机制，永安市、沙县已

福建省三明市大田县屏山乡生态茶园（三明市林业局 鄢金灼 摄）

福建省三明市大田县秦朝木业（三明市林业局 鄢金灼 摄）

试点赎买 3.2 万亩。落实天然林商业性停伐、补偿和协议管护制度。实施生态修复工程，五年来完成"两沿一环"重点区位林分修复 16 万亩。

（3）森林创造美好环境。2016 年，国家林业局授予三明市"国家森林城市"的称号，全市各县（市、区）均被认定为省级森林城市。全市绿化覆盖率 41.5%，创建绿色乡镇 42 个、绿色村庄 819 个，完成绿色屏障绿化 49 万亩，主要交通干线道路绿化率达 95% 以上。三明市建成城市绿道 295 公里，成为生态健康步道、生物多样性廊道、旅游景观通道、森林文化走廊。全市有国家级自然保护区 5 处、省级自然保护区 6 处、保护小区 666 处，国家湿地公园 1 处。

福建省三明市三元区格氏栲自然保护区吸引游客驻足（鄢金灼 摄）

福建省三明城市绿道（三明市林业局 鄢金灼 摄）

二、发展模式

森林见证了"绿水青山"的价值，"靠山吃山"的实质是利用森林资源发展区域经济，遵循自然条件，立足区域"八山一水一分田"的特点，发挥森林效益。在资源增长的基础上，把"绿水青山"资源，转化成三明可持续发展的"摇钱树""聚宝盆"。

（一）森林推动产业发展

2016年全市林产工业产值704.14亿元，其中规模以上产值688.52亿元，经济规模居全市各产业之首，排名全省第二；林产工业实现增加值165.56亿元，占全市19.6%份额。全市规模以上林产加工企业454家（其中年产值亿元以上150多家），拥有国家级林业龙头企业5家，国家级农业龙头企业2家，省级林业（农业）龙头企业45家，高新技术企业10家，省级创新型企业8家，现有永安林业、青山纸业、金森林业、春舞枝花卉等4家林业类上市公司。全市形成了以木竹精深加工为主、品种上千、门类齐全的产业体系。2016年，全市生产各类人造板352.56万立方米，集成材和指接板86.37万立方米，家具家居用品195万件，木竹地板796万平方米，纸浆31.47万吨，纸及纸制品57.97万吨。全市拥有中国名牌产品1个、中国驰名商标9个、省级品牌86个，居全省同行业、全市各行业之首。大田广联木业、福建森美达生物科技被列为国家林业标准示范企业，永安林业（集团）股份有限公司的高性能低密度纤维板工业化生产技术获得第三届中国林业产业创新奖，福建和其昌竹业股份有限公司通过把竹"变"木，实现华丽转身，成为全国最大的竹集装箱底板生产企业之一。

（二）森林推动产业链的延伸

三明市林下资源丰富，特别是竹林、油茶林面积居全省前列，竹笋、茶油、食用菌、林果、山野菜等森林食品加工原料充足。2016年，全市生产笋制品28.98万吨，茶籽油9427吨。以林产化工传统的松香、松节油等为基础，开发松脂、松香、松节油等同一产业链精深加工产品，提升产品质量，提高附加值。2016年全市松香、松节油及其系列加工产品11.96万吨，木材热解类产品10万吨，其中活性炭4.81万吨。2016年，全市生产紫杉醇等药用油800公斤，杉木油、桉叶油等香料油系列5.8万吨。利用下脚料、木竹屑、树根、笋壳等林业"三剩物"，生产生物质燃料（油）、精细化学品、中间体、香料香精等，使农林材料物尽其用。目前，全省首个农林废弃有机物资源化利用示范产业园落户泰宁。

（三）森林激活林业产业活力

做大苗木花卉产业，建立珍贵绿化（观赏）苗木、优质鲜切花和盆景、药用植物、盆栽花卉培育基地，辐射带动发展和推进国家林木良种基地建设，建设杉木三代、马尾松二代等主要造林树种高世代种子园和红豆杉、闽楠、厚朴等珍稀树种母树林种子生产基地。2016年，全市种植面积28.9万亩，生产经营企业334家，专业合作社105个，从业人员34万余人，总产值达66.2亿元。提高林地利用率，大力推进以林药、林菌为重点的林下经济示范基地建设，着重推广"公司＋基地＋农户"模式，鼓励林农、企业联合经营，降低风险。以维护生态安全为前提，以促进农民增收致富为目的，实现绿色环保共赢，推动林下经济科学发展。2016年，全市林下经济经营面积334万亩，实现产值110亿元，初步形成"一县一品"发展格局。永安市、泰宁县、明溪县被确定为全国林下经济示范基地。开发旅游资源，全市依托森林景观资源建立省级以上森林公园25处，经营面积2.5万公顷，其中国家级森林公园6处，经营面积1.2万公顷，省级森林公园19处，经营面积1.2万公顷；发展"森林人家"73家，其中三星级以上58家。2016年全市森林旅游接待游客235万人次，实现收入1.86亿元，其中森林公园接待游客189万人次，实现收入1.16亿元。

三明市森林覆盖率虽然很高，资源丰富，但森林质量与国外比较还有较大差距，林地生产力还未得到充分发挥，总体经营处于较低水平，还存在林产加工产

福建省三明市大田县林菌种植（三明市林业局 鄢金灼 摄）

福建省三明市梅列区陈大大泾材培育基地（三明市林业局 鄢金灼 摄）

业、非木质利用产业、林业新兴产业未形成品牌效应、支撑与带动作用不强等问题，"绿水青山就是金山银山"的巨大潜在价值还有待于进一步挖掘。

（1）资源培育措施传统化。与国内较好省份比较，单位亩蓄积量比四川省低 2.50 立方米、比吉林省低 1.11 立方米。主要表现在缺乏适地适树栽植，如杉木大面积栽植在三类及以上立地，造成生长量较低，部分成为低效残次林或小老林；树种结构不合理，长期以来以杉、松木为主要造林树种，造成树种组成单一，针叶化严重，针阔比例失衡；人工针叶纯林的与日俱增，影响了生物多样性的发展，导致林业有害生物危害频发，对林分生产力构成不良影响；森林抚育采伐不到位，长期以来人们受传统的以取材为目的的经营思想影响，对抚育采伐的重要性认识不足，加上因抚育采伐成本高、收益少，且技术要求高、采伐强度难以掌握等，造成了林农不愿意进行抚育采伐的现象。

(2) 品牌效应滞后。产业链短，中间产品多、资源型产品多、粗加工产品多、产品档次较低、科技含量低；产业大而不强，产业层次较低，落后产能庞大，竞争力不强，尤其是人造板质量参差不齐，规模以下企业多，高新技术企业少；加工原料紧缺，一方面受采伐政策影响，商品林产量急剧下降，另一方面从省外国外购进采购半径大，运输物流费用居高不下，企业经营成本上升。由于国际市场不景气，出口导向型的木材加工类企业产品库存大量积压，很多处于停产半停产状态，甚至处于破产清算的边缘或破产倒闭。

(3) 创新活力不足。资源利用率低，在众多的非木质资源中，进行商品化生产的资源为数不多，新产品开发水平低，产品品种较单一；创新能力弱，多数企业更重视生产，满足于传统生产模式，不重视技术创新和人才培养，缺乏创新的良性机制，自我发展能力处在较低水平；市场体系不健全，全市没有建立起专业交易市场，造成生产与市场脱节，使市场机制在资源配置中的应有作用难以有效发挥。

(4) 产业缺乏龙头带动。产业组织水平不高，相关专业化组织发展较缓慢，由于市场信息不灵通，产业发展存在着一定的盲目性，经营效益得不到保障；龙头企业领军能力不强，涉及新兴产业的龙头企业数量少、实力偏弱，林下经济缺乏相关品种的龙头加工企业，苗木花卉、森林旅游没有有效整合并形成产业优势，市场竞争力不足；政策扶持力度不够，在产业规划、基础设施建设、发展政策等方面的扶持明显不足，无法实现良好效益，政府的扶持政策很大程度上影响着林业新兴产业是否能发展壮大。

福建省三明市清流县国兰组培中心（三明市林业局 鄢金灼 摄）

福建省三明市清流县鲜切花基地（三明市林业局 鄢金灼 摄）

(5) 生态效益滞后。各地在加强生态保护过程中，由于关停木竹加工企业和划定县级公益林等举措，村组经济面临减收，而福建省林农实际到手生态公益林补偿金为 15 元/亩，补偿标准虽属全国前列，但与林农为保护生态而牺牲的经济利益相比仍有较大差距，甚至部分地方的生态公益林并未享受到中央和省里的生态补助，严重影响林农的积极性。三明市现有重点区位商品林 195 万亩，目前赎买价格 3000～5000 元/亩，省财政仅对试点单位永安市补贴 1000 元/亩，其他各县（区）赎买资金需自筹，县（区）财政压力大。

三、总结与思考

习近平总书记指出："我们既要绿水青山，也要金山银山。宁要绿水青山，不要金山银山，而且绿水青山就是金山银山。"这一绿色发展理念，要求在落实国家生态文明试验区各项任务基础上，把森林资源的培育、保护与利用进行科学结合，利用生态优势，依据自然条件与现实资源，走出一条符合三明实际、符合群众利益的绿色化、高质量发展路子，实现生态环境保护与地方社会经济发展共赢。

（一）创新林业机制

(1) 加大金融支持力度。推行林权按揭贷款、林权流转支贷宝、林业互联网金融 P2P 等林业金融新品种，做到不同树种、树龄与相应金融产品对接全面覆盖。扩大林权按揭贷款规模，稳步推广普惠制林业金融，健全风险防控体系，简化贷款流程，满足林农、林企和经营主体的资金需求。

(2) 培育新型林业主体。要在全市推广沙县、尤溪等地的做法，在产权清晰和林农自愿的前提下，大力发展林业专业合作社、家庭林场、股份林场，鼓励发展"公司＋基地＋林农"经营模式，探索发展林业托管模式，鼓励发展林业经营专业大户等新型林业经营主体，提升经营主体经营管理水平。

(3) 推动林权流转交易。积极推进林地所有权、承包权、经营权"三权分置"改革，赋予林地实际经营人相关方面的权能，促进林地经营权流转。加快三明市林权交易中心运营，加强各级各部门的协调配合，按照市场化运作模式，开展林权标准化交易。

(4) 有序推进商品林赎买改革。针对重点生态区位商品林限伐与落实处置权的矛盾，探索通过政策性或商业性收储重点区位商品林，通过置换、赎买、租赁、入股、提升改造等多种形式协调林农利益与生态保护的矛盾，森林资源补偿费县级分成资金可优先用于赎买改革，逐步建立财政资金引导、政策性金融支持、社会资本参与的多元化融资模式。符合条件的森林根据情况分别纳入保护区、森林公园、国有林场、国家储备林建设范畴，进一步优化生态公益林布局。推广永安市做法，将赎买的重点生态区位商品林逐步培育为阔叶树占主导地位的复层异龄林，切实增加生物多样性，增强生态功能。

（二）科学经营森林资源

(1) 落实分类经营管理。完善公益林、重点生态区位商品林的认证工作，科学编制森林分类经营方案，改革和完善森林、林木采伐管理制度，在明晰产权和森林认证的基础上，通过对各类森林实行不同采伐管理体制来管理生态公益林、重点区位商品林和天然林，放活商品林的采伐管理。构建可精准提升森林质量的多功能森林经营可行技术体系。

(2) 加强林木良种培育。在经营好杉木三代、马尾松二代等主要造林树种高世代种子园的情况下，加强主要造林树种的良种选育工作，通过筛选优良个体和培育无性系苗木等措施，加快改良林木主要造林树种的良种应用，培育具有自主知识产权的新品种，促进种苗科技发展，改变目前良种基地的树种、类型结构不尽合理的现象，种子园几乎全是杉木、马尾松，其他树种除了少量采穗圃外，就是采种基地，质量难以保证，严重制约了良种推广造林的进程。

(3) 加大森林抚育力度。推广永安全国森林可持续经营经验，推进定向定株培育、低产改造、国家木材战略储备基地建设等工作。推广施肥抚育措施，促进全市140万亩低产低效林分恢复速生丰产能力。大力实施抚育间伐，通过国有林场建立抚育间伐示范片，探索出一套适合三明市实际情况的低产低效林改造措施，包括森林抚育间伐、补植营造针阔混交林、封山育林等，全面提升森林经营质量。

(4) 重视大径材培育。推进择伐政策，鼓励国有林场、采育场、大型木材加工企业原料基地，以及规模较大、管理规范的社队林场等单位进行大径材经营，对立地条件较好的林分进行强度疏伐，提高林分蓄积量；通过建立择伐示范片，推动大径材培育模式。

（三）创建产业品牌

(1) 延伸林木加工企业产业链。在巩固和发展现有木业龙头企业的基础上，确保林木资源充分、有效、合理利用，以木竹生产基地为核心，着力引导林木加工企业延伸其加工产业链，用足用活林业贷款贴息政策，推动一批林业产业龙头企业做大、做强、做优，发挥集约作用，应对市场竞争。如集中扶持永安充分整合本市及周边县（市）丰富毛竹资源，围绕如何把"竹"变"木"，加强与高等院校和科研院所合作，对高端竹材产品进行研发，运用先进工艺技术，把目光紧紧锁定在生产竹木复合集装箱底板这一市场前景巨大的高新领域，打造永安竹木复合集装箱底板核心生产基地。要大力开展林业产业招商，积极对外宣传招商引资优惠政策和林木资源优势，鼓励民营资本参与林产品加工业，积极引进外埠林木产品深加工企业入驻，助推生态林业产业发展。

(2) 扶持林下产品加工企业。结合深化集体林权制度改革，积极争取国家和省里的政策，加快培育和引进龙头骨干企业。以林农产品加工龙头企业、国有林场、专业合作社、林下种养殖大户为典型引带，推广"公司＋基地＋农户"发展模式，大力推进林农、林禽、林药、林菌复合经营模式，引导和鼓励发展林下种植、养殖和林间采集加工产业，大力发展金线莲、草珊瑚、黄精、红豆杉、铁皮石斛和红菇、灵芝等林下种植、采集产业，以及大力建设林下养殖示范基地。

(3) 培育林业特色品牌。加强林产品知名商标、品牌以及电子商务建设，支持龙头企业申报驰名商标、名牌产品。鼓励主产区申报名特优经济林地理标志，提高社会知名度。整合同一区域、同类产品的不同品牌，集中打造优势品牌，增强品牌效力。如明溪的红豆杉、淮山，清流的赖坊花生，永安的笋干。发展林业现代物流业，推进林业产业化经营，不断提高效益。加强林业标准化制度建设，完善主要林产品质量认证体系，建立森林及林产品认证制度，推动建立林产品生产、经营、加工来源合法性认证机制。

(4) 科技支撑林业产业化发展。加强与南京林业大学、北京林业大学、福建农林大学、中国林科院等高校及科研院所的产学研合作，尤其要充分利用北京林业大学南方林区（福建三明）综合实践基地和三明林业产业院士专家工作站平台，发挥三明学院地缘与人才优势，结合三明市实际情况，在集体林权制度改革、森林经营抚育、林业产业发展、林木种苗繁育等方面开展合作。系统整合三明市林业科技部门人才技术优势，加强技术集成与成果转化，尽快形成一整套过硬的实用项目库和专家人才库。

（四）发挥森林生态效益

(1) 做强森林休闲康养旅游。依托得天独厚的自然和生态资源优势，延长生态链条、放大特色经济林产业综合效应，着力推动现代林业、乡村旅游、美丽乡村融合发展，要以6个国家森林公园、13个国有林场为依托，制定森林公园开发建设和森林旅游业发展规划，加快建设、完善旅游交通基础设施以及"食、住、游、购、娱"等相应旅游配套体系，积极对外招商引资，把森林公园和森林旅游开发建设纳入"大旅游"范畴，形成旅游市场一体化、集团化，打造森林休闲康养品牌，推进森林康养与休闲体验、文化创意融合，全面提升森林康养基地服务

福建省三明市清流县赖坊樱花节（三明市林业局 郜金灼 摄）

水平，尽快形成了一批集生态观光、乡村旅游、民俗观赏、农事体验、农产品销售、农家乐餐饮等功能为一体的特色旅游村、乡村驿站精品景区景点。同时要重视国家农产品地理标志产品认证的特色林业产品的申报工作，为农村群众带来新的商机。

(2) 发展苗木花卉产业和珍贵树种。把苗木基地建设作为造林绿化的基础核心工程，通过选择地力好、林床宽、易管护的林带，实施林苗间作，实现林业长短期效益的有机结合；选择有苗木繁育基础、交通便利的区域大力发展园林绿化苗木；选择对育苗有积极性，种植花卉有经验和特长的农户发展苗木和花卉种植基地。通过龙头培育、市场开拓、品牌打造，推进苗木花卉产业化大发展。以领先的发展优势，加大本地珍贵树种的培育力度，以创新思路强化举措，加强与完善珍稀树种的培育和"管、抚"机制。宣传引导因地制宜，适地适树，严把种苗质量关；采取高度集约经营的措施，最大限度地发挥林地生产力；开展良种选育技术、良种种苗快繁技术、定向培育技术等方面研究工作。提升森林质量，增加木材战略储备，帮助农民建设自己的"森林银行""绿色银行"，促进农民林业增收。

(3) 扶持林业新业态发展。充分发挥中国林业产业联合会林业电子商务分会的作用，以春舞枝、林品汇、云竹科技等一批电子商务企业为龙头，带动更多的企业"入网触电"，占领林业电子商务发展的高地。积极推进碳汇林业，借鉴永安碳汇基金经验，促成市政府与中国绿色碳汇基金会合作，适时成立"三明市碳汇专项基金"，倡导全市企业、组织、团体和个人参与以积累碳汇为目的的植树造林和森林经营等活动，进行碳汇信用投资。

(4) 推动森林文化发展。围绕以城市森林文化、湿地保护文化、森林旅游文化为代表的生态文化建设,组织开展生态文化领域理论研究,推动森林文化成果应用于实践;宣传生态文明理念,普及生态文化知识,传播绿色生产、低碳生活方式,引领绿色消费;繁荣森林文化产业,丰富森林文化产品,开展森林文化领域的国内外合作交流,努力形成较为浓厚的生态文化氛围。

(5) 完善生态补偿机制。建立稳定投入机制,积极争取中央和省级资金支持,统筹市、县两级相关专项资金,综合考虑不同主体功能区生态功能因素和支出成本差异,切实加大对限制开发区域、禁止开发区域特别是重点生态功能区的财力支持力度。对不同类型、不同领域的生态保护补偿资金进行统筹整合,加大对重点生态保护区域的补偿力度,争取中央、省级财政逐年提高生态公益林补偿标准,且每年拨出专项资金用于重点区位商品林的赎买收储,使"绿水青山"的保护者有更多获得感。

森林造就"绿水青山",给人们一个美好的生存环境,合理保护与利用森林资源,森林将一直养育人们,不断推动人类文明的进步。森林孕育了人类文明,然而人类在文明进程中因不断毁灭森林资源,导致人类生存环境恶化,如荒漠化、沙漠化与石漠化等,使人类失去生存环境,甚至造成一些文明的消失。在我国历史上,楼兰古国与丝绸之路曾经具有良好的森林植被,在森林的呵护下创造自己的文明。但随着大量森林资源被毁坏,楼兰古国与丝绸之路文化也一同在森林毁灭中消失。在近代也有事实案例展现了森林资源对人类生存的影响。20 世纪 50 年代末期,由于在全国范围内对森林大面积的破坏,不但引发了多年旱涝相连的自然灾害,还导致有些地方出现沙漠化与石漠化,环境至今难以恢复。历史上森林资源的变化,给福建省三明市森林资源开发与利用很好的启示和思考,印证了"绿水青山就是金山银山"。

第二十五章

结　语

福建省三明市将乐国有林场生态公益林（张建群 摄）

本书实践篇对浙江、云南、黑龙江、山西、陕西、河北、福建七个省份较典型的案例进行分析，从实践上证明了两山理论的关键价值和重要意义。上述七省代表了我国资源与经济都较好、资源好经济较差、资源较差经济较好、资源与经济都较差以及"冰天雪地也是金山银山"的各个省份，成功地将两山理论付诸实践。从七个省的案例中，可以总结出两山理论实践中值得借鉴和推广的模式，对其他省份生态文明建设具有重要的指导作用。本章首先对两山理论实践模式进行总结，并在此基础上，提出相应的政策性建议，并对两山理论实践的推广进行展望。

一、两山理论实践模式总结

（一）绿色种植产业模式

在资源比较丰富的地区，此种模式很具有代表性。比如浙江省安吉县的余村，其经济发展的支柱产业是以毛竹、茶叶等作物的深加工为核心的绿色种植产业。白茶在浙江地区具有一定的种植优势，良好的生态环境使得该地白茶的品质高、口感好，有利于品牌效益的形成，进而实现产业规模的扩大。利用毛竹进行的竹筷加工和竹酒生产具有产品新意，体现创新。产品的深加工，延长产业链条能帮助提高产品附加值，获取更多的经济效益。除了上述优势，绿色种植产业还可以实现在不破坏生态环境情况下的发展，因此能从根本上实现"绿水青山"与"金山银山"的结合，在保护生态环境的同时改善地区农户的生活水平。

（二）乡村旅游产业模式

这种模式是很多地方都会采用的发展方式，以浙江省临安市的白沙村为例，该村的主要产业就是乡村旅游业。乡村观光旅游产业是实现"绿水青山"向"金山银山"转化的最有效手段，农家乐是发展生态旅游业的一种有效形式。农家乐是以让久居城市的人深入农村，与优美的生态环境亲密接触，切实体验农家生活为目的而发展起来的一种旅游服务产业。发展乡村旅游产业需要拥有良好的生态环境与自然风光，白沙村气候宜人，多山多树，依托太湖风景区逐步形成了规模较大的乡村旅游产业发展群，带动了相关产业的发展，为当地村民提供了丰富的就业机会，增加了农户的收入，推动了地区基础设施建设工程，有利于实现地区经济的可持续发展。目前白沙村已经成为临安市乃至浙江省最大的农家乐度假村。白沙村发展乡村旅游产业的成功之处在于，该地充分发挥地区生态环境优势，直接将优美的生态环境转化为经济发展的动力，保证在资源环境不被破坏的同时实现经济的可持续发展。开发乡村旅游产业可对地区生态环境资源进行直接开发，并能在短时间内促进经济效益的增长。

（三）家庭经营模式

这一基本模式的形成是由当地的产业发展状况决定的。以云南省的利苴村的猪苓种植产业的发展为例，该地农户由于地形条件的阻隔很难实现联合，因此只能在政府精准扶贫政策的支持下开展家庭经营。家庭经营是以农户为核心的经营模式，农户是生产活动中的主体，可以根据自己的资金、劳动力数量等生产条件自主调节生产规模、自主决定生产，因此可以在很大程度上节约交易成本，提高效率。通过家庭经营模式，农户将多种产业相互结合，提高了对生态环境资源的利用程度，实现了综合效益的最大化。相对于农户自身而言，政府等外界因素的主要作用在于为家庭经营提供必要的生产要素，如资金、技术等，帮助农户发展生产以提高经济效益。在家庭经营的模式中，农户作为经营主体同时也是推进供给侧改革在农村扩展的主体。供给侧改革强调，通过改变人口负增长现状、提升人口素质可以促进家庭经营生产水平的提高，而在农村的具体实践就是提高农户利用和改造自然的能力与水平，从而充分落实两山理论的基本内涵，给农户带来更好的"金山银山"。

（四）"合作社＋NGO＋农户"经营模式

云南省玉龙县河源村的猪苓种植合作社就属于典型的"合作社＋NGO＋农户"的基本模式。在丽江健康与环境研究中心这一当地非政府组织的带领下，大部分农户实现了生产经营方面的联合，在保护当地生态环境的前提下，成立了猪苓种植合作社，实现了"绿水青山"与"金山银山"的统一。合作经营是以合作社等合作组织为核心进行生产经营活动的发展模式。合作社的成立需要大量农户的参与，并通过民主方式形成统一的决策组织，对合作社的生产发展进行领导。合作社中的农户有共同的发展方向和目标，农户通过合作社将生产要素集中起来统一调配使用，为合作社产业发展提供充足的资金及劳动力，农户的参与是合作经营的关键。由于目前我国农村经济发展水平相对滞后，农户知识水平较低，需要外界因素的指导与帮扶。非政府组织通过带领农户学习外地成功经验与失败教训,为农户提供对外交流的平台,引导农户进行传统产业的升级,这也是合作经营产生的重要前提条件。生产上的联合有利于优势资源的整合与利用,因此以合作社为生产经营主体在一定程度上会提高生产效率,提高资源的利用效率,促进农村地区将"绿水青山"转化为"金山银山",从而带动生产能力的提高,增强供给能力。合作社开展的新型绿色产业打破了传统农作物的种植格局,药材等经济作物种植的发展有利于农村地区的产业创新升级,促进了供给侧改革在农村地区的应用与推广。

(五)"企业+政府+合作社"经营模式

云南省玉龙县黎明村的旅游产业发展属于"企业+政府+合作社"的发展模式。一方面,世博旅游控股集团从丽江市政府手中获得开发老君山景区的权利,成立旅游公司;另一方面,乡政府为帮助当地农户有序参与旅游产业,成立生态旅游合作社;生态旅游合作社通过组织农户为旅游产业发展提供劳务派遣,从而形成了企业、政府、合作社合作发展的模式。在企业经营的发展模式中,企业占据主导地位,由企业自主进行投资,确定生产规模,安排产业发展路径与方向。政府为产业发展提供政策帮助,为企业经营提供良好的环境。企业同时作为发展模式以及供给侧改革的主体,对农村地区的经济发展起了至关重要的作用。企业产能提高和生产模式创新既是供给侧改革的要求,也是两山理论的要求。企业作为引导地区绿色发展的核心必须秉承着两山理论的基本理念,合理开发利用地区资源环境。

(六)自然或人工恢复并适度利用模式

对于生态环境状况较差、经济发展水平不高的地区,通常需要先进行人工或自然的生态恢复,得到"绿水青山",然后对资源进行进一步保护,并适度利用,逐渐让"绿水青山"带来"金山银山"。这种模式的难点在于:生态恢复成本通常较高,仅仅依靠农户或企业自身难以承担,鉴于生态恢复的正外部性,从效率与公平的角度出发,应通过政府补贴等政策,对生态恢复进行经济上的支持。当然,通过自然或人工恢复得到"绿水青山"后,还要结合生产要素、产品与服务市场状况来决定发展何种产业,从而实现收益的最大化,获得"金山银山"。

二、两山理论实践模式的推广

不同的产业以及经营主体对应着不同的发展模式。因地制宜地利用当地的资源环境和经济条件是发展模式形成的基础和关键。发展模式代表了一个地区在经济社会环境下的发展方向，发展模式的形成更需要依据当地的实际情况而逐步形成确定。在供给侧改革的前提下要将生态环境优势转化为经济发展优势必须把握观念、市场、产业、政府这四个维度的转变，只有这四种转变同时推进才能从根本上改变农村落后状况，实现"绿水青山"与"金山银山"的统一。

拥有具有良好发展前景的产业是模式建立的前提，一个绿色生态的新兴产业将为地区经济的发展带来生机与活力。只有具有明确的发展目标与方向，才能推进经营主体的参与加入，才会形成固定的发展模式。发展清洁生产与循环生产，提高资源的利用效率是产业转型升级的关键。将绿水青山与金山银山统一到一起最需要的就是产业的转型与升级，针对农村具体发展状况而言就需要开展经济作物的种植，建立生态立体的产业链条，提高综合收益，最终实现可持续发展。在将"绿水青山"转化为"金山银山"的过程中政府发挥了十分关键的作用。政府部门需要引导农户逐步走上资源节约型和环境友好型道路，这就要求政府职能转变，加强政府的服务作用，提高行政能力，加强对地区经济发展的扶持力度，为农村经济的发展及"绿水青山"向"金山银山"的转化提供良好的社会环境。推动地区经济发展需要综合开发利用自然资源，减少资源的污染与浪费。只有合理利用自然资源才能减轻经济发展给生态环境带来的压力，才能在守住"绿水青山"的同时也获得"金山银山"。要实现资源的充分利用就必须掌握一定的科学知识，运用现代科学成果，采用合理的经营模式，提高资源利用效率。从根本上来说只有实现村民思维模式的转变，只有用先进的发展方式让村民看到保护生态环境带来的好处，才能顺利地将"绿水青山"就是"金山银山"的战略构想转化

云蒸霞蔚大氧吧

为现实的生产力。

事实证明,"绿水青山"与"金山银山"之间的矛盾是可以化解的,要在保护生态环境的同时促进经济的发展就需要有卓越的战略眼光,选择环境保护型与生态友好型产业,为农村经济的发展提供一个全新的平台。比如在云南省的玉龙县分别存在家庭、企业、合作组织等主体为核心的发展模式。这些不同的发展模式都是针对各自地区的实际情况而产生的。农户之间联合程度较差,缺乏共同项目与合作基础的农村地区采用家庭经营模式;有外界企业介入,由企业主导经济发展的地区采用企业经营模式;农户合作化程度高,有明确的合作组织的农村地区采用合作经营模式。不同的发展模式有各自的优势及不足,发展模式代表了一个地区在发展过程中的特点以及未来的发展方向,因而在选择发展模式的过程中必须与当地的生产实际相结合。发展模式的不断优化与完善需要农户、企业、合作组织以及政府等主体的共同努力,解决在发展过程中产生的实际问题,最终实现劳动力、土地、资本等生产要素的合理利用,提高发展水平。

三、践行两山理论的障碍与制度启示

两山理论的提出主要是针对生态效益与经济效益、资源优势与资源利用、尊重自然与自然反哺之间的关系,并对新形势下中国经济的发展进行指导。目前中国经济发展的过程中存在着经济发展速度放缓的现象。在这样的关键时期要进一步推动经济的长足发展就必须进行产业的转型与调整,其中供给侧改革的实践尤为重要。推进供给侧改革在农村地区的拓展,改变农村传统的以消耗资源环境为代价的发展模式,既是供给侧改革的主要内容,也是两山理论的重要目标。两山理论的提出深刻揭示了地区生态效益与经济效益并不是对立关系,而是可以相互促进,共同发展的。地区经济的可持续发展依赖于良好的生态环境,而以尊重环境的态度将经济发展的成果用于资源环境的保护与治理,则会推动资源反哺,促进经济发展。因此要将经济发展水平推进到一个新的高度,就必须在两山理论的指导下将资源优势转化为经济优势,合理利用自然环境资源。

但是,两山理论在实践过程中,也存在着障碍,主要表现在:工业文明形成过程中的路径依赖;"劣币驱逐良币"普遍存在,利己主义当道、利他主义受制。为避免上述障碍,根据理论分析与实践经验的总结,政府应该重点从以下几方面创造践行两山的条件:首先,构建产品市场与要素市场;其次,进一步明晰农村产权;第三,创造吸引人才的机制;第四,加强科技扶持与推广;第五,丰富金融市场、加大资金的投入。除了政府加强制度建设外,各地还应将两山之路与绿色

福建省将乐国有林场经营总面积11.3万亩,跨9个乡(镇)28个行政村,森林总蓄积量114万立方米,森林覆盖率达93.5%(张建群 摄)

产业转型升级结合起来,充分调动各经营主体的积极性,创新发展模式。项目组通过剖析浙江、云南等多地实践探索,提出要坚持因地制宜利用当地的生态资源环境,探索适应不同产业和经营主体的生态友好型和环境保护型发展新模式,并将以两山理念来统筹生态建设的本质总结为"绿水青山就是金山银山"。相信在两山理念的指导下,我国的生态文明建设必将不断取得新的伟大成就。

参考文献

埃里克·诺伊迈耶. 强与弱：两种对立的可持续性范式[M]. 王寅通, 译. 上海：上海世纪出版集团, 2002.

陈天长. 绿色丰碑——长汀县治理水土流失纪实[J]. 红土地, 2012(3): 4-7.

戴桂林, 王雪. 我国海洋资源产权界定问题探索[J]. 中国海洋大学学报（社会科学版）, 2005（1）: 15-18.

戴维·罗默（David Romer）. 高级宏观经济学[M]. 王根蓓, 译, 上海：上海财经大学出版社, 2009.

杜伟, 杨志江, 夏国平. 人力资本推动经济增长的作用机制研究[J]. 中国软科学, 2014, 8: 172-183.

方虹. 我国资源产权及制度安排思考[J]. 北京市计划劳动管理干部学院学报, 2006, 14（1）:48-51.

冯春涛. 明晰产权关系吸引民间资本[N]. 中国国土资源报, 2016-04-07.

冯志峰. 供给侧结构性改革的理论逻辑与实践路径[J]. 经济问题, 2016（2）: 12-17.

高云才. 红到绿的辩证：福建长汀27年治理水土流失100万亩[N]. 人民日报, 2010-07-09.

龚刚. 论新常态下的供给侧改革[J]. 南开学报（哲学社会科学版）, 2016(2): 13-20.

郭存芝, 罗琳琳, 叶明. 资源型城市可持续发展影响因素的实证分析[J]. 中国人口·资源与环境, 2014, 24（8）:81-89.

郭志仪, 曹建云. 人力资本和物质资本对我国东、西部经济增长及其波动影响的比较分析[J]. 中国人口·资源与环境, 2008, 18(1): 133-138.

国家林业局"集体林权制度改革监测"项目组. 2015集体林权改革监测报告[M]. 北京：中国林业出版社, 2016.

韩瑞玲, 佟连军, 佟伟铭, 等. 经济与环境发展关系研究进展与评述[J]. 中国人口·资源与环境, 2012, 22（2）: 119-124.

胡鞍钢，周绍杰，任皓. 供给侧结构性改革——适应和引领中国经济新常态[J]. 清华大学学报（哲学社会科学版），2016, 31（2）: 17-22.

胡凯，吴清，胡毓敏. 知识产权保护的技术创新效应——基于技术交易市场视角和省级面板数据的实证分析[J]. 财经研究，2012, 38（8）: 15-25.

郇庆治. 社会主义生态文明观与"绿水青山就是金山银山"[J]. 学习论坛，2016, 32(5): 42-45.

宦建新. 从靠山吃山到养山富山——浙江省安吉县十年生态文明闯新路[J]. 科技日报，2015-05-03（1）.

黄朝武. 陕西省宁陕县——昔日打工仔 今朝林老板[N]. 农民日报，2010-10-25.

贾辉. 落实习近平总书记"冰天雪地也是金山银山"指示精神推进冰雪产业深度融合发展加快建设冰雪经济强省[N]. 黑龙江日报，2016-12-03(001).

李德煌，人力资本对中国经济增长的影响——基于扩展Solow模型的研究[J]. 中国人口·资源与环境，2013, 23(8): 100-106.

李胜兰，曹志兴. 构建有中国特色的自然资源产权制度[J]. 资源科学，2000(3): 9-12.

李天星. 国内外可持续发展指标体系研究进展[J]. 生态环境学报，2013, 22（6）: 1085-1092.

李维，杨蔚. 技术进步对经济增长的贡献分析[J]. 价值工程，2008, 27(6): 38-40.

李一. 习近平"绿水青山就是金山银山"思想的价值意蕴和实践指向[J]. 南京邮电大学学报（社会科学版），2016, 18（2）: 73-80.

李昭华，杨林燕. 产权制度与发展中国家生态资源贫瘠化：以南北贸易为中介变量的影响机制分析[J]. 国际贸易问题，2014(2): 74-85.

李志强，陈泽珅. 制度变迁与技术进步对中国经济增长的影响[J]. 经济与管理研究，2015(12): 11-18.

刘克亚，黄明健. 从资源产权制度论水土保持政策[J]. 水土保持应用科技，2004(5): 1-3.

刘雪燕. 技术进步对经济增长的贡献率研究[J]. 中国物价，2011(5): 68-72.

刘昱彤. 试论自然资源产权制度变革——自然资源特许使用之市场化制度构建[J]. 法制博览，2016(5): 178-179.

楼建明. 县域产业与生态协调发展的实践与思考[J]. 政策瞭望，2015 (5): 25-28.

罗良清，尹飞霄. 人力资本结构与经济增长——基于普通面板模型和门槛回归模型的实证研究[J]. 江西财经大学学报，2013, 2: 63-72.

骆荣君. 宁陕县林业生态与绿色经济发展思考[J]. 陕西林业科技，2015 (3): 117-122.

牛文元. 中国可持续发展的理论与实践[J]. 中国科学院院刊，2012, 27（3）: 280-290.

彭水军，包群. 环境污染、内生增长与经济可持续发展[J]. 数量经济技术经济研究，2006, 9: 114-126, 140.

彭斯震，孙新章. 全球可持续发展报告：背景、进展与有关建议[J]. 中国人口·资源与环境，2014, 24（12）: 1-5.

钱晓春. 供给侧结构性改革引领新常态[J]. 现代商贸工业，2016, 37(4): 17-19.

秦腾，陈曦，张铁英. 技术进步对经济增长影响的门槛效应研究[J]. 商业时代，2014(33): 39-41.

裘东耀. 绿水青山就是金山银山——湖州推动生态文明建设的生动实践 [J]. 政策瞭望, 2015 (9): 14-15.

单锦炎. 把绿水青山的生态优势转化为金山银山的发展优势 [J]. 政策瞭望, 2015, (10): 25-26.

沈满洪. "两山"重要思想的理论意蕴 [N]. 浙江日报, 2015-08-12(4).

石莹. 我国生态文明建设的经济机理与绩效评价研究 [D]. 西安: 西北大学, 2016.

孙敬水, 董亚娟. 人力资本、物质资本与经济增长——基于中国数据的经验研究 [J]. 山西财经大学学报, 2007, 29(4): 37-43.

孙淑军. 物质资本、人力资本投资对产出水平及经济增长的影响 [J]. 西安工业大学学报, 2012, 32(1): 62-67.

孙毅. 资源型区域绿色转型的理论与实践研究 [D]. 长春: 东北师范大学, 2012.

孙永强, 徐滇庆. 中国人力资本的再估算及检验 [J]. 中国高校社会科学, 2014 (1): 125-132.

唐承财, 钟林生, 成升魁. 旅游地可持续发展研究综述 [J]. 地理科学进展, 2013, 32(6): 984-992.

王灵. FDI、技术进步对经济增长的影响——中美比较 [D]. 杭州: 浙江大学, 2012.

王彦. 自然资源财产权的制度构建 [D]. 成都: 西南财经大学, 2016.

吴敬琏, 厉以宁, 林毅夫, 等. 供给侧改革引领"十三五"[M]. 北京: 中信出版社, 2016.

习近平. 之江新语 [M]. 杭州: 浙江人民出版社, 2007.

夏宝龙. 照着"绿水青山就是金山银山"的路子走下去 [J]. 政策瞭望, 2015 (3): 4-7.

徐佳奕. 湖南湿地资源资产产权管理体制改革的思考 [J]. 湖南林业科技, 2014, 41(2): 82-85.

徐康宁, 王剑. 自然资源丰裕程度与经济发展水平关系的研究 [J]. 经济研究, 2006, 1: 78-89.

严耕. 生态环境是双重生产力 [J]. 中国三峡, 2013 (11): 1.

严红枫, 陈毛应. 浙江安吉: 为美丽乡村建设提供指南 [J]. 光明日报, 2015-06-18(1).

杨发庭. 绿色技术创新的制度研究 [D]. 北京: 中共中央党校, 2014.

杨华武. 技术进步对经济增长的作用机制 [J]. 云南财贸学院学报(社会科学版), 2005, 20(2): 41-43.

余畅. 技术进步对经济增长的贡献研究——基于中国经济发展数据的实证研究 [J]. 岳阳职业技术学院学报, 2013, 28(2): 113-116.

张贵海. "冰雪产业与旅游发展"笔谈"冰天雪地也是金山银山"纵横谈 [J]. 知与行, 2016 (11): 156-158.

张磊, 王亮. 我国人力资本、物质资本与经济增长动态关系研究 [J]. 扬州大学学报, 2013, 17(1): 44-49.

张林. 人力资本、物质资本对西部地区经济增长的贡献——基于1995—2010年西部地区数据的索洛模型检验 [J]. 湖南社会科学, 2012, 3: 132-135.

张令娟. 资源产权制度对我国经济增长方式转变的影响分析 [J]. 中国管理信息化, 2013(12): 48-50.

张小雪, 陈万明. 中国人力资本、物质资本供给的联合内生结构与经济增长研究 [J]. 财贸研究, 2009, 20(5): 25-30.

张昭. 能源消费和技术进步对经济增长的影响研究 [D]. 长沙: 中南大学, 2013.

赵建军, 杨博. "绿水青山就是金山银山"的哲学意蕴与时代价值 [J]. 自然辩证法研究, 2015, 31(12): 104-109.

郑少忠 . 黑龙江：冰天雪地也是金山银山 [N]. 人民日报 , 2017-03-26(001).

中共河北省委 , 河北省人民政府 . 关于加快推进美丽乡村建设的意见 [RB/OL]. (2016-01-13)[2017-05-06]. http://www.sohu.com/a/54253836_119586

中国共产党第十八届中央委员会第三次全体会议 . 中共中央关于全面深化改革若干重大问题的决定 [M]. 北京 : 人民出版社 , 2013.

钟美玲 , 俞志 . 马克思主义人的需求理论及其当代意义 [J]. 长春理工大学学报 (社会科学版), 2015 (4): 39-42,47.

周圣强 , 朱卫平 . 产业集聚一定能带来经济效率吗：规模效应与拥挤效应 [J]. 产业经济研究 , 2013 (3): 12-22.

朱承亮 , 师萍 , 岳宏志 , 等 . 人力资本、人力资本结构与区域经济增长效率 [J]. 中国软科学 , 2011, 2: 110-119.

Al-Yousif Y K. Education Expenditure and Economic Growth: Some Empirical Evidence from the Gcc Countries[J]. Journal of Developing Areas, 2008, 42(1): 69-80.

Fay M, Hallegatte S, Bank W. Inclusive Green Growth : The Pathway to Sustainable Development Washington, DC. © World Bank, 2012.

Grainger C A, Costello C J. Capitalizing property rights insecurity in natural resource assets[J]. Journal of Environmental Economics and Management, 2014, 67(2): 224-240.

Grimaud A, Rougé L. Nonrenewable Resources and Growth with Vertical Innovations: Optimum, Equilibrium and Economic Policies[J]. Journal of Environmental Economics and Management, 2003, 45(2): 433-453.

Gylfason T, Herbertsson T T, Zoega G. A mixed blessing: natural resources and economic growth[J]. Macroeconomic Dynamics, 1999, 3(2): 204-225.

Gylfason T, Zoega G. Inequality and economic growth: do natural resources matter? [J]. Social Science Electronic Publishing. 2002 , 34 (4) : 127-155.

Hotte L, McFerrin R, Wills D. On the dual nature of weak property rights[J]. working papers, 2013, 35(4): 659-678.

Krautkraemer J A. Nonrenewable resource scarcity[J]. Journal of Economic Literature, 1998, 36(4): 2065-2107.

Lane P R, Tornell A. Power, growth, and the voracity effect[J]. Journal of Economic Growth, 1996, 1(2): 213-241.

López R E, Anríquez G, Gulati S. Structural change and sustainable development[J]. Journal of Environmental Economics & Management, 2007, 53(3): 307-322.

Maitra B. Investment in Human Capital and Economic Growth in Singapore[J]. Global Business Review, 2016, 17(2): 425-437.

Schlager E, Ostrom E. Property-Rights Regimes and Natural Resources: A Conceptual Analysis[J]. Land Economics, 1992, 68(3): 249-262.

Solakoglu Ebru Guven. The Effect of Property Rights on the Relationship between Economic Growth and Pollution for Transition Economies[J]. Eastern European Economics, 2007, 45(1): 77-94.

Suphaphipha N, Peretto P F, Valente S. Endogenous growth and property rights over renewable resources[J]. European Economic Review, 2015, 76(05): 125-151.

Tahvonen O, Kuuluvainen J. Optimal growth with renewable resources and pollution [J]. European Economic Review, 1991, 35(2-3): 650-661.

Tajibaeva L S. Property Rights, Renewable Resources and Economic Development[J]. Environmental and Resource Economics, 2012, 51(1): 23-41.